평신도가 질문하는
궁금한 성서 이야기

평신도가 질문하는
궁금한 성서 이야기

ⓒ 초절정초보, 2026

초판 1쇄 발행 2026년 4월 15일

지은이　초절정초보
펴낸이　이기봉
편집　　좋은땅 편집팀
펴낸곳　도서출판 좋은땅
주소　　서울특별시 마포구 양화로12길 26 지월드빌딩 (서교동 395-7)
전화　　02)374-8616~7
팩스　　02)374-8614
이메일　gworldbook@naver.com
홈페이지　www.g-world.co.kr

ISBN　979-11-388-5895-3 (03230)

평신도가 질문하는

궁금한 성서 이야기

초절정초보 지음

좋은땅

머리말

나는 성경 이외에 어떠한 책을 읽더라도 있는 그대로 받아들이기를 싫어하는 특성을 가지고 있다. 그래서 내가 생각하는 내용을 주변 사람들에게 얘기하면 대부분은 쓸데없는 상상력이 풍부한 놈으로 취급을 받았고 극히 일부가 관심을 가져 주는 척을 했다. 지금까지 나의 생각에 대해 진심으로 관심을 가지는 분을 만나 보지 못했다. 하지만 나의 이런 상상력에 공감해 줄 누군가가 있지 않을까 해서 이 글을 적어 본다.

종교에는 여러 가지 장점도 있지만 단점도 있다. 대부분의 종교에서 공통적으로 확인할 수 있는 단점이 '합리적인 의문에 대한 원천적인 차단'이다. 그냥 믿으라는 것이다. 창시자가 그렇게 해야 한다고 했다면 현대를 살아가는 사람들에게 아무리 모순된 내용이라고 하더라도 그 교파의 종교인들은 그대로 따라야 하며 그 어느 누구도 거역할 수 없다는 것이다. 그 종교가 탄생한 시점에서의 문화로 볼 때는 너무나 당연한 것들이었지만 현대의 관점에서는 이러한 것들이 이슈가 될 만한 것들은 많다. 하지만 누군가가 그러한 이슈에 대해 현 시대에 맞는 합리적인 의심을 가지고 얘기한다면 대부분 믿음이 없는 놈으로 묵

살해 버리기 일쑤다. 물론 이단 취급 안 당하면 다행이다.

본문 내용이 합리적인 의심인지 논리적인 비약을 가진 엉터리인지는 독자들이 판단하기를 바란다. 그리고 이 글 대부분의 내용들이 일반인들이 생각하지 않았던 내용들이라고 생각한다. 또한 이 주제들을 인터넷이나 다른 책에서 가져온 것은 없다고 단언한다. 만일 있다면 나와 생각이 같았을 뿐이다. 내가 신학교 등에서 성경을 제대로 공부해 본 적이 없기 때문에 많은 오류가 있을 수도 있고 내용이 아주 유치할 수도 있다. 그냥 '한국 교회에서 성경 좀 읽었다고 생각하는 한 평신도가 이러한 생각을 가지고 있구나'라고 생각하면 되겠다.

이 글은 성경공부나 신앙을 고취시키는 내용의 글이 아니다. 평신도로서 성경을 읽으면서 궁금했던 내용을 주제로 선정하여 다시 고민해 보는 내용이다. 누구나 접해 본 그런 의문은 최대한 넣지 않고 순수하게 나 자신이 생각했던 궁금증을 주제로 전개하였다.

이 글은 나의 궁금증을 해결하려는 것이 목적이 아니다. 왜냐하면 나의 이런 생각에 동의는 고사하고 관심조차 가지는 이도 거의 없었기 때문이었다. 단지 나의 생각을 널리 공유하는 것이 가장 큰 목적이다. 그러니 '성경을 읽으면서 이런 생각을 하는 이상한 놈도 있구나'라고 생각하면 되겠다. 그래서 결론이 없는 경우도 많다. 만일 읽는 도중 내용이 불편하다고 생각하시는 분은 읽는 것을 중단할 수도 있다. 하지만 밧세바의 내용은 읽어 보기를 추천한다.

이 글을 읽으면서 나를 이단 혹은 음모론자라고 해도 상관없다. 난 누구에게도 내 주장을 강요하지도 않았고 피해를 주지도 않았다. 단지 내가 평소 생각하던 바를 책으로 냈을 뿐이다. 이 글을 읽고 안 읽고는 독자의 결정(마음)이다.

만일 본문의 내용에 틀린 점이 있거나 반박해야 할 말이 있더라도 나에게 Feedback을 줄 필요는 없다. 그냥 재미있는 내용을 공유하고 싶었을 뿐이고 신앙과는 별 관계도 없는 내용이다. 어쩌면 그냥 웃어 넘겨도 될 내용인데 이로 인해 괜한 논쟁에 휩싸이고 싶지 않다. 그래도 굳이 논쟁하고 싶은 분이 있다면 관련 내용을 책으로 만들어 출판해 주시기 바란다. 그러면 사서 재미있게 읽어 보겠다.

이 글의 목적은 나의 엉뚱한 상상력에 대해 재미있게 읽어 주고 주제에 대해 공감해 달라는 것이다. 다시 강조하지만 결론을 강요하거나 요구하는 것도 아니며 글에 대한 비판은 더더욱 원하지 않는다. 왜냐하면 대부분의 내용이 쉽게 결론을 낼 수 있는 주제가 아니라 생각하며 결국 쓸데없는 논쟁만이 남을 가능성이 높기 때문이다. 아무쪼록 글을 읽으면서 재미있는 시간이 되기를 바라고, 또 성경을 읽으면서 나와 비슷한 생각을 가진 분들에게 공감이 되기를 바란다.

혹시 작가에 대해 궁금해하는 분이 있을 수도 있을 것 같아 얘기한다. 작가의 신분은 철저히 비공개이고 보안에 속한다. 왜냐하면 글 말미에 소개되는 내용 때문이다. 만일 작가의 신분이 밝혀지면 언급된 교회도 같이 공개될 확률이 높기 때문이다. 일반인들은 작가가 누구인지 전혀 궁금하지 않겠지만, 이런 쪽으로 목숨 거는 분들이 꼭 있다. 그냥 조용히 넘어가기를 간절히 기도드린다.

끝으로 이 글을 쓰는 동안 크게 도움이 된 분이 없어서 감사의 인사를 할 수 없는 것이 안타깝다. 다행스러운 점은 이 글을 쓰는 동안 아무도 방해하지 않아서 감사할 따름이다.

그래도 간접적으로 도움을 준 어머니와 아내에게 감사드린다. 이 세상에서 가장 무서운 두 분이며, 그리고 가장 사랑하는 두 분이다.

그리고 출판 경험이 없는 초보 작가의 글을 교정, 표지/내지 도안 등으로 빛나게 만들어 주신 좋은땅 출판사 관계자 분들에게도 감사드린다.

'P.S.': 성경 번역본으로 '개역한글판'을 사용하였다. 현재 널리 사용되는 '개역개정판'을 사용하고 싶었지만 인터넷에 공개된 저작권 사용 절차가 너무 복잡해서 포기했다. 대한성서공회의 저작권을 존중하며 당연히 필요하다고 생각한다. 저작권 사용 절차는 간소화되었으면 좋겠다.

2026. 4. 15.

초절정초보

CONTENTS

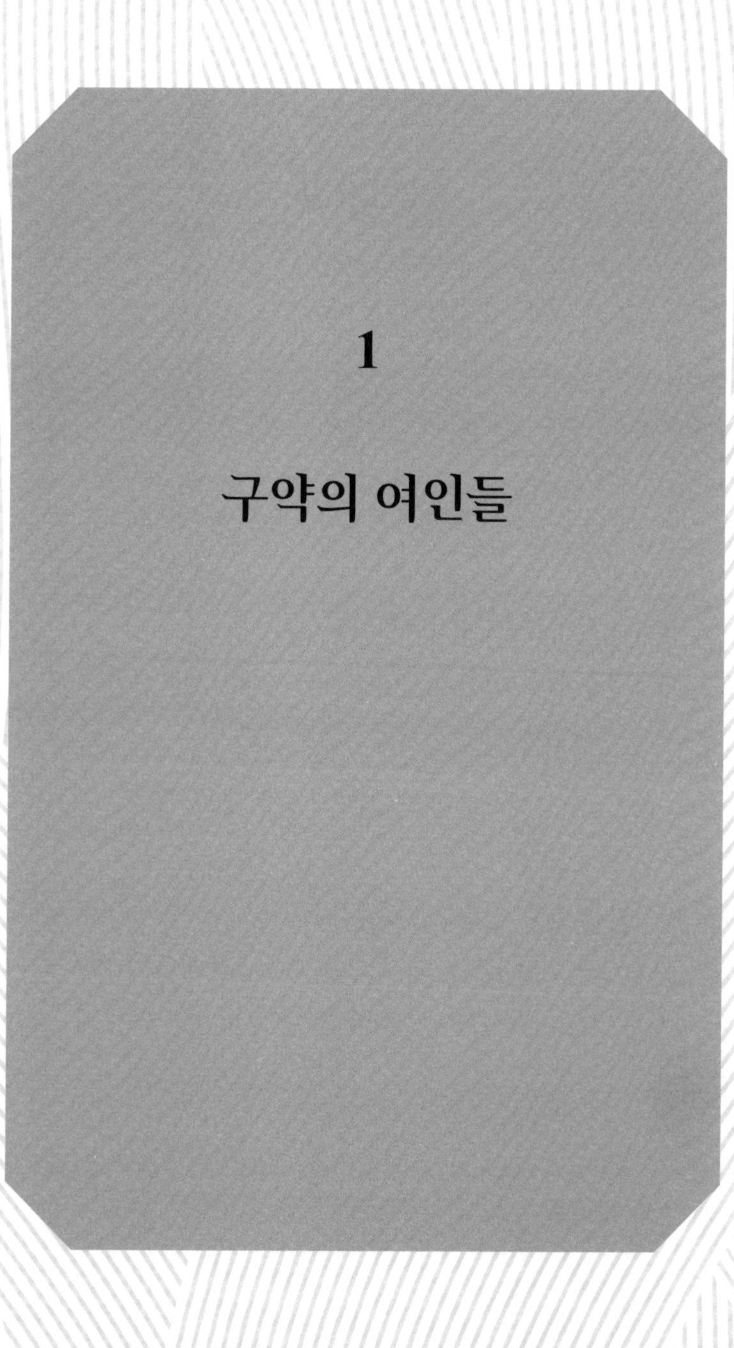

1

구약의 여인들

1.1

아비가일

사무엘상 25장

18 아비가일이 급히 떡 이백 덩이와 포도주 두 가죽부대와 잡

아 준비한 양 다섯과 볶은 곡식 다섯 세아와 건포도 백 송이와

무화과 뭉치 이백을 취하여 나귀들에게 싣고

19 소년들에게 이르되 내 앞서 가라 나는 너희 뒤에 가리라 하

고 그 남편 나발에게는 고하지 아니하니라[1]

다윗은 많은 정복 전쟁을 하였고 또한 많은 부족들과 연맹을 맺고 있었다. 그들과 연맹을 맺는 가장 흔한 방법 중의 하나가 정략 결혼이다. 다윗은 많은 정략 결혼을 했었다. 그 중 우리가 가장 잘 아는 사람이 아비가일이다.

---

1) 성경전서 개역한글판(Korean Revised Version, KRV), 대한성서공회, 1952·1961(이하 모든 성경 본문 내용 동일)

 평신도가 질문하는 궁금한 성서 이야기

삼상 25장에는 아비가일과 다윗에 대한 내용이 잘 나와 있다. 아비가일의 입장에서 본다면 25장의 내용은 자신의 부족 운명이 걸린 매우 긴급하고 숨막히는 일촉즉발(一觸卽發)의 상황이다. 삼상 25장의 내용을 읽어 본 분들이 나와 같은 생각을 하고 있었는지 모르겠다. 성경에서 아비가일에 대해 3절 '그 여자는 총명하고 용모가 아름다우나'라고 표현하고 있다. 따라서 대부분 아비가일은 현명한 혹은 지혜로운 여인이라는 점만 보고 넘어가는 것 같다. 하지만 아비가일은 총명하고 아름다울 뿐 아니라 대담하기까지 했다.

다윗이 사울의 눈을 피해 쫓기고 있을 때이다. 다윗은 갈멜의 부호(富豪)인 나발에게 식량을 요청한다. 하지만 나발은 다윗의 요청을 냉정하게 거절한다. 이에 격분한 다윗은 군사 4백 명과 함께 나발을 치러 갈 준비를 한다. 군사 2백 명은 소유물을 지키게 한 것으로 보아 군사는 6백 명이 전부로 보인다. 여기서 몇 가지 궁금한 내용이 생긴다.

첫 번째로 다윗의 무리는 6백 명의 군사 외에 어느 정도의 가족과 재산을 가지고 있었을까? 군사의 3분의 1인 2백 명이 소유물을 지킨다는 것은 단순히 식량과 재산만 지키기에는 너무 많은 병력이다. 그러한 것보다 훨씬 더 중요한 가족들이 있다는 것이다. 첫 번째 궁금증에 대해서는 어렵지 않게 유추해 볼 수 있다. 군사들도 가족이 있었을 것이고 유목민이니 다윗의 지시대로 부족 공동체가 이동하는 것은 그렇게 어렵지 않았을 것이다. 군사는 성인 남자로 구성되어 있을 테니 전체

인구는 2천 명 이상은 되는 것 같다.

두 번째 궁금증은 다윗은 무슨 명분으로 나발을 치러 간다는 것인가? 이것은 단순하지 않아 보인다. 도대체 다윗이 나발을 치러 가는 명분은 무엇일까? 사실 다윗은 나발의 재산 형성에 기여한 것이 없었다. 따라서 나발은 자신의 재산을 다윗에게 나누지 않을 권리가 있다. 그런데 다윗은 나발의 재산에 피해를 끼치지 않았으니 그 대가를 달라고 한다. 현대 사회를 기준으로 생각한다면 조폭 수준의 요구이다. 하지만 당시의 문화를 모르니 대가를 요구하는 게 맞을 수도 있겠다. 아브라함도 자신을 보호해 주는 명목으로 전리품의 십분의 일을 멜기세덱(참조: 창 14장, 히 7장)에게 넘긴다. 나발의 소년도 다윗이 자신들을 해하지 않았다고 아비가일에게 이야기하는 것으로 보아 그런 문화가 고대에는 일상적이지 않았을까 생각한다. 이러한 명분이 이 사건에서도 성립하는지 아닌지는 이 장의 주제는 아니지만 궁금하긴 하다.

나발은 이러한 다윗의 요구를 단칼에 거절했다. 성경의 표현대로 나발은 갈멜 지방의 부유한 세력가이다. 성경은 그에 대한 성품을 표현하는 데 지면을 아꼈고 다소 부정적으로 묘사했지만 그도 유목민이며 많은 가솔을 거느린 부족장이다. 그도 나름대로 자신의 부족을 이끌고 다른 부족과의 다툼과 도적떼들을 상대했던 경험을 가지고 있을 것이다. 그리고 다윗처럼 최소 6백 명 이상의 군사력은 동원할 수 있었던 것 같다. 나발은 다윗의 능력을 과소 평가했다. 그리고 10절에서와 같

     평신도가 질문하는 궁금한 성서 이야기

이 사울을 배신한 자로 취급하면서 자신이 사울의 편임을 강조하고 있다. 하지만 다윗은 골리앗을 이긴 후 사울 밑에서 많은 전쟁을 승리로 이끈 젊지만 경험 많은 장수이다. 역사에서는 적은 병력으로 몇 배의 병력을 이긴 사례가 많다. 카르타고의 명장 한니발, 로마의 카이사르, 몽골의 징기스칸과 수부타이, 우리나라의 을지문덕 장군과 이순신 장군 등은 몇 배의 수적 차이를 극복하고 전쟁을 이긴 사례이다. 그만큼 지도자의 능력이 중요하다는 것이다.

수적 병력의 우세만 믿고 다윗을 무시한 나발이지만 그의 아내 아비가일은 전혀 다른 판단을 했다. 14~17절에 나발의 소년(성경에서 표현하는 소년은 우리가 알고 있는 어린 소년이 아니다. 그들은 일반 병사이자 때로는 장군급에 해당될 수도 있는 성인 남자이다.) 중 하나가 나발의 아내인 아비가일에게 나발의 판단이 잘못되었고 다윗을 대적하지 말아야 한다는 조언을 한다. 아니 조언이 아니라 나발의 판단이 잘못되었으니 나발의 결정을 거역하고 이 일을 서둘러 수습하라는 간청이다. 이에 그녀는 다윗이 비록 사울에게 쫓기는 신세이지만 그의 역량을 단번에 알아보았다. 남편의 잘못된 판단으로 자신의 부족이 망하는 걸 볼 수는 없었던 것이다. 그때 그녀의 나이를 성경이 알려 주지는 않지만 이후 다윗의 둘째 아들 길르압을 낳은 것으로 보아 자녀를 출산할 수 있는 정도의 젊음은 가지고 있었던 것 같다. 그녀는 급히 다윗의 마음을 돌이킬 정도의 예물을 준비하여 소년들과 함께 다윗에게 간다.

19절에 그녀는 자신이 다윗에게 가는 것을 남편에게 고하지 않았다고 했으니 몰래 갔다는 것이다. 어차피 말해도 거절할 것이 분명했기 때문이다.

일단 급한 불은 끄고 봐야 한다. 그래서 그녀는 '선조치 후보고(先措置 後報告)'하기로 과감한 결정을 하였다. 이러한 아비가일의 선택은 자칫 자신의 죽음을 부를 수도 있다. 나발은 갈멜 부족 전체는 아니더라도 최소 병사 6백 명을 거느린 부족장이다. 그 부족에서 그는 작은 왕국의 왕과 다름이 없는 권한을 가졌을 것이다. 그런 상황에서도 그녀는 위험을 무릅쓰고 남편의 결정을 거역하는 행동을 했던 것이다.

다윗을 찾아가서 설득하는 데 성공하고 돌아왔지만 그녀는 남편에게 그러한 사실을 바로 알리지는 못했다. 나발이 왕 같은 잔치를 하며 대취했기 때문이다. 다음 날 아침 나발이 술이 깬 후에 그녀는 나발에게 어제 자신의 행동을 고한다. 그런데 갑자기 그토록 의기양양하던 나발이 갑자기 죽는다.

'낙담하여 몸이 돌과 같이 되었더니 한 열흘 후에 여호와께서 나발을 치시매 그가 죽으니라'(삼상 25:37~38)

왜 나발이 낙담했는지 그리고 왜 죽었는지 성경은 상세한 이유를 밝히고 있지 않다. 여호와께서 나발을 치셨다고 하지만 열흘의 시간 동안 나발에게 무슨 일이 있었는지 전혀 언급이 없다.

여기서 의문점이 생긴다. 그토록 자신만만하던 나발이 왜 갑자기 겁쟁이가 되었을까? 그리고 사람이 보기에는 이유도 없이 갑자기 죽는다. 술을 먹고 대취했지만 다음 날 아침에 술을 깼다고 하는 것을 보면 그때까지는 나발은 매우 건강했다는 것이다.

추측으로는 아비가일이 끝까지 다윗과 대적하려는 나발을 열흘간 설득 끝에 실패하고 암살한 것이 아닐까 생각된다. 추측 근거로는 아비가일은 다윗에게 갈 때 소년들을 데리고 갔다고 했다. 소년들이 아비가일을 따른다는 것은 나발이 다윗의 요구를 거절했으므로 나발의 명을 거역하는 행위가 된다. 그래서 그들은 나발보다는 아비가일을 따르는 이들이라고 생각할 수 있다. 따라서 아비가일은 자기 부족에서 나발보다 자기를 따르는 세력을 가졌던 것으로 판단된다. 그 세력들은 다윗에게 죽음을 당하는 것보다 일단 부족을 먼저 살리는 결정을 하였고 이후 나발을 설득하려고 했을 것이다. 하지만 나발은 오히려 자신의 결정을 거역한 이들을 엄벌하려고 하지 않았을까? 이제 자칫 잘못하면 이 세력들은 다윗이 아닌 나발에게 죽을 수도 있다. 다윗은 예물로 설득이 되었지만 나발은 그렇지 않았다.

결국 설득에는 실패했고 아비가일과 그녀를 따르는 세력들이 죽지 않으려면 결국 나발이 죽어야 했다. 나발의 죽음은 아비가일과 그녀를 지지하는 세력을 살리는 의미도 있었지만, 더욱 중대한 의미로는 다윗의 칼로부터 부족을 살리기 위한 일이기도 했다. 나발은 그렇게 암살되어야 하지 않았을까 추측해 본다.

이제 아비가일은 그 모든 책임을 지고 자신의 부족을 떠나 다윗에게 가야만 했다. 그리고 다윗은 자신을 지지하는 부족을 얻게 되었다.

1.2

룻기

룻기 1장

16 룻이 가로되 나로 어머니를 떠나며 어머니를 따르지 말고 돌아가라 강권하지 마옵소서 어머니께서 가시는 곳에 나도 가고 어머니께서 유숙하시는 곳에서 나도 유숙하겠나이다 어머니의 백성이 나의 백성이 되고 어머니의 하나님이 나의 하나님이 되시리니

17 어머니께서 죽으시는 곳에서 나도 죽어 거기 장사될것이라 만일 내가 죽는 일 외에 어머니와 떠나면 여호와께서 내게 벌을 내리시고 더 내리시기를 원하나이다

영화나 드라마의 주인공은 대부분 젊고 예쁘거나 멋진 사람이 차지하는 경우가 많다. 우리가 시각적으로 무언가를 지속적으로 보고 즐기는 데 있어서 대리 만족은 꽤 중요하다. 룻기의 주인공은 당연히 룻이

 평신도가 질문하는 궁금한 성서 이야기

다. 등장 인물의 중요도를 보더라도 룻이 주인공이 되기에는 부족함이 없다. 하지만 글 내용에 대한 중요도 측면에서 본다면 룻 못지않게 주인공이 되어도 괜찮은 인물이 있다. 룻의 시어머니 나오미이다.

나오미는 베들레헴에서 흉년이 들어 남편과 두 아들과 함께 모압 지방으로 옮겼다. 남편이 먼저 죽은 후 두 아들은 모압 여인을 아내로 맞아들인다. 하지만 모압으로 이사 후 십 년쯤 되었을 때 두 아들 역시 모두 죽게 되었다. 성경에서 죽은 사유가 나오지 않아 알 수는 없다. 이후 유대 땅에서 풍년 소식이 있어서 나오미는 두 자부(子婦)와 함께 유다로 가려고 하였다. 나오미 자신은 고향 땅으로 돌아가는 것이지만 두 자부는 남편도 없이 고향을 떠나는 신세가 되는 것이다. 그래서 성경의 기록대로 인자한 나오미는 두 자부에게 친정으로 돌아가라고 요청(혹은 허락)한다. 두 자부는 시어머니를 따르겠다고 하지만 나오미의 설득으로 오르바는 모압으로 돌아가고 룻은 끝까지 시어머니를 따르겠다고 한다.

룻기 1장 16~17절의 내용에서 룻이 시어머니인 나오미에게 고백하는 말은 나오미로서는 정말 감동적인 내용이 아닐 수 없다. 룻의 이러한 고백이 진심일 가능성은 매우 크다. 하지만 다른 한편으로 생각해 보면 룻이 친정으로 돌아가 봐야 반겨 줄 이도 없고 불우한 어린 시절을 보내어 가기 싫었을 경우를 생각할 수도 있다. 그렇게 생각한다고 하더라도 시어머니인 나오미는 젊은 룻에게는 짐이 될 뿐인 늙은이다.

늙은 시어머니와 같이 있는 것보다 젊은 룻 홀로 있는 것이 살아가기에는 훨씬 편하다. 그럼에도 불구하고 룻은 시어머니인 나오미와 함께 하는 것을 선택했다. 그렇다면 나오미의 어떤 부분이 룻의 마음을 사로잡았을까?

앞에서도 언급했지만 룻은 나오미가 시어머니이기 때문에 의무감에 따른다고 하지는 않았다. 나오미를 진심으로 따르고 싶었기 때문이었다. 나오미가 조금만 더 나이가 들게 되면 자신에게 짐이 될 가능성이 확실했지만 그럼에도 불구하고 룻은 나오미를 따른다고 했다. 이는 나오미가 룻을 인간적으로 절실히 사랑하고 아껴 주었기 때문이 아닐까? 분명 나오미는 룻이 어린 시절 친정에서 보내었던 생활 이상으로 대우를 받았을 것 같다. 룻기의 내용을 애기한다면 룻의 효심을 강조하더라도 크게 문제가 없겠지만, 내가 보기엔 시어머니 나오미의 사랑을 먼저 강조해야 하지 않을까?

룻은 유대에 와서 유력자인 보아스의 땅에서 이삭 줍기를 한다. 이삭 줍기는 가난한 자를 위한 이스라엘 법에서 정한 최소한의 배려이다. 어쨌든 재산이 없는 가난한 떠돌이 룻은 이삭 줍기조차 하기 어려운 나오미의 몫까지 일을 하러 오게 된다. 이때 보아스는 룻이 이삭을 줍는 광경을 보게 된다. 첫 눈에 반한 그는 하인들에게 그녀에 대해 물은 후 그녀에게 이삭 줍기 쉽도록 많은 혜택을 부여한다. 보아스가 룻에게 말한 2장 11절의 내용(룻의 시어머니에 대한 깊은 효심을 높게 평가하는 말)은 핑계가 아닐까 생각해 본다. 남자들은 동서고금을 막

   평신도가 질문하는 궁금한 성서 이야기

론하고 모두 똑같다. 예쁜 여자에게는 많은 관심을 표한다는 것이다. 거기에다 착한 심성을 가졌으니 보아스로서는 그녀를 마다할 이유가 없었다.

보아스에 대해서는 성경에서 자세한 소개가 되지 않아서 잘 알 수 없지만 막대한 재산을 가진 부유한 남자라는 것은 쉽게 알 수 있다. 그런 남자가 아내 없이 혼자 살고 있었을까? 성경을 통해 보아스의 나이를 가늠하기는 불가능하지만 결혼 적령기의 풋풋한 때를 훨씬 뛰어넘은 나이임은 전체적인 맥락을 통해서 알 수 있다. 따라서 보아스는 룻을 본처로 생각하고 관심을 두는 것이 아니라 본처는 이미 있으니 룻을 후처로 생각하지 않았을까? 또한 나오미와 룻은 보호할 남자가 없는 상태이다. 지금 시대에는 남자가 여자를 보호한다는 개념이 매우 약해졌지만 이 시대만 하더라도 여자가 남자 없이 살기는 어려웠을 것이다. 따라서 두 사람의 입장에서도 보아스를 나쁘게 생각할 이유가 없다.

처녀 총각이 만나는 상황은 아니지만 돌싱 버전의 또다른 신데렐라 스토리가 탄생하게 되었다. 동서고금을 막론하고 이쁘고 착한 여자는 복을 받는다는 스토리는 종교 서적에도 예외 없이 나타나는 현상이다.

향후 지혜를 발휘하고 상황에 맞게 잘 대처한 사람은 나오미이다. 룻은 나오미가 시키는 대로만 행했을 뿐이다. 나오미도 룻의 미모를 잘 알고 있었고, 보아스가 룻에게 관심이 있었다는 것도 충분히 잘 알고 있었으며, 그녀는 이를 적절하게 잘 이용했던 것이다.

나이 많은 이보다 누구나 호감이 가는 젊고 아름다운 이를 주인공으로 삼아야 스토리에서 관심을 끌 수 있다. 더군다나 룻은 다윗의 할아버지인 오벳을 낳았다. 물론 룻이 오벳을 낳았다는 이유만으로 룻기가 성경에 포함되었다면 말이 안 되는 일이다. 그렇다면 성경은 다윗의 선조들에 대한 이야기로 가득했을 것이다. 그야말로 글의 제목이 룻이다. 제목이 룻이니 룻기의 주인공도 당연히 룻이 아닐까?

사람들은 주인공에게 관심을 모으는 경향이 있다. 조연이 아무리 훌륭하더라도 결국 조연은 조연이다. 주연을 더 빛나게 하는 것이 조연의 역할이다. 조연이 주연보다 더 빛나게 보이려고 한다면 좋은 조연이 아니다. 따라서 룻기의 설교의 내용들도 룻의 행동에 초점이 모아져 있다. 룻이 어머니를 끝까지 따르겠다는 고백에 대한 효심을 강조한다. 하지만 룻기의 전체 내용을 보면 나오미가 얼마나 추진력이 있고 지혜로우며 룻을 사랑했는지는 성경을 읽어 보면 잘 알 수 있다. 룻은 나오미에게 고백하기 전에 이미 이러한 나오미의 사람 됨됨이를 잘 알았을 것이다. 당연히 룻이 나오미를 따를 수밖에 없도록 시어머니인 나오미는 먼저 행동했던 것이다.

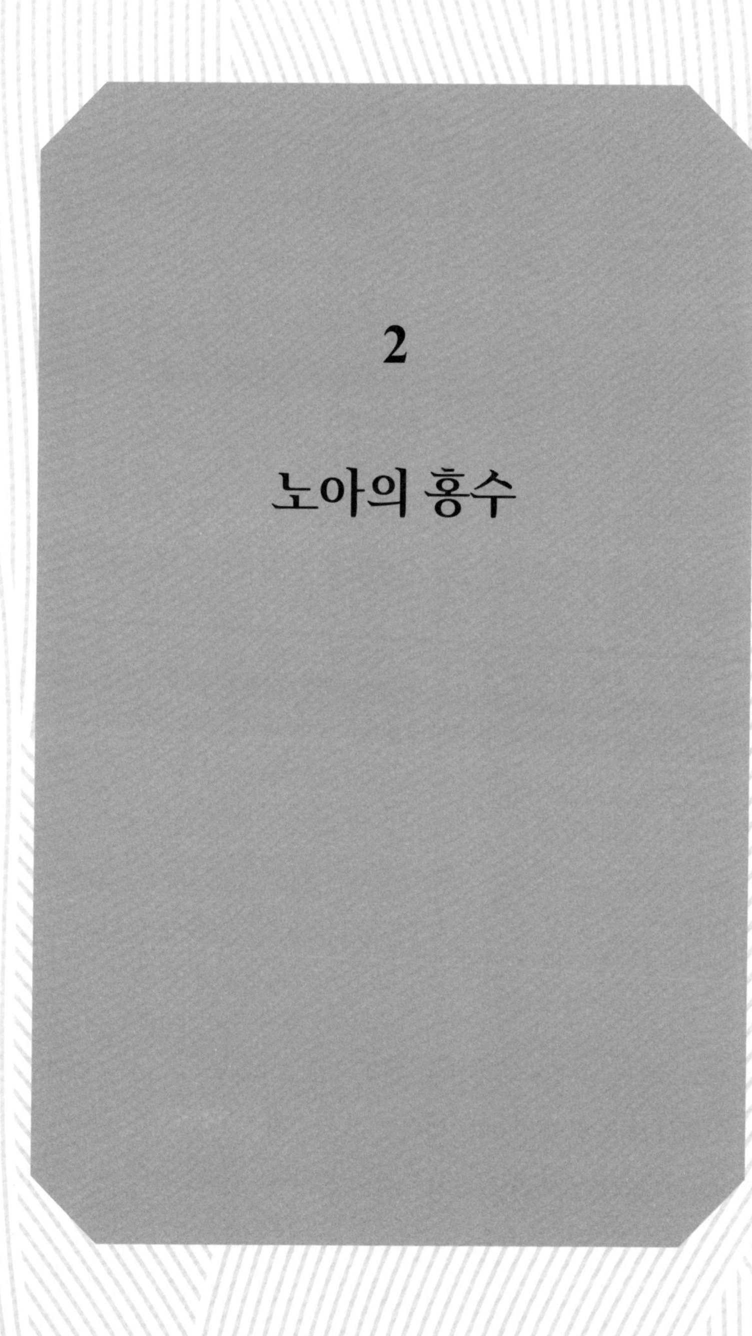

2

노아의 홍수

창세기 7장

2~3 너는 모든 정결한 짐승은 암수 일곱씩, 부정한 것은 암수
둘씩을 네게로 취하며 공중의 새도 암 수 일곱씩을 취하여 그
씨를 온 지면에 유전케 하라

8~9 정결한 짐승과 부정한 짐승과 새와 땅에 기는 모든 것이
하나님이 노아에게 명하신대로 암 수 둘씩 노아에게 나아와
방주로 들어갔더니

노아의 홍수는 기독교인이 아닌 이들도 너무나 잘 알고 있는 성경 이
야기이다. 성경 속 노아의 홍수와 비슷한 기록이 고대 메소포타미아
(수메르) 관련 책에도 전해진다. 현대에도 그렇지만 고대에도 대홍수
로 인해서 많은 인명 및 재산 피해로 그 충격이 많았던 것으로 보인다.
메소포타미아의 신화와 성경의 노아의 홍수가 비슷한 점도 많지만 차

 평신도가 질문하는 궁금한 성서 이야기

이도 분명하다. 메소포타미아의 신화는 그리스 로마 신화와 마찬가지로 여러 신들이 등장한다. 마치 신들의 사회가 인간의 사회처럼 사랑도 하고 시기 질투도 하며 전쟁도 한다. 하지만 성경 속의 하나님은 태초부터 언제나 한 분이며 전지 전능한 분으로 필요한 때에 인간들의 일에 적절하게 간섭한다는 것은 메소포타미아의 신들과는 다소 다르다.

성경에서 '**온 땅이 하나님 앞에 패괴하여 ~ 내가 그들을 땅과 함께 멸하리라**'(창 6:12~13)라고 하지만 하나님은 의인인 노아의 가족과 혈육 있는 생물의 생명을 보존하기 위해 노아에게 방주를 만들게 하였다. 홍수가 나기 전 하나님은 모든 종류의 짐승을 방주로 들어가도록 하셨는데 인용된 성경 구절과 같이 대부분 암수 둘씩이지만 유독 창세기 7장 2~3절은 정결한 짐승은 암수 일곱씩, 부정한 것은 암수 둘씩으로 숫자가 다르게 표현되었다는 것이다. 성경에는 노아의 방주에 들어가는 짐승의 수가 여러 번 나온다. 대부분은 암수 둘씩인데 딱 한 구절만 정결한 짐승은 암수 일곱씩, 부정한 것은 암수 둘씩으로 나눈다는 것이다. 창세기 7장 내에서도 숫자가 맞지 않다. 같은 내용을 다른 사람이 기록한 것이라면 이해가 될 수 있겠지만 연속된 내용에서 그것도 같은 장에서도 바로 연결되는 상황에서 그것도 너무도 차이가 분명한 숫자가 다르다는 것은 이해하기 힘들다. 더구나 성경 중에서도 모세5경은 이스라엘에서도 특히 중요하게 여기는 성경이다. 기록하는 사람의 실수라고 하기에는 이해하기 어려운 실수이다.

출석하는 교회의 부목사님이 모든 것을 특이하게 보는 나를 위해 창세기 주석 책을 한 권 선물해 주셨다. 관련 내용을 소개하면,

"공교롭게도 암수 한 쌍을 언급한 본문과 창세기 7:1-5에 사용된 하나님의 이름이 다르다. 전자에는 엘로힘이, 후자에는 야웨가 사용되었다. 왜 이런 차이가 생겼을까? 이런 현상 때문에 많은 학자들이 창세기 7:1-5를 J문서에 속하고 나머지는 P 또는 E문서에 속하는 것으로 간주하였다. 그렇다면 다른 가능성은 없을까? 가능성을 찾기 위해서 7:2에 있는 짐승들의 숫자에만 연연하지 말고, 숫자에 못지않게 중요한 표현인 "정결한 짐승"과 "부정한 짐승"에 주목해야 한다."[2]

이후 책의 내용에는 정결한 짐승을 홍수 이후 제사와 먹이로 사용하기 위해 더 많은 수를 들어가게 했다는 것이다. 가장 궁금했던 짐승의 숫자가 다른 이유에 대한 책의 설명으로 하나님의 이름이 7:1~5은 엘로힘이 나머지는 야웨로 사용되었다고 설명하고 있다. 이러한 설명으로 보아 저자는 암수 둘씩이 아니라 7:1~5의 구분에 무게를 두는 섯처럼 보인다. 하지만 저자는 숫자에 연연하지 말고 중요한 것은 정결한 짐승과 부정한 짐승이라면서 초점을 바로 옮겨 버린다. 숫자의 다름에 대해서는 별로 관심이 없어 보이고 오직 홍수 기간 및 먹이가 필요한 이유에 대해서 이후 많은 지면을 할당하고 있다. 자세한 설명은 하지 않고 있지만 먹이로 사용될 짐승에 대해서는 숫자로 감안할 필요가 없

---

2) 창조부터 바벨까지 - 창세기 1-11장 주석 기동연(지은이) 생명의양식 2009. 03. 25. 254쪽

     평신도가 질문하는 궁금한 성서 이야기

기 때문에 바로 뒤에 연결되는 7:9에도 암수 둘씩 방주에 들어갔다고 표현하고 있다고 주장한다. 저자는 성경에서의 숫자에 대한 오류는 없다는 식의 억지 끼워 맞춤을 하는 것처럼 보인다. 이런 식의 주장이라면 앞에서 서술한 엘로힘과 야웨에 대한 이야기는 이 결론과 모순되어 보인다.

이분의 책을 읽으면서 또 궁금해지는 것은 초식 동물과 육식 동물의 식량은 준비하지 않아도 되었을까? 홍수 40일, 물이 줄어들기까지 150일, 아라랏산 최소 47일 이상, 비둘기 7일 간격 2번으로 14일 그 외 성경의 날수가 정확히 얘기하고 있지 않고 있어서 알 수 없지만 물이 줄어들지 않아서 훨씬 많은 기간 동안 방주에 머물러야 했었던 것으로 보인다. 언급한 숫자만 더해도 250일, 8개월이 넘는 기간이다. 저자의 얘기대로 짐승들의 먹을 것까지 고려한다면 육식 동물뿐 아니라 초식 동물들의 양식도 엄청나게 많았을 것 같다.

8개월간의 노아의 가족과 육식, 채식 짐승들의 먹을 것과 정결한 짐승, 부정한 짐승 암수 일곱씩 및 암수 둘씩에 대한 공간을 고려한다면 성경에 나와 있는 방주의 크기는 과연 얼마가 되어야 할까? 성경에서 얘기하고 있는 노아의 방주 사이즈로는 도저히 감당이 되지 않았을 것으로 보인다. 배는 사이즈가 커지면 커질수록 더 만들기가 어려워진다. 물론 무게가 무거워지면 무거워질수록 마찬가지로 더 만들기가 어렵다. 물이 아주 잔잔하더라도 그 균형이 잘 맞아야 하는데 조금만 물결에 흔들려도 비틀림이나 집중 하중이 발생할 것이고 가장 연약한 부분이 먼저 파손되면서 결국 배의 파손으로 이어질 것이다. 일단 문제가 생기면 물위에서는 수리도 힘들다. 그렇다면 처음부터 어떠한 문제에도 견딜 수 있도록 배를 잘 만들어야 하는데 노아 시대의 기술로 그것이 가능했을까? 그것도 노아 가족의 힘으로만 만들었다고 하니 아무리 시간과 노력을 많이 들여서 만들더라도 쉽지는 않았을 것 같다.

어쨌든 노아의 홍수에서 가장 의문이 나는 점은 같은 사건을 얘기하는데 짐승의 숫자가 차이가 있다는 것이다. 성경을 옮겨 적는 분의 실수라고 하기에는 어려운 것이 대부분의 표현은 암수 둘씩인데 딱 한 군데 다른 표현이 너무 구체적이라는 것이다. 정결한 짐승과 부정한 짐승으로 표현하면서까지 설명을 하고 있는데 도저히 실수라고 추측할 수는 없다. 고려신학대학원 교수의 설명대로 엘로힘과 야웨의 차이라면 성경은 왜 하나님의 이름을 이렇게 다르게 표현했고 이름에 따른 차이는 무엇인가? 이슬람교에서 하나님을 알라라고 표현하듯이 지역이나 종교 혹은 국가 간의 차이로 인한 것인지? 그렇다면 하나의 이름으로 통일시키면 되지 왜 굳이 중복하여 성경에 기록한 것인지? 하나님을 엘로힘으로 부르는 곳과 야웨라고 부르는 곳에서는 노아의 홍수에서 방주에 들어간 짐승의 수가 달랐을까?

노아의 홍수가 발생한 시기는 너무나 오랜 옛날 이야기이다. 창세기를 모세가 기록했다고 한다. 그렇다면 노아의 홍수 시대와 모세의 시대는 엄청난 차이가 난다. 더더구나 노아의 홍수에서부터 모세의 시대까지는 기록의 기술이 그렇게 발달하지 않았을 것이 분명하다. 노아의

   평신도가 질문하는 궁금한 성서 이야기

홍수에 대한 경험은 노아로부터 그 자손들까지 전해져 내려왔을 것이다. 기록으로 전해졌을 수도 있겠지만 초기에는 구두로 전해졌을 가능성이 높다. 구두로 전해진다는 것은 사람들에게 전해질 때 마다 조금씩 달라질 가능성이 충분히 있다. 그러다가 어느 순간에 누군가가 기록으로 남겼을 것이고 또 다른 누군가가 또 다른 기록으로 남기지 않았을까? 모세는 이 모든 기록들이 하나의 같은 노아의 홍수로 판단했을 것이고 이 모든 기록들을 하나의 창세기 안에서 표현하고 싶었을 것으로 추측된다. 가급적 원본의 기록들을 잘 보존하여 표현하고 싶었는지도 모른다.

앞서 소개한 창세기 주석 책의 내용에서도 언급되었듯이 짐승의 숫자가 중요한 것은 아니다. 하지만 홍수 기간 동안 짐승을 양식용이나 제사용으로 필요해서라는 논리는 이해하기 힘들다.

노아의 방주에서 추가로 궁금한 점 2가지가 있는데 첫 번째가 노아의 홍수에 나오는 달력 관련 내용이다.

'칠월 곧 그 달 십칠일에 방주가 아라랏 산에 머물렀으며 물이 점점 감하여 시월 곧 그 달 일일에 산들의 봉우리가 보였더라'(창 8:4~5)

'육백 일년 정월 곧 그 달 일일에 땅 위에서 물이 걷힌지라 노아가 방주 뚜껑을 제치고 본즉 지면에 물이 걷혔더니 이월 이십칠일에 땅이 말랐더라'(창 8:13~14)

위의 구절에서 월에 관해서 일곱째 달, 열째 달, 첫째 달, 둘째 달이 나온다. 그리고 육백일 년이라는 년도에 관해서도 나오는데 달의 기준과 년도의 기준은 무엇인가? 노아의 시대에 달력이 이미 있었을까? 있었다면 무슨 달력이 있었는지 참 궁금하다.

수메르의 기록을 보면 당시 꽤 정확한 달력이 있었다고 한다. 그렇다면 노아의 홍수에 대한 달력은 수메르에서 사용하는 달력을 사용했다는 것인가? 아니면 노아는 수메르인이었을까?

추가로 궁금한 점 두 번째로는 노아의 홍수 이전에는 육식을 하지 않았을까?

'무릇 산 동물은 너희의 식물이 될찌라 채소 같이 내가 이것을 다 너희에게 주노라'(창 9:3)

노아의 홍수에 대한 내용 중에 이 구절도 상당히 애매하다. 홍수 이후 산 동물을 채소처럼 먹게 한다고 한다. 그러면 홍수 이전에는 동물을 먹지 않았다는 얘기인가?

창세기 8:20에 보면 홍수 이후 정결한 짐승과 정결한 새 중에서 제물을 취하여 번제로 제단에 드렸다고 되어 있다. 육식을 하지 않았는데 짐승을 제물로 쓴다는 것이 가능할까?

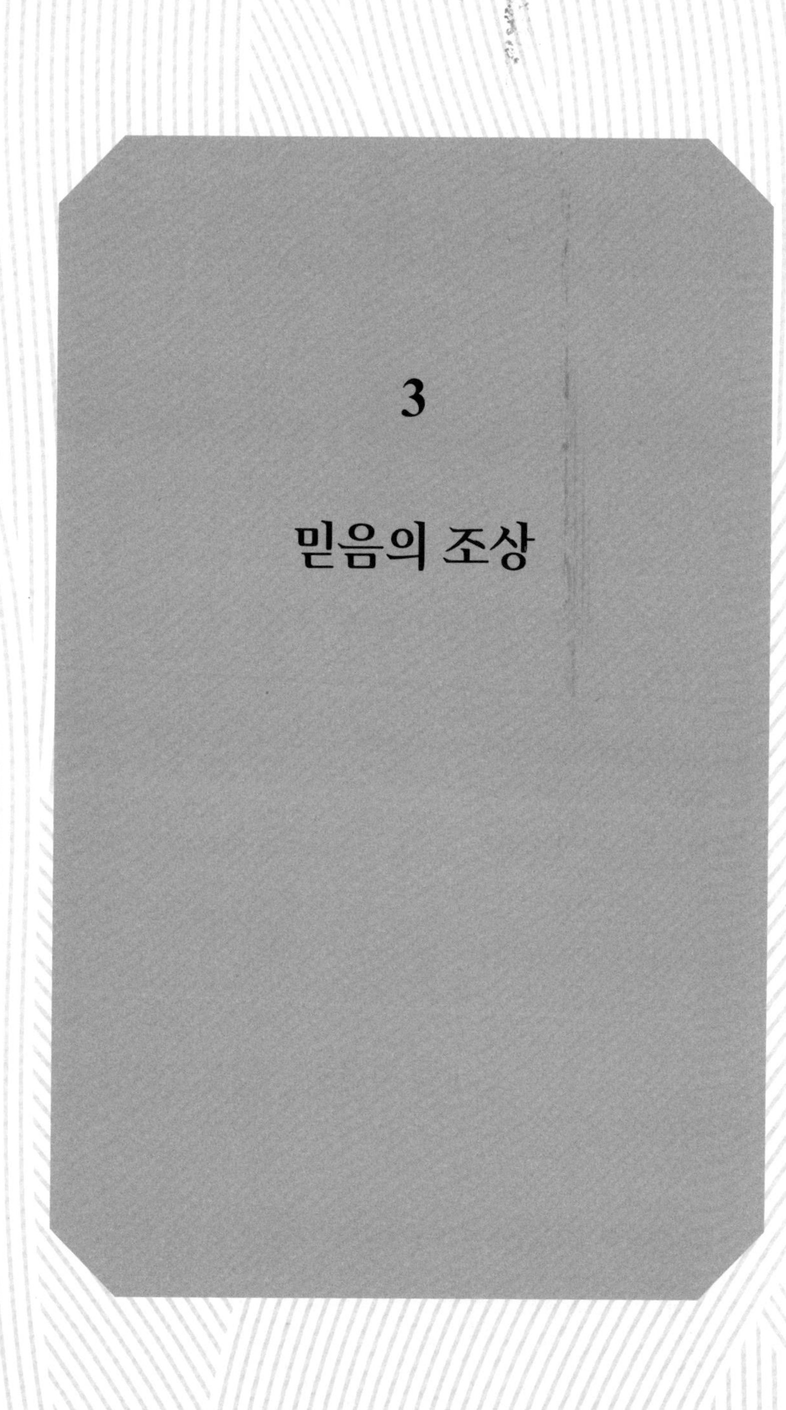

3

믿음의 조상

3.1.

모리아 산 사건

창세기 22장

2 여호와께서 가라사대 네 아들 네 사랑하는 독자 이삭을 데
리고 모리아 땅으로 가서 내가 네게 지시하는 한 산 거기서 그
를 번제로 드리라

구약에는 하나님이 믿음의 조상을 시험하려는 사건이 몇 개 있다. 대표적인 사례가 욥과 아브라함이다. 모든 것을 잘 아시는 전지전능하신 하나님이 왜 시험하려 했는지는 따지지 않겠다. 그것은 나의 영역이 아니다. 그렇다면 도대체 이유도 알려 주지 않고 뜬금없이 어렵게 얻은 귀한 자식을 번제로 드리라는 이 엄청난 사건에 대해 어떻게 이해해야 할까?

여기 소제목에서 '모리아 산 사건'이라고 했는데 창세기 본문에서는

모리아 땅에 있는 한 산이라고 언급되어 있으므로 창세기의 내용으로는 모리아 산이 아닐 수도 있다. 하지만 역대하 3:1에는 '예루살렘의 모리아 산'이라고 언급되어 있다. 두 모리아가 같은 지역을 언급하는지는 모르겠지만 산 이름이 중요하지는 않으므로 그냥 모리아 산이라고 하기로 하자.

모리아 산 사건을 주제로 설교하시는 목사님들의 내용을 들어 보면 모두가 하나같이 순종을 얘기하고 있다. 설교의 내용과 결론도 하나같이 천편일률(千篇一律)적이다. 하나님의 말씀이니 반드시 순종해야 한다는 것이다. 아브라함과 같은 믿음이 아니면 이러한 하나님의 말씀에 순종할 수 있는 일반인들이 과연 얼마나 될까? 하지만 하나님의 명령이므로 반드시 순종해야 하고 그 순종의 결과는 하나님이 책임지고 선하게 이끄신다는 내용의 설교가 지배적이다. 물론 선하게 이끄신다는 내용은 이삭 대신 숫양으로 제사를 지냈다는 의미이다.

이러한 설교를 반박하고 싶지는 않다. 오히려 나는 다른 접근이 필요하다고 생각된다. 아브라함이 하나님을 어떻게 알게 되었는지는 모르겠지만 어쨌든 그는 하나님을 알게 되었고 하나님의 명령을 따라 메소포타미아 지역 수메르 문명의 수도인 갈대아인의 우르(정확하게는 하란)를 떠나게 되었고 많은 어려움을 겪은 후 아브라함의 희망인 이삭을 낳은 후 하나님의 시험을 접하게 된다.

잠시 주제와 조금 다른 얘기를 하자. 성경에는 **'데라가 그 아들 아브**

람과 하란의 아들 그 손자 롯과 그 자부 아브람의 아내 사래를 데리고 갈대아 우르에서 떠나 가나안 땅으로 가고자 하더니 하란에 이르러 거기 거하였으며'(창 11:31)라고 되어 있다. '여호와께서 아브람에게 이르시되 너는 너의 본토 친척 아비 집을 떠나 내가 네게 지시할 땅으로 가라'(창 12:1)의 내용에서 알 수 있듯이 본토 친척 아비 집은 갈대아인이 사는 우르가 아닐까? 이어지는 12:5에는 아브람은 하란을 떠나 가나안으로 갔다고 되어 있다.

여기서 데라는 아브라함의 아버지이다. 하나님은 12장에서 아브라함에게 고향을 떠나 내가 네게 보여 줄 땅으로 가라고 하였다. 이에 아브라함은 아버지를 잃은 조카 롯과 가족들을 데리고 가나안 땅으로 갔다. 하지만 아브라함의 아버지 데라는 11:31과 같이 이미 가나안 땅으로 가려고 작정하고 있었다. 가던 도중 하란에 잠시 머무른 것이다. 하나님이 보여 줄 땅이 가나안 땅이었는지는 모르겠다. 하지만 아브라함은 결국 그의 아버지 데라가 가려고 했던 땅인 가나안 땅으로 가게 되었다. 갈대아인의 우르에서 나온 것(주도한 사람)은 아브람이 아니라 그의 아버지 데라이다. 창세기 12:1의 내용은 이렇게 수정(구체화)해야 하지 않을까? '너는 너의 본토 친척 아비 집을 떠나 *네 아버지 데라처럼 내가 네게 지시할 땅으로 가라*'(창 12:1의 내용 수정)

본론으로 돌아오면, 모리아 산 사건에서 2가지가 궁금하다. 첫번째는 아브라함을 시험하려고 했는데 그 시기가 아브라함이 온갖 어려움을 다 겪고 이제 죽기 얼마 전인 시기에 왜 시험하려고 했을까? 두번째로는 시험의 목적이 무엇인가이다. 2가지의 의문점은 앞으로 전개해 나가려는 내용으로 한꺼번에 정리가 될 것 같다.

하나님의 시험을 받게 된 아브라함은 아무런 하소연도 없이 묵묵히 일을 진행한다. 이제 모리아 산에 도착하였고 이삭이 죽을 위험한 순간이 되었다. 하지만 영화의 한 장면처럼 하나님이 최초의 명령을 돌연 변경한다. 이삭대신 숫양을 바쳐도 된다고 한다. 무언가 누군가의 의도가 분명해 보인다. 그 의도는 단순히 아브라함이 가장 소중하게 여기는 것을 하나님께 바칠 수 있는지 순종을 시험하는 것일 수도 있겠다. 하지만 이것은 이제 아브라함이 나이 들어 죽을 일만 남은 이 때에 할 시험은 아닌 것 같다. 아브라함을 통해 그 시대에 만연한 금기 사항을 전달하고자 하는 것이 맞지 않을까? 그 시대에 많이 있었을 법한 제사 의식은 사람을 제물로 바치는 것이었다.

'순종'과 '금기 사항 전달' 이 두 가지 중에서 무엇이 진정으로 전달하려는 내용이 맞는지는 모르겠지만 이 사건 이후 사사기 11장에서 언급된 사사 입다의 딸 사건 외에는 구약에서 아니 성경에서 사람을 제물로 바치는 일은 없었다. 물론 입다의 딸 사건으로 인해 사람을 제물로 바치는 일은 성경에서 범죄 행위로 비추어지기까지 한다. 현대의 시각으로는 두말할 필요 없는 범죄이다.

아브라함은 움직이지도 못하는 우상을 위해 사람이 희생되는 것을 좋게 보지 않았다. 이러한 시각을 가진 아브라함이 사람을 제물로 바치는 것을 좋게 볼 리가 없다. 앞에서 나는 모리아 산 사건을 엄청난 사건이라고 언급했다. 독자는 이 사건이 엄청난 사건이라고 생각하는 것에 동의하는지 모르겠다. 하지만 나는 엄청난 사건이라고 생각한다. 이 모리아 산 사건으로 인해 기독교는 그 당시의 타 종교에 비해서 인권을 중요하게 생각하는 계기가 되지 않았을까?

입장을 바꾸어 생각하면 상대를 이해하기 쉬운 것처럼 만일 이삭을 실제로 제물로 바쳤다고 가정해 보자. 그랬다면 기독교가 오늘과 같은 세계적인 종교가 되었을까? 만일 아브라함이 이삭을 바치지 않고 하나님께 사람을 제물로 바치는 것은 옳지 않다고 주장하며 순종하지 않았다면 지금의 기독교는 어떻게 되었을까?

3.2.

진짜 미인은 누구의 부인인가?

창세기 12장

10~13 그 땅에 기근이 있으므로 아브람이 애굽에 우거하려하여 그리로 내려갔으니 이는 그 땅에 기근이 심하였음이라 그가 애굽에 가까이 이를 때에 그 아내 사래더러 말하되 나 알기에 그대는 아리따운 여인이라 애굽 사람이 그대를 볼 때에 이르기를 이는 그의 아내라 하고 나는 죽이고 그대는 살리리니 원컨대 그대는 나의 누이라 하라 그리하면 내가 그대로 인하여 안전하고 내 목숨이 그대로 인하여 보존하겠노라 하니라

창세기 20장

1~2 아브라함이 거기서 남방으로 이사하여 가데스와 술 사이 그랄에 우거하며 그의 아내 사라를 자기 누이라 하였으므로 그랄 왕 아비멜렉이 보내어 사라를 취하였더니

창세기 26장

6~7 이삭이 그랄에 거하였더니 그 곳 사람들이 그 아내를 물
으매 그가 말하기를 그는 나의 누이라 하였으니 리브가는 보
기에 아리따우므로 그 곳 백성이 리브가로 인하여 자기를 죽
일까 하여 그는 나의 아내라 하기를 두려워함이었더라

아브라함은 창세기에서 많은 부분을 차지하고 있다. 하지만 이삭은
극히 작은 부분을 차지하고 있을 뿐 아니라 아브라함의 내용을 그대로
복사한 듯한 내용이 대부분이다. 가장 대표적인 사건으로 자신의 아
내를 누이라고 속인 것과 우물을 판 후 그 우물 때문에 다툼이 생긴 후
아비멜렉과 계약을 맺는 2가지 내용이다. 우물 관련 내용은 창세기 21
장(아브라함)과 창세기 26장(이삭)에 나와 있다. 2가지 내용 모두 주
요 등장 인물이 아브라함과 이삭으로 이름만 다르지 내용면에서는 크
게 다르지 않다. 나머지 이삭에 관한 창세기의 내용은 이삭에 집중하
기보다는 야곱의 내용을 전하기 위해 이삭을 등장시키는 정도이다.

이 장의 주제는 자신의 아내를 누이로 속였다는 사건이다. 자신의
아내를 누이로 속인 동기도 똑같다. 세력이 큰 상대가 자신의 아내의
미모에 반해서, 자신의 아내를 데려가기 위해 자신을 죽일 것을 두려
워했다는 것이다. 미모의 아내를 둔 내게도 충분히 공감이 가는 부분

                    평신도가 질문하는 궁금한 성서 이야기

이다. 더더구나 아브라함은 이 같은 사건이 두번이나 반복된다. 한번은 애굽에서 한번은 그랄(블레셋) 지역이다. 이삭은 그랄 지역에서 한번으로 끝난다. 물론 이삭의 경우 그랄 지역에서 아내를 누이라고 하였을 뿐 아브라함처럼 자신의 아내를 애굽왕이나 아비멜렉에게 넘겨주지는 않았다. 결론은 오십보백보이다. 그 결과는 똑같다.

성경에 기록된 세개의 사건을 모두 다른 사건으로 볼 수도 있다. 그런데 그 결론은 모두 자신의 아내를 돌려받는다. 우연 치고는 너무 비슷하다. 하나의 스토리가 세 개의 스토리로 나뉘었을 수도 있지만 성경에 그렇게 기록되어 있으니 세개의 스토리가 아닐까? 그렇다면 아브라함과 이삭의 부인 중 과연 누구의 부인이 더 미인이었을까? 만일 하나의 스토리라면 누구의 부인이 진짜 미인이었을까?

<h2 style="text-align:center">3.3.</h2>

축복받은 야곱

창세기 47장

7 요셉이 자기 아비 야곱을 인도하여 바로 앞에 서게 하니 야곱이 바로에게 축복하매

8 바로가 야곱에게 묻되 네 연세가 얼마뇨

9 야곱이 바로에게 고하되 내 나그네 길의 세월이 일백 삼십 년이니이다 나의 연세가 얼마 못 되니 우리 조상의 나그네 길의 세월에 미치지 못하나 험악한 세월을 보내었나이다 하고

창세기 27장에서 야곱은 형 에서가 받아야 할 축복을 어머니 리브가와 공모하여 아버지 이삭과 형 에서를 속이고 몰래 축복을 빼앗았다. 그리고 창세기 47장에서 보아 알 수 있듯이 야곱은 평탄한 세월과는 거리가 먼 인생을 보냈다. 사랑하는 아내 라헬은 야곱의 열두 번째 아들이자 라헬의 둘째 아들 요셉을 낳은 후 바로 죽게 된다. 또한 야곱이

　　　　平신도가 질문하는 궁금한 성서 이야기

가장 사랑하는 아들(요셉) 또한 일찍 잃게 된다. 실제로는 노예로 팔려 갔지만 야곱은 요셉을 다시 만나기전까지 그의 사랑하는 아들이 죽은 것으로 생각했을 것이다. 가족들뿐만 아니라 본인 또한 목숨의 위협을 느끼며 피해 사는 날이 많았고 인생의 마지막 시기에 다행히 사랑하는 아들 요셉을 만나게 되었다. 그리고 요셉의 소개로 애굽왕 바로를 만나서 자신을 소개하게 된다. 야곱이 느낀 그의 인생에 대한 소감이 47 장 9절의 내용이다. 그의 말 그대로 그는 험악한 세월을 살아왔다고 바로에게 그렇게 고백했다. 이것이 축복받은 야곱의 삶이었다.

그렇다면 축복을 빼앗긴 에서의 삶은 어떠했을까? 에서의 삶은 성경의 기록이 거의 없어서 많은 부분을 유추해 볼 수밖에 없다. 에서는 야곱과 함께 쌍둥이 형으로 태어나서 장자의 대우를 받으며 장자의 삶을 살았다. 성경의 표현에 의하면 야곱은 여성스러웠고 에서는 남성스러웠다. 이를 통해 일란성이 아닌 이란성 쌍둥이임을 알 수 있다. 어쨌든 에서는 늙은 아버지 이삭을 대신하여 부족의 생계를 위한 목축과 사냥을 총괄한 것으로 보인다. 따라서 이삭은 이런 에서를 야곱보다 더 신뢰했던 것 같다. 에서 본인도 자신이 장자이므로 할아버지 아브라함과 아버지 이삭과 같이 부족의 장이 될 것으로 생각했기 때문에 더 심혈을 기울여 부족의 재산을 돌보았을 것이다. 이렇듯 장자의 권리라는 것은 아버지가 소유한 권한과 부족의 재산 및 가족을 보호할 책임까지 이어받는 것이 일반적이다. 따라서 에서는 아버지가 소유한 부족장의 자리를 꿰차고 앉게 됨으로 결국 장자의 권리를 행사하게 되었다. 아버지가 누리던 권리를 그대로 이어받는 것이 우리가 일반적으로 생각하는 장자의 권리이며, 이 장자의 권리는 에서에게 돌아간 것이다.

그렇다면 성경에서 말하는 장자의 명분은 무엇인가? 성경이므로 위에서 설명하지 않은 무엇인가가 있을 것이다. 먼저 일반적인 종교적 의미를 가지고 접근해 보기로 하자. 고대의 사회는 제정일치 사회이다. 부족의 리더가 정치적인 것과 종교적인 권력을 모두 갖는다는 의미이다. 이삭도 이 두 가지 권력을 모두 가지고 있었다. 창세기 27장 28절부터 29절까지의 내용으로 이삭은 에서라고 속인 야곱에게 축복한다. 그 축복의 내용은 너무도 단순하다. 풍요로움과 타 부족을 능가하는 힘을 야곱에게 임하기를 비는 내용이다. 굳이 종교적인 의미를 부여하고자 한다면 이러한 축복이 하나님으로부터 온다는 정도이다. 이삭이 생각하는 장자의 명분은 하나님이 세속적인 풍요로움과 뛰어난 힘, 그리고 복의 근원(아브라함도 같은 복을 받음)이 되기를 바라는 일반적인 부모의 마음과 똑같다. 조금 더 확대해 해석해 본다면 이삭이 가지고 있는 모든 부족장의 권리에 더하여 좀 더 풍요롭고 다른 부족을 능가하는 힘을 갖기를 비는 마음이다.

이삭은 야곱에게 장자의 명분에 해당하는 복을 빌었고, 장자의 명분을 잃은 에서에게는 복이라고 하기보다는 저주에 가까운 복을 빌어 주었다. 이는 현대 세계에서도 똑같다. 그룹의 권리를 한 명에게 줘야 계

평신도가 질문하는 궁금한 성서 이야기

속해서 힘을 유지할 수 있다. 사막에서 목축업을 하던 고대에는 인력의 운용이나 외부의 침입 등에 대해서 부족을 하나로 단결시킨다는 것은 중요했을 것으로 생각된다. 따라서 모든 권리를 장자에게 일임하여 그 힘을 유지시키는 것은 대단히 중요했을 것이다. 이를 알고 있는 이삭은 오직 한 명의 아들에게만 축복을 하지 않았을까?

야곱이 이삭의 축복을 독차지하였지만 야곱은 장자의 권리를 얻지는 못했다. 축복은 받았지만 그 결과로 즉시 에서의 눈을 피해 외숙부의 집으로 도망가야만 했다. 성경에서 얘기하고자 하는 장자의 권리, 장자의 축복, 장자의 명분에 대한 차이는 무엇인가?

야곱은 자신이 만든 팥죽으로 형 에서에게서 장자의 명분을 샀다. 장자의 명분이 무엇이라고 생각했길래, 에서는 팥죽을 받고 그것을 넘겨주었고, 야곱은 팥죽을 넘겨주고 그것을 받았다. 분명히 두 형제 모두 장자의 명분이 중요하다고 생각은 하고 있었던 것 같다. 하지만 우리가 알고 있는 위에서 언급한 장자의 권리와 장자의 명분이 똑같을까? 권리는 이미 간략하게 설명을 하였고 이해하기 어렵지 않으므로 설명을 생략한다.

명분의 뜻을 사전에서 찾아보았다.

1. 각각의 이름이나 신분에 따라 마땅히 지켜야 할 도리
2. 일을 꾀할 때 내세우는 구실이나 이유 따위

성경을 풀이하는 사람들의 견해로는 야곱이 장자의 명분을 샀다는 의미는 '하나님의 백성이 된다. 혹은 그리스도인으로 살아간다' 등의 의미로 해석을 하는데 과연 야곱이 그러한 생각을 가지고 형으로부터 장자의 명분을 샀을까? 당연히 아니다. 야곱의 일생을 보면 재산 축적을 함에 있어서 어느 누구보다 진심이었다. 그리고 재산 축적의 방법 또한 정도(正道)를 걸었다고 생각하기 어렵다. 특히 형 에서를 피해 외숙부 라반의 집에서 보인 그의 행동들은 너무나도 세속적인 인간 그 자체였다. 그런 욕심 많은 야곱이 생각하는 장자의 명분은 무엇이었을까?

첫 번째로 아브라함과 이삭과 같이 부족의 장이 될 수 있는 것이라고 생각했을까? 성경을 읽으면서 알게 되는 야곱의 인성으로 보아 이것이 오히려 장자의 명분에 대한 그의 생각에 가깝다는 느낌도 든다. 하지만 에서도 야곱도 장자의 명분을 이 정도까지라고 생각하지는 않은 것 같다.

두 번째로 성경의 흐름대로 단순히 아버지 이삭으로부터 받는 축복의 기도라고 생각했을까? 그렇다면 너무나도 세속적인 면을 가지고 있는 야곱과는 거리가 멀어 보인다. 아니면 재산을 물려받지 못하는 것이 분명해 보이니 축복만이라도 받을 속셈이었을까? 만일 장자의 명분이 이것이었다면 리브가와 야곱이 공모해서 이삭과 에서를 속일 필요가 없다. 에서에게 예전에 팥죽으로 장자의 명분을 샀으니 이제 그 축복을 내가 받아야 한다고 얘기하면 되지 않을까? 물론 문서가 없었다면 시치미를 뗄 수도 있겠지만. 아무리 생각해도 야곱이 생각하는

 평신도가 질문하는 궁금한 성서 이야기

장자의 명분이 이것은 아닌 것 같다. 에서도 그렇게 생각하지는 않았던 것 같다. 야곱은 장자의 명분을 떠나서 아버지 이삭의 축복 기도는 중요하게 생각한 것은 분명하다. 가만히 있었으면 에서의 밑에서 협력하는 사람으로 편하게 살 수 있었지만 이 모든 것을 버리고 야곱은 축복의 기도를 선택했다. 그리고 그 결말은 가혹했다. 에서의 눈을 피해 아주 먼 장소인 외숙부 라반의 집으로 도망가야 했기 때문이다.

세 번째로 야곱은 야심가였다. 비록 에서와 같이 강인한 모습은 없었더라도 에서의 밑에서 평생을 살고 싶지는 않았던 것이다. 따라서 어릴 때부터 에서와 수없이 많은 경쟁을 자처했고 조그마한 일에도 지고 싶지 않았다. 마찬가지로 장자의 명분이 뭔지도 모르면서 그것을 형으로부터 빼앗고 싶었을 것 같다. 처음부터 본인은 족장으로서의 꿈을 꾸었고 그러한 꿈을 현실에서도 표현하고 싶었던 것이다. 그리고 마지막으로 떠날 결심을 하고 모든 준비를 마친 후 아버지 이삭으로부터 자신이 큰 민족의 조상이 될 수 있도록 축복의 기도를 받으려고 하지 않았을까? 이삭의 축복의 내용에도 이러한 내용들이 고스란히 담겨있다.

이 세가지 이외 더 생각해 볼 많은 것들이 있지만 나의 결론은 '알 수 없다'이다. 어쨌는 야곱은 이삭으로부터 축복을 받았다. 축복받은 자로서 승승장구해야 하지만 그의 현실은 그것과는 달랐다. 축복받은 야곱! 그는 축복을 독차지했지만 그의 인생을 에서와 비교해 볼 때 어떻게 축복을 받은 것인지 알 수가 없다. 어떤 이는 야곱은 평생을 하나님을 경외하는 삶을 산 것이 축복이라고 말할 수 있겠지만 이삭의 영향을 받은 에서도 평생을 그렇게 살지 않았을까?

에서와 쌍둥이 형제로 태어났지만 간발의 차이로 장자가 되지 못한 야곱은 자신도 에서와 같이 장자의 권리를 가지고 싶다는 욕망이 크지 않았을까? 하지만 현실에서는 형 에서가 모든 면에서 장자의 권리를 가져갈 가능성은 거의 확실했다. 그렇다고 야곱이 자신의 형 에서와 싸워서 그것을 쟁취할 수도 없었다. 야곱은 자신의 꿈인 큰 부족을 거느리기 위해 자신의 부족을 떠나야 한다는 것을 알았다. 본인이 꿈꿨던 야망을 생각하면 할수록 그 생각은 더욱 공고해졌을 것이다. 이제 어느덧 야곱과 에서는 성인이 되었고 이삭은 장자에게 축복을 빌어주고 장자의 권리를 넘길 때가 왔다. 야곱은 판단했다. 에서와 같이 부족을 물려받을 수는 없지만 다른 곳에서 자신의 힘을 키울 수 있도록 아버지의 축복은 받고 떠나기로 결심한 것이다.

야곱은 축복을 받은 것이 아니라 쟁취했다. 하지만 축복을 쟁취한 사람이 아무 어려움 없이 살 수 있었던 것은 아니다. 그에게는 다른 사람과 같은 혹은 더 커다란 삶의 어려움이 있었고 그 어려움을 이겨 나가기 위해 온갖 술수를 동원하였던 그냥 그런 보통 사람이었다. 야곱이 생각했던 장자의 명분은 장자의 권리를 이루기 위한 그의 꿈이 아니었을까?

   평신도가 질문하는 궁금한 성서 이야기

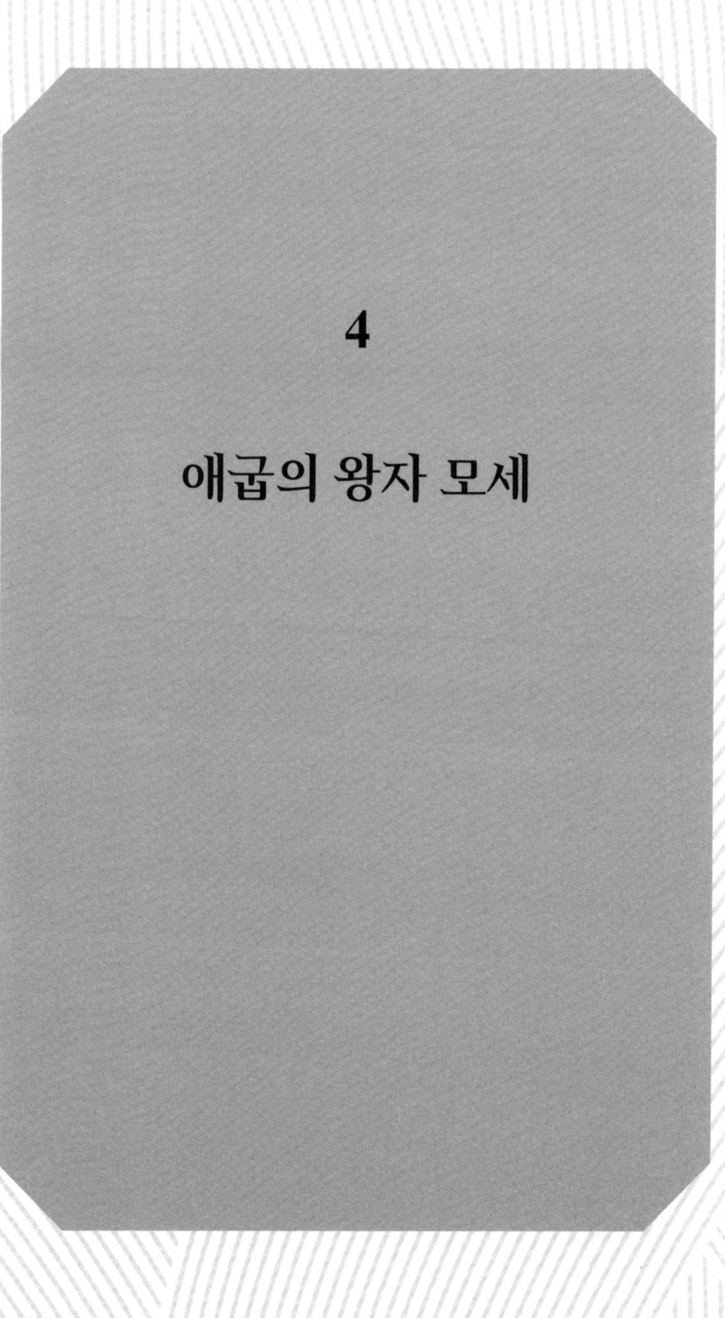

4

애굽의 왕자 모세

출애굽기 2장

10 그 아이가 자라매 바로의 딸에게로 데려가니 그의 아들이
되니라 그가 그 이름을 모세라 하여 가로되 이는 내가 그를 물
에서 건져 내었음이라 하였더라

모세는 성경에서도 대단한 영웅이지만 이스라엘 민족에게도 둘도
없는 영웅일 것이다. 유대인들은 항상 자신들을 타 지배민족에게서 구
원해 줄 모세와 같은 영웅 즉 메시아를 기다리고 있다고 들었다. 영웅
은 일반인과 달라야 한다. 영웅 모세는 어렸을 때부터 이집트의 왕궁
에서 좋은 교육을 받으며 청년기까지 엘리트로서 부족함이 없는 생활
을 하지 않았을까?

영웅 모세에 대한 가장 좋은 스토리로 너무도 유명했던 1956년작 찰
턴 헤스턴과 율 브리너가 출연한 헐리웃 영화 십계로 생각된다. 영화

 평신도가 질문하는 궁금한 성서 이야기

에서 모세(찰턴 헤스턴)와 바로(세티 1세, 세드릭 하드윅)의 아들인 람세스 2세(율 브리너)가 서로 바로에게 총애를 받기 위해 노력하는데, 모세가 람세스 2세보다 더 많은 공을 세우면서 바로는 모세를 람세스 2세보다 더 총애를 하게 된다. 이에 위기의식을 느낀 람세스 2세는 모세를 경계하고 시기하게 된다. 어쨌든 영화에서 모세는 바로의 장자와 왕권을 다투는 정도로까지 묘사되어 있었다. 모세는 그런 훌륭한 왕자의 삶을 살았지만 이후 친모인 요게벳을 통해 자신의 출신을 알게 되고 결국 히브리인을 괴롭히는 이집트인 관리자를 죽이게 된다. 이를 알게 된 람세스 2세에게 잡혀 오고 자신을 아끼는 바로 앞에서도 자신은 이집트가 아닌 히브리를 선택하겠다고 하여 결국 광야로 쫓겨나게 된다.

영화 십계의 영향인지 주위 사람들과 얘기해 보면, 모세는 이집트의 왕가에서 훌륭한 교육을 받았고, 본인이 히브리 출신인 줄도 모른 체 왕족으로서 잘 살고 있었으며, 본인의 진짜 출신도 십계 영화처럼 성인이 된 후 우연히 알게 되었다고 대부분 생각한다. 어떤 이는 영화 십계처럼 모세는 애굽의 왕자로서 살았다고 얘기하는 성도 혹은 목사님도 많이 보았다. 하지만 성경을 아무리 읽어 보아도 모세가 공주에게 입양이 된 후 어떻게 살았는지는 기록이 없다. 단지 성경에서는 공주에게 입양이 되고 곧바로 장성하였다는 내용만 있을 뿐이다. 모세가 공주의 양아들로서 어떻게 살았는지에 대한 내용은 그냥 추측해 볼 뿐이다. 모세는 영화 십계처럼 왕자의 삶을 살았을까?

모세라는 이름의 뜻은 성경에도 나와 있듯이 건져 내었다는 뜻이다. 즉 바로의 딸이 나일강에서 목욕을 하다가 갈대 상자에 있는 모세를 히브리 사람인 것을 알아본 후 불쌍히 여겨 강에서 건져 내었다는 것이다. 물에서 건져 내었기 때문에 이름도 모세라고 지어 준다. 바로의 딸이 모세를 보았을 때 당연히 바로의 딸을 시중드는 궁녀 등 사람들은 많았을 것이다. 따라서 바로의 딸이 나일강에서 히브리인을 건져 내어 입양했다는 소문은 삽시간에 퍼지지 않았을까? 유명한 사람의 약점이나 이해 못할 행동은 더 빨리 그리고 더 널리 번지기 마련이다. 소문이 퍼지지 않고 비밀로 지켜졌다고 생각할 수도 있겠지만 많은 사람이 목격했는데 비밀로 지켜진다는 건 아무리 바로의 딸이라 하더라도 쉽지 않을 일이다. 또한 바로의 딸이 그 사실을 굳이 비밀로 해야 할 필요는 없을 것이다. 히브리인을 비밀리에 입양해서 얻을 이익이 없기 때문이다. 입양한 아들이 영화 십계처럼 왕권을 획득할 수 있는 가능성도 없었겠지만 바로의 딸의 입장에서는 죽을 수밖에 없는 히브리인을 구제해 주는 것만으로도 자신의 선의를 충분히 다했다고 생각할 수 있다는 것이다. 만일 바로의 딸이 히브리인을 입양해서 왕궁에서 히브리인으로 살아가면서 놀림 받는 게 싫었다면 이름을 모세라고 지으면 안 된다. 모세의 이름 자체가 당연히 히브리인으로 추측할 수밖에 없는 힌트이기 때문이다.

모세는 바로의 딸에게 입양되었으니 어찌 되었든 왕족이 되었다. 물론 왕의 아들이 아니니 왕자는 더욱 아니다. 공주의 아들이었으니 왕

     평신도가 질문하는 궁금한 성서 이야기

궁에서 살았을 것이고 왕궁에서 교육을 받았을 것이다. 그런데 그의 이름조차 건져 내었다는 이름이었으니 어쩌면 반은 왕족 반은 히브리인 출신으로 살아가야 했을 것이다. 왕궁의 모든 사람들은 모세가 히브리 출신인 줄 당연히 알았을 것이다. 바로의 딸은 자신의 아들로서 모세를 사랑했겠지만 다른 왕족들도 과연 모세를 자신의 왕족으로 받아들이고 인정을 해 주었을까? 겉으로는 바로의 딸을 위해 인정해 주는 시늉을 하겠지만 은근히 무시하지 않았을까? 또한 왕궁을 드나드는 대신들 그리고 왕궁에서 일하는 이들도 히브리 출신이라고 은근히 다른 왕족과는 차별했을 것 같다. 모세의 어린 시절은 본인이 왕족인지에 대한 정체성으로 갈등이 많이 심했을 것이다.

미국의 오바마 대통령도 흑인인 아버지와 백인인 어머니 사이에서 태어났지만 부모님이 일찍 이혼하고 어머니의 밑에서 백인 환경에서 자라게 된 어린 오바마였다. 그는 겉모습은 흑인이지만 모든 주위 환경은 백인의 환경에서 자라게 되었고 본인이 백인인지 흑인인지에 대한 정체성 때문에 청년때까지 많은 갈등을 겪었다고 고백했다. 그리고 본인이 흑인이라고 자신의 정체성을 결정한 후에 비로소 자신의 미래를 설계하고 자신의 꿈을 위해 제대로 된 삶을 살 수 있었다고 한다.

모세도 마찬가지가 아닐까? 자신이 애굽의 왕족인지 히브리인인지에 대해 갈등하다가 우연히 히브리 사람을 치는(성경의 표현으로는 '자기 형제를 치는 것') 애굽 사람을 보고 그 애굽 사람을 쳐 죽임으로 자신이 히브리 사람임을 본인도 모르게 깊이 인정하게 된 것으로 보인다. 하지만 오바마 대통령과는 달리 모세는 계속 왕족의 일원으로 살고 싶어 한 것 같다. 왜냐하면 바로가 이 일을 듣고 모세를 죽이고자 찾은 후 비로소 바로의 낯을 피하여 미디안 땅에 머물렀다고 했으니 모세는 자진하여 왕궁을 떠날 생각은 없었던 것으로 보인다.

이러한 내용으로 볼 때 모세가 장성하기까지 왕족으로서 화려한 생활을 했다기보다는 공주의 아들로서 살았지만 히브리 출신이기 때문에 왕궁의 많은 이들로부터 무시와 차별을 겪으며 자신의 정체성에 대해 고민하면서 살았을 것으로 추측된다. 그리고 영화에서처럼 모세가 자신의 정체성을 모르고 있다가 자신의 정체성을 우연히 알게 된 후 멋있게 나는 이집트가 아닌 히브리를 택했다는 것은 더욱 아니라는 것이다. 히브리 노예 출신으로 왕궁에서 눈치를 보면서 살다가 어느 날 애굽인을 살해하게 되었다. 공주의 아들이긴 하지만 히브리 노예 출신이므로 다른 왕족과는 달리 살인범으로 중한 처벌을 받을 것이 분명했을 것이다. 따라서 모세는 살기 위해 애굽으로부터 달아날 수밖에 없는 일반 범죄자가 아니었을까?

나중에 모세가 하나님의 명을 받고 애굽으로 돌아왔을 때 람세스 2세가 바로가 되어 있었다. 람세스 2세는 십계 영화에서도 나오듯이 모세와 비슷한 연배가 아닐까 추측된다. 람세스 2세는 왕이 되기 위한 교육을 받았을 것이다. 그는 모세와 같이 왕궁에 살면서 모세의 출신

     평신도가 질문하는 궁금한 성서 이야기

에 대해 들었거나 잘 알고 있었을 것이다. 왕이 되려는 왕자와 강물에 빠져 죽을 뻔한 하층민인 히브리 출신의 모세와는 궁중에서의 대우도 달랐을 것이다. 모세는 자라면서 왕이 될 람세스 2세에게 머리를 숙였을 것이고 그와 반대로 람세스 2세는 모세를 왕족으로 인정이나 했을까? 그런 환경에서 자란 람세스 2세가 살인죄로 도망간 후 오랜만에 찾아온 모세를 보았다면 어떤 마음이 들까? 또한 모세는 그런 람세스 2세를 어떻게 보았을까? 람세스 2세가 모세의 말을 귀 기울여 들으려 하지 않는 것이 이해가 된다. 또한 모세도 애굽으로 돌아가라는 하나님의 명을 받을 때 돌아가지 않기 위해 온갖 변명을 한 것 또한 잘 이해가 된다.

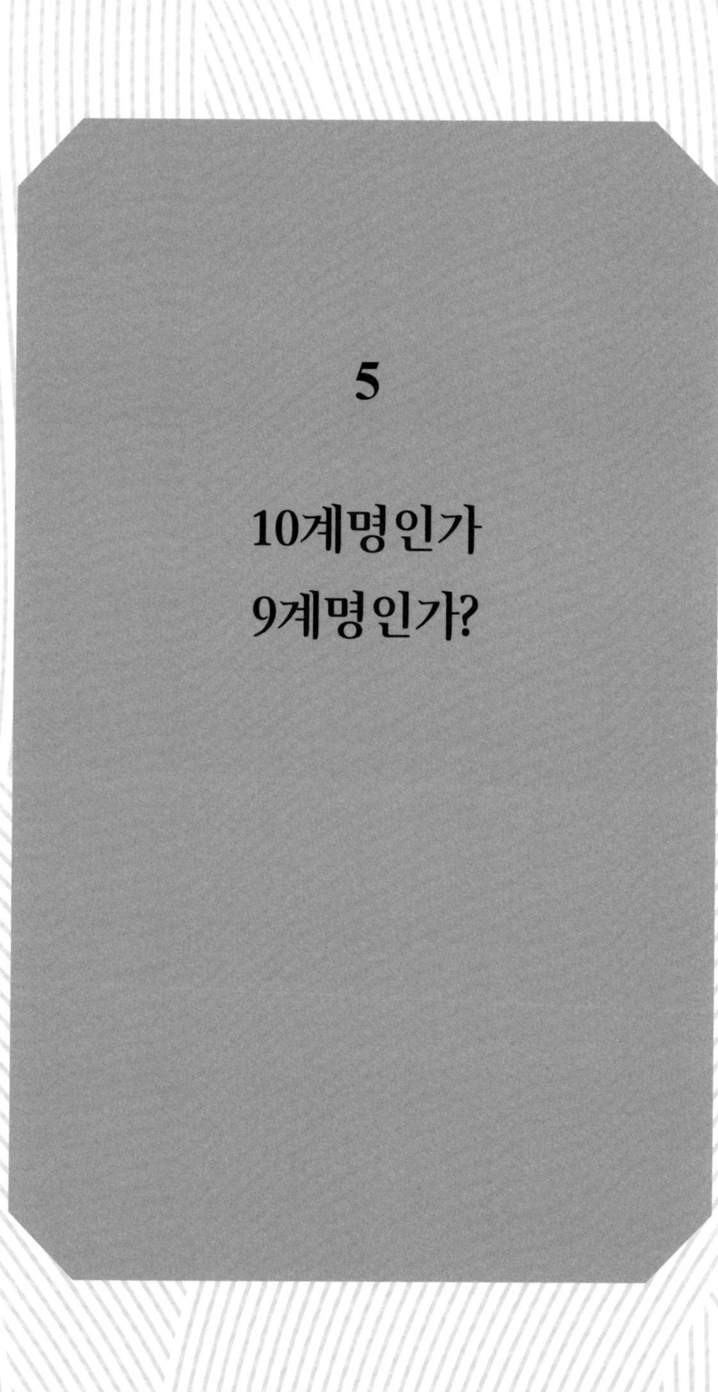

5

10계명인가
9계명인가?

출애굽기 20장(신 5:1~21 참조)

3 너는 나 외에는 다른 신들을 네게 있게 말찌니라

4 너를 위하여 새긴 우상을 만들지 말고 또 위로 하늘에 있는 것이나 아래로 땅에 있는 것이나 땅 아래 물 속에 있는 것의 아무 형상이든지 만들지 말며

5 그것들에게 청하지 말며 그것들을 섬기지 말라 나 여호와 너의 하나님은 질투하는 하나님인즉 나를 미워하는 자의 죄를 갚되 아비로부터 아들에게로 삼 사대까지 이르게 하거니와

6 나를 사랑하고 내 계명을 지키는 자에게는 천 대까지 은혜를 베푸느니라

[중략]

17 네 이웃의 집을 탐내지 말찌니라 네 이웃의 아내나 그의 남종이나 그의 여종이나 그의 소나 그의 나귀나 무릇 네 이웃의 소유를 탐내지 말찌니라

안타깝게도 나는 아직도 십계명을 외우지 못한다. 외우는 것을 극도로 싫어하는 이유도 있겠지만 주기도문이나 사도신경처럼 기도문도 아니므로 생활에서의 필요성도 느끼지 못했다. 초등학교 때 상 받기 위해서 외운 기억은 있지만 그때 이후로는 외울 생각도 안 했다.

우연히 TV 채널을 돌리다가 천주교에서 운영하는 PBC 방송에서 어느 신부님이 천주교와 개신교의 십계명이 조금 다르다고 하셔서 무엇이 다른지 시청했었다. 전체적인 성경의 내용은 같은데 열개의 계명을 어떻게 구성하는지에 대한 견해 차이로 보인다. 물론 한국 개신교 중 일부 극단적인 교단에서는 이런 차이로 천주교를 2단, 3단 논할지도 모르겠지만 내가 보기에는 견해 차이로 보인다. 혹시나 하는 마음에 성경의 여러 번역 내용이 다를지 몰라 확인해 보았지만 번역의 차이만 있을 뿐 내용의 차이는 전혀 없었다.

[개신교의 10계명]

1. 나 외에는 다른 신들을 있게 하지 마라

2. 어떤 우상도 만들지 말고 절하지 마라

3. 야훼 이름을 망령되이 부르지 마라

4. 안식일을 거룩하게 지켜라

5. 부모를 공경하라

6. 살인하지 마라

7. 간음하지 마라

8. 도적질하지 마라

9. 거짓 증언을 하지 마라

10. 네 이웃의 아내나 재물을 탐내지 마라

[천주교의 10계명]

1. 한 분이신 하느님을 흠숭하여라

2. 하느님의 이름을 함부로 부르지 마라

3. 주일을 거룩히 지내라

4. 부모에게 효도하여라

5. 사람을 죽이지 마라

6. 간음하지 마라

7. 도둑직을 하지 마라

8. 거짓 증언을 하지 마라

9. 남의 아내를 탐내지 마라

10. 남의 재물을 탐내지 마라

천주교에서는 개신교의 첫 번째, 두 번째 계명을 첫 번째 계명 하나로 묶었고, 개신교에서는 천주교의 아홉 번째, 열 번째 계명을 열 번째 계명 하나로 묶은 것으로 보인다. 사실 성경에서 십계명을 얘기할 때 '첫 번째 계명은 이것이고 두 번째 계명은 이것이다'라는 식으로 설명이 되어 있었다면 문제가 안 될 텐데 그냥 나열만 되어 있다. 계명들

 평신도가 질문하는 궁금한 성서 이야기

사이의 구분이 명확하지 않다는 것이다.

만일 이 글을 읽는 독자가 본인이 가지고 있는 사전 지식과 편견을 버리고 지금 성경 본문의 내용을 열 가지 계명으로 나누어 보는 걸 추천한다. 결과는 어떤가? 나도 10가지 계명으로 나눈 계명의 결과는 뒤에서 공개하겠지만 그 결과는 위의 2가지와도 같지 않았다. 어쨌든 십계명이라는 말 자체가 성경에 없었다면 십계명을 해석하는 학자들이 나름 정확하게 해석해서 이런 견해 차이는 줄일 수 있었을 것으로 생각된다. 하지만 다행인지 불행인지 성경에는 십계명이라는 말이 출애굽기 34:28, 신명기 4:13, 신명기 10:4에서 나온다. 성경에서 분명히 십계명이라고 했으니 십계명은 열 가지의 계명이 되어야 한다.

앞의 표에서와 같이 개신교와 천주교에서 열 가지로 나눈 계명의 차이점에 대해서 먼저 살펴보고자 한다. 내 의견으로는 이러한 차이점에 대해서 '어느 쪽이 맞고 어느 쪽이 틀렸다'와 같은 논쟁은 아무런 의미가 없어 보인다. 그만큼 성경에서 기록된 내용이 불분명하기 때문이다. 단지 견해의 차이 혹은 해석 방법의 차이로 생각되며 성경에서 정확하게 열 개로 나누어 설명한 것도 아니므로 정답은 하나님과 모세 그리고 십계명을 받았던 그 당시 이스라엘 사람들만 알았을 뿐이다. 현대를 살아가는 우리는 십계명을 어떻게 구분하는지가 중요한 것이 아니라 그 의미를 이해하고 실천하는 것이 중요하지 않을까? 여기서는 재미 삼아 개신교와 천주교의 해석 차이를 비교하고 마지막으로 나의 의견을 설명하고 마무리하려 한다. 다시 말하지만 어떤 구분이 맞는지는 현재로서는 하나님만 아실 뿐이다.

십계명에 대한 성경의 글의 특징을 보면 가장 먼저 선언(혹은 명령)이 나온다. 그리고 그다음에 그 선언에 대한 부연 설명이 서술되어 있다. 물론 부연 설명이 없는 부분이 더 많기는 하다. 어쨌든 이러한 특징으로 볼 때 모든 선언을 더하면 10계명이 아니라 11계명이 된다. 개신교에서 2가지로 나눈 것과 천주교에서 2가지로 나눈 것 모두가 각각 선언이기 때문이다. 그렇다고 10계명이 아니라 11계명이라고 주장하고 싶지는 않다. 왜냐하면 선언했다고 모두가 독립적인 계명이 되지는 않기 때문이다. 일부 선언의 형태는 띄고 있지만 부연 설명으로 보이는 형태의 내용이 보이기 때문이다. 그 일부는 앞에서 언급한 개신교에서 나눈 2가지와 천주교에서 나눈 2가지 내용이다.

먼저, 천주교에서는 하나로 분류한 것을 개신교에서 두 개로 분류한 내용을 보자. 3절에 다른 신들을 네게 두지 말라고 선언을 한다. 곧이어 4, 5절에서 우상 및 어떤 형상도 만들지 말고 그것들을 섬기지 말라는 선언이 나온다. 우상을 만들지 말고 섬기지 말라고 했으니 선언인 셈이다. 하지만 내용적으로 봤을 때 다른 신들을 네게 두지 말라는 것과 우상을 만들거나 섬기지 말라는 내용은 무슨 차이일까? 아무리 읽고 또 읽어 보아도 같은 내용이다. 읽으면 읽을수록 4, 5절은 3절에 대

          평신도가 질문하는 궁금한 성서 이야기

한 부연 설명으로밖에 보이지 않는다. 글의 형태는 명령조로 쓰여 있으니 선언으로 구분할 수 있지만 내용적으로는 완전한 3절에 대한 부연 설명이다.

내가 생각이 짧을 수도 있을 것 같아 인터넷을 찾아 보았지만 내가 충분히 이해할 수 있도록 논리적인 측면에서 적절하게 설명하고 전개한 기록을 찾지 못했다. 찾아본 대부분의 주장은 내용이 대체로 비슷했다. 그리고 그 주장도 2개로 구분하는 것을 전제로 한 끼워 맞추기로 보인다.

내용이 아닌 다른 측면에서 4, 5절이 부연 설명이라는 느낌을 갖게 하는 것은 선언으로 보기에는 4, 5절이 너무 길다는 것이다. 총 11개의 선언 중 이렇게 긴 선언은 이것 한 가지가 유일하다. 나머지는 간단 명료하다.

선언은 주로 읽거나 듣는 상대방에게 강렬함을 주기 위해 비교적 간단하게 얘기하는 것이 기본이다. 그리고 그 선언의 내용이 의미를 전달하는 데 부족하다면 부연 설명하는 것이 일반적이다.

10가지의 선언은 모두 이러한 논리를 잘 따르고 있지만 4, 5절의 선언만이 이를 따르지 않고 있다. 따라서 4, 5절의 내용을 선언으로 인정할 수 없다. 비록 선언이 길고 두 가지의 내용이 비슷한 것 같지만 두 가지는 서로 독립적인 내용이다 라고 주장하는 이가 있다면 반박하고 싶지는 않다. 보는 관점에 따라서 다를 수 있기 때문이다. 나의 관점은 '선언이 있느냐 없느냐'이며, 4, 5절의 내용을 선언으로 인정하고 싶지는 않다는 것이다. 다시 말하지만 4, 5절은 선언이 아니다. 부연 설명만 있을 뿐이고 내가 보는 관점으로는 그 설명이 3절의 선언에 대한 부연 설명이라는 것이다.

4, 5절의 내용을 조금 더 살펴보면 우상을 만들지 말라는 것이다. 물론 그것을 섬기는 것도 안 된다고 한다. 어쨌든 핵심은 만들지 말라는 것이다. 그럼 우상은 무엇인가? 어떤 이는 하나님보다 더 귀중하게 여기는 것은 우상이라고 주장한다. 일리 있는 주장이다. 하지만 본문의 내용은 그런 의미가 아니라고 생각된다. 분명히 '너를 위하여 새긴 우상을 만들지 말고'라고 되어 있다. 우상을 새기지 말라는 것이다. 자연 만물의 형태를 만들어서 새기는 것이 부질없다는 뜻이라고 생각된다. 물론 이것을 한 차원 높여서 하나님보다 더 귀중하게 여기는 것을 우상이라고 주장할 수 있겠지만 그것은 본문의 취지를 벗어나는 해석으로 보인다.

두 번째로, 천주교에서는 개신교의 10번째 계명을 2가지 계명으로 나눈다. 아내 이외 남종, 여종, 짐승, 재물 등을 개신교에서는 하나의 계명으로 묶었지만 천주교에서는 아내를 다른 것과 분리해서 2개의 계명으로 나누었다. 천주교에서 이를 왜 분리했는지에 대한 설명을 찾을 수 없어서 추측을 해 보았다. 추측 내용은 아내는 다른 것과는 다르다는 것이다. 아내는 주체적인 사람이며 나머지 남종, 여종, 짐승, 재물 등은 재산의 형태라는 것이다. 이러한 주장은 본문의 내용을 너무

   평신도가 질문하는 궁금한 성서 이야기

차원 높게 해석한 것으로 보인다. 앞에서도 사용했던 선언의 형태에 대해서 살펴보면 더욱 더 분리한 내용이 맞지 않다는 것을 알 수 있다.

여기서도 선언은 두 가지이다. 먼저 '네 이웃의 집을 탐내지 말라'와 '아내나 재물 등을 탐내지 말라'는 두 가지이다. 그렇다면 9번째 계명은 이웃의 집을 탐내지 말라는 것이 되고, 10번째 계명은 아내 및 재물을 탐내지 말라 라고 해야 하지 않을까? 더더구나 아내는 독립적인 선언도 아니고 아내나 그의 남종이나 등으로 열거 형태로 되어 있다. 굳이 여기서 아내를 독립적인 선언으로 나누는 것 자체가 너무 확대 해석이 아닐까? 따라서 집은 재물의 일종일 뿐 아니라 재물의 가장 대표적인 사물이므로 먼저 '네 이웃의 집을 탐내지 말라'라고 선언하고 부연 설명으로 재물에 해당할 수 있는 아내 등을 열거한 것으로 본다. 현대를 살아가는 우리 입장에서 아내를 재물로 취급한다는 것이 상당히 불편할 수 있겠지만 그 시대의 상황으로는 그럴 수도 있지 않았을까? 아내는 사람이므로 사람이 아닌 짐승과 재물인 나머지와는 구별해야 하지 않느냐고 할 수 있겠지만 그것은 현대적인 사고 방식에 의한 주장으로 십계명이 있었던 시대적인 상황에서 볼 때 굳이 구별하지 않는 것이 합리적이라 보인다. 남종과 여종도 결국 사람이지 않는가? 이에 대해 그 시대에는 노예는 사람으로 보지 않았다고 주장한다면 마땅한 대답을 하기는 어렵지만 그 시대에 여자도 남자와 동등하게 여기지는 않았다고 보면 결국 큰 차이는 없다. 나의 견해로는 천주교의 9계명과 10계명은 개신교의 10계명으로 통합되는 것이 맞는 해석이라고 생각된다.

이렇게 볼 때 출애굽기 20장에서 하나님이 주신 계명은 총 9개의 선언으로 되어 있다. 나머지는 모두 부연 설명이다. 9개의 선언이므로 십계명이 아니라 구계명으로 보는 것이 맞지 않을까? 하지만 맨 앞부분에서도 설명했듯이 성경은 구계명이 아니라 십계명이라고 분명히 얘기하고 있다. 천주교 식으로 해석을 하든 개신교식으로 해석을 하든 십계명의 내용에는 변함이 없고 똑같다. 물론 내가 주장하고 있는 9개의 선언이므로 10계명이 아니라 9계명이라고 주장하는 해석도 결국 내용으로는 똑같다.

개신교와 천주교 그리고 내가 주장하는 9계명 중 어디가 합리적인 해석인지의 쓸데없는 논쟁에 휘말리고 싶지는 않다. 내가 보기엔 내용의 의미를 중요하게 생각해야지 쓸데없는 숫자에 연연해하고 싶지는 않기 때문이다. 그리고 더욱 더 중요한 것은 이미 예수님이 이러한 논쟁을 마무리하셨기 때문이다.

구약은 예수님이 오심으로 인해 신약의 예수님의 말씀으로 모든 것이 재정립되고 대체되어야 한다. 십계명도 마찬가지이다. 예수님이 오심으로 인해 십계명 논쟁은 아무 의미가 없어졌다. **'주 너의 하나님을 사랑하고 네 이웃을 사랑하라'(눅 10:27)** 라고 예수님이 말씀하셨기 때문이다. 11절까지는 '주 너의 하나님을 사랑하라'는 말씀으로 12절 이하의 말씀은 '네 이웃을 사랑하라'는 말씀으로 완성하셨기 때문이다. 새로운 계약이 맺어지면 옛 계약은 파기되거나 새로운 계약에 맞게 재해석되는 것이 이치이다. 우리는 이미 신약 이후의 시대를 살고 있다.

 평신도가 질문하는 궁금한 성서 이야기

그런 우리가 옛 계약인 구약에 연연하는 것이 맞을까?

그래도 성경에 나오는 계명이 십계명과 구계명 중 어느 것이 더 합리적인지를 묻는다면 나는 구계명이라고 주장하고 싶다. 그런데 구계명이라고 한다면 왠지 조금 아쉽다. 사람이라면 열 개가 아니라 아홉이라고 한다면 뭔가 부족하다고 생각하기 때문이다. 더더군다나 성경에 10이라고 씌어 있다. 그래서 열 번째 계명으로 나는 이렇게 채우고 싶다.

"너는 다른 민족, 다른 사람들을 존중하라. 의견이나 생각, 사상, 문화적 환경, 정치적 사상, 이해관계 등에 대해 다른 사람들을 이해하고 존중하는 것이야 말로 서로 사랑하라는 예수님의 말씀을 완성하는 것이기 때문이다. 너의 의견은 너의 생각으로 만족하라. 그것을 다른 사람에게 강요하지 말라. 특히 다른 사람이 너보다 힘이 없는 경우 억지로 강요하지도 말고 오히려 그를 존중하고 그의 사고방식이나 사상을 배우고 이해하고 공감하려고 노력하라."

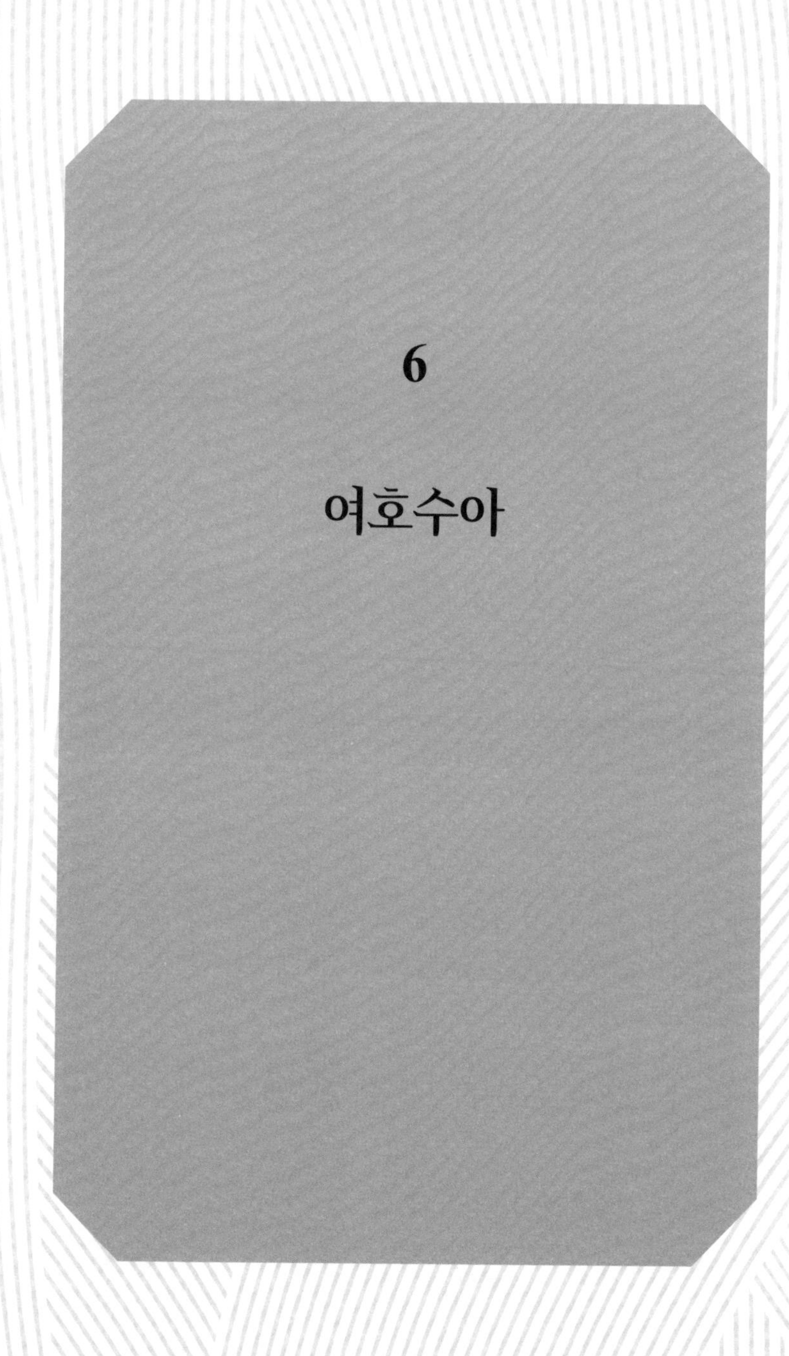

6

여호수아

6.1

아간의 범죄

여호수아 6장

18 너희는 바칠 물건을 스스로 삼가라 너희가 그것을 바친 후
에 그 바친 어느 것이든지 취하면 이스라엘 진으로 바침이 되
어 화를 당케 할까 두려워하노라
19 은금과 동철 기구들은 다 여호와께 구별될 것이니 그것을
여호와의 곳간에 들일지니라

이스라엘은 광야 40년의 생활을 마치고 새로운 지도자 여호수아와
함께 드디어 가나안으로 들어가게 된다. 첫 번째 관문인 난공불락(難
攻不落)의 여리고 성을 손쉽게 함락하고 이스라엘인들은 자만에 빠지
게 된다. 모든 것이 자신들의 힘으로 여리고 성을 함락하였다고 생각
하여 여리고 성보다 많이 작은 아이 성을 큰 준비 없이 공격하게 된다.
하지만 결과는 참패로 이어졌고 아이성 전투로 인해 전사한 인원만 36
명쯤 된다고 성경에는 기록되어 있다.

 평신도가 질문하는 궁금한 성서 이야기

성경은 처음부터 여리고 전투에서 얻은 노획물에 대한 법을 어긴 아간의 범죄로 인하여 여호와께서 진노하셨고 이로 인해 아이성 전투는 패배하게 되리라는 것을 예견했다. 이스라엘은 이어질 전투를 위해서 정탐꾼을 보내었지만 아이성의 규모가 작은 것을 본 정탐꾼들이 소수만으로 이길 수 있으리라는 보고를 하였고 이를 믿은 여호수아가 삼천 명쯤만 보내었지만 패하여 곧바로 도망치게 되고 삼십육 명쯤 죽게 되는 패전을 하게 된 것이다.

이에 여호수아는 밤새 울면서 기도하였고 여호와는 이스라엘이 범죄하여 언약을 어겼고 **'네가 그 바친 물건을 너의 중에서 제하기 전에는 너의 대적을 당치 못하리라'**(수 7:13)는 말씀에 이어 제비를 뽑아 그를 찾으라고 하셨고 여호수아는 그렇게 하여 아간을 찾아 자백을 받고 감추어둔 물건들까지 찾게 된다. 그리고 여호수아는 아간과 그의 아들들과 그의 딸들 그리고 그의 짐승들과 그의 속한 것들 모두를 이끌고 아골 골짜기에서 돌로 치고 불사르게 시킨다. 그 위에 돌 무더기를 쌓았고 그 후 그 이름을 아골(뜻, 괴로움) 골짜기라고 부르게 되었다.

수 6:18~19에 은금과 동철 기구들을 포함하여 여호와께 구별된 것은 손대지 말라고 했음에도 불구하고 바로 다음 장인 수 7:1에서는 '아간이 온전히 바친 물건을 가졌기 때문에 혹은 훔쳤기 때문에 여호와께서 진노하시니라'고 되어 있다. 여리고 성 함락 후 노획물에 대해 언약을 어긴 사람은 아간으로 기록되어 있다. 그런데 언약을 어긴 사람이 아간뿐이었을까?

여호수아 서는 아이성 전투의 패전 원인을 여호와께서 이스라엘에게 명령한 언약을 어겼기 때문이라고 전한다. 그런데 누가 언약을 어긴 것인지는 조금 애매하게 기록되어 있다. 여호수아 7:11~15의 구절은 여호와께서 여호수아에게 어떻게 해야 할지를 지시한 내용이 구체적으로 언급되고 있다. 지시한 내용은 우리가 잘 알고 있는 내용이다. 하지만 지시한 내용의 원인이 되는 범죄 내용은 수 7:1에서 언급된 아간 개인의 단독 범죄와는 다소 다르게 기록되어 있다. 원인으로 지목할 수 있는 성경의 구절로 여호수아 7:11~13이라고 할 수 있는데, 그중에서도 가장 핵심적인 내용은 11절이다. 표면적인 글로만 봤을 때 범죄를 저지른 사람을 그들이라고 표현하고 있다. 단순히 아간 한 사람을 염두에 두고 하는 말이 아니다. 11절 전체의 문맥상으로 보더라도 그들은 이스라엘 장병 전체를 말하고 있는 것처럼 보인다.

하지만 수 7:1과 수 7:12 이후의 구절들을 보면 이렇게 이스라엘인들이 범죄한 것을 아간 한 사람의 범죄로 몰아가는 느낌이다. 전체적인 느낌은 이스라엘인들이 범죄하였지만 제비 뽑기를 하여 아간을 뽑았고 아간의 범죄가 밝혀졌으니 아간을 처벌함으로써 다른 이스라엘인들의 범죄를 눈감아 주는듯한 모습으로 보인다. 수 7장 전체를 별 생각 없이 읽으면 아간의 단독 범죄로 인해 여호와께서 노하셔서 아이성 전투를 패배하게 만든 것처럼 보일 가능성이 많아 보인다. 특히 7장의

     평신도가 질문하는 궁금한 성서 이야기

시작하는 절인 1절이 그렇게 기록되어 있어서 더욱 그렇게 느끼기 쉬울 것 같다. 그리고 만나 주석에는 이렇게 설명하고 있다.

'본 절은 이스라엘이 하나의 유기적인 언약 공동체라는 차원에서 1절과 마찬가지로 개인의 범죄를 이스라엘 백성 전체의 범죄로 규정하고 있는데, 이 다음 문구에서 1절에서는 설명되지 않은 범죄의 구체적인 내용이 지적되고 있다.'[3]

주석은 아간 개인의 범죄로 단정하고 있다. 이스라엘이 하나의 유기적인 언약 공동체로 보든 아니든 나는 이 주석에 동의할 수 없다. 7장 전체적인 내용을 보더라도 아간 개인만의 범죄가 아님을 알 수 있고, 여리고성 전투와 아이성 전투의 흐름을 그 시대의 역사적인 상황을 고려해 본다면 더욱 분명히 아간의 단독 범죄라는 데 동의할 수 없다. 그 이유에 대한 설명은 조금 후에 하도록 하겠다. 앞에서도 얘기했지만 성경의 표면적인 내용으로 보아도 분명히 아간 개인만의 범죄가 아니고 이스라엘인들의 범죄임을 분명히 하고 있는데 이상하게도 이에 대한 해석은 아간의 단독 범죄로만 취급하고 있는 것 같다. 대부분의 목회자 및 성도들과 얘기를 나누어 보아도 그렇게 생각하며 나도 어릴 때부터 그렇게 배워서 성인이 된 후 다시 성경을 읽을 때까지는

---

3) 수 7:11에 대한 만나 주석

그렇게 생각했었다. 성경학자들이 왜 그렇게 해석했는지는 잘 모르겠다. 아니면 성경학자들은 잘 알고 있는 내용이지만 일반 목회자 및 신도들만 그렇게 생각하고 있을지도 모를 일이다. 어쨌든 나의 견해로는 성경의 표면적인 내용처럼 이스라엘인들(이하 장병들, 왜냐하면 전투에 참여한 군인들이 노획물을 빼돌리는 것이 더 쉬웠을 테니) 대부분이 아간과 동일하게 범죄했으리라고 생각한다.

여호수아서는 성경에 속해 있는 종교 서적이다. 하지만 조금 다른 관점인 역사적인 관점에서 보기로 하자. 여호수아는 불과 얼마전까지 모세 밑에서 전쟁터의 장군 역할을 담당하는 임무가 대부분이었다. 이스라엘의 지도자라고 할 수는 없었다. 하지만 이제는 이스라엘 전체를 책임지는 지도자이다. 이스라엘 전체의 운명을 책임지는 지도자인 여호수아의 관점에서 아이성 전투의 패배에 대해 알아보기로 하자.

여리고 성 전투의 결과는 이스라엘의 일방적인 승리이다. 승리 후의 이스라엘의 상황은 꽤 많이 혼란한 상태였을 것이다. 그 상황에서 장병들 각자 그 누가 무엇을 한다고 해도 개개인의 범죄를 지도자가 정확하게 파악하기는 힘들다.

이스라엘 민족의 특성은 출애굽부터 광야까지 수없이 하나님의 뜻을 어긴 민족이다. 이스라엘 민족이 지난 광야 40년 동안 만나와 메추라기 등 생활(혹은 생존)에 필요한 것들이 주어졌다고 하더라도 풍족함과는 거리가 먼 삶을 살았던 사람들이다. 그에 비해 여리고 성은 젖

   평신도가 질문하는 궁금한 성서 이야기

과 꿀이 흐르는 곳이다. 광야와는 비교도 되지 않을 풍족한 환경에서 많은 물질적인 혜택을 누리고 살았음이 분명하다. 그런 풍요로운 곳을 상대하여 이스라엘 민족은 전쟁을 일방적으로 이겼다. 이러한 상황에서 여호수아가 모든 노획물을 손대지 말라고 한 명령을 온전히 받아들인 장병들이 얼마나 되었을까? 전투에 참여한 이스라엘의 장병들이 노획물에 욕심을 부리지 않고 온전히 여호수아에게 갖다 바친 이가 오히려 극소이지 않을까 생각된다. 특히 금이나 은과 같이 크기가 작다면 더 쉽게 개인적으로 취할 수 있었을 것이다. 구약성경을 통해 본 히브리 민족이 그렇게 신의가 강했다고 믿기도 힘들다. 아간 이외에 수많은 장병들이 아무것도 가져가지 않았다는 건 더 믿기 힘들다. 그렇다고 전쟁 상황에서 감시할 수 있는 사람이나 시스템이 있는 것도 아니니 너도 나도 서로 많은 것을 취하려고 했을지도 모른다. 만일 아간 혼자만 노획물을 취했다면 옆에 있었던 장병들이 가만히 있었을까? 노획물을 같이 취하거나 아니면 고발했을 것이다. 하지만 아간의 범죄를 여호수아에게 고발했다는 내용은 없다. 오히려 그들이 범죄했다고 성경은 기록하고 있다.

여리고 성 전투는 이스라엘의 압승으로 끝이 났지만 여호수아는 자신의 명령이 이스라엘 민족에게 온전히 통하지 않음을 심각하게 느꼈을 것이다. 군대의 지휘관으로서 정량적인 측면인 병력과 무기 등이 아닌 정성적인 면에서 관리해야 할 가장 중요한 것 두 가지를 꼽으라면 '군기'와 '사기'일 것이다. 그 둘 중에서도 꼭 하나만을 꼽으라면 당연히 '군기'이다. 군기가 서지 않으면 지휘관이 할 수 있는 일은 없다. 군기는 뻔히 죽을 줄 알면서도 지휘관이 가라고 하면 가야 하는 것이 군기이다. 만일 군 병력이 지휘관의 명령을 한번 어겼음에도 아무런 일없이 지나간다면 두 번, 세 번 계속 어기기는 너무 쉽다. 지휘관이 첫 번째 명령을 지키지 않은 자들에게 아무런 조치를 취하지 않고 이후 명령을 어긴 이를 벌주게 되면 첫 번째 명령을 어긴 이와의 형평성을 근거로 자신의 벌에 대해 반발하는 위험한 상황이 전개될 가능성이 매우 높다. '어제의 범죄를 처벌하지 않으면 내일의 범죄에 용기를 준다'는 알베르 까뮈의 말이 절실히 생각나는 상황이다.

지도자 여호수아의 관점에서 다른 측면을 살펴보자. 앞으로 더 크고 더 많은 전투를 치러야 하는 지도자의 입장에서 볼 때 개인이 부를 가지고 있는 것보다 지도자가 그 부를 가지고 있는 것이 훨씬 유용하게 사용할 수 있다. 이 부를 가지고 이스라엘 민족을 통치하거나 향후 진행될 전쟁을 준비해야 한다. 따라서 여리고 성 전투를 시작하기 전에 여호수아는 수 6:18~19와 같이 장병들에게 미리 주의를 주었던 것이다. 하지만 사람의 욕심은 끝이 없다. 앞에서도 언급했지만 많은 장병들이 서로 은과 금 등을 차지하려고 했을 것이고 정작 여호수아에게로 가져온 수량은 얼마 안 되었을 것으로 추측된다.

지도자인 여호수아의 입장에서 이것은 매우 중대한 상황이다. 특히 여호수아는 이스라엘 민족의 지도자가 된 지 얼마 안 된 상황이다. 물론, 여호수아는 이스라엘 민족의 운명을 쥐고 있는 책임이 있는 지도

   평신도가 질문하는 궁금한 성서 이야기

자로서 지금 당장 모든 장병들의 범죄에 대해서 죄를 묻고 마땅히 책임을 추궁할 수 있는 권한을 가지고 있다. 하지만 아직 지도자로서 이스라엘 백성들의 신뢰를 충분히 얻지 못한 상황에서 만일 여호수아가 장병들의 범죄에 대해서 추궁을 한다고 가정해 보자. 이스라엘 장병들은 여리고 성 전투를 통해서 지금까지 보지도 못한 많은 부를 가지게 되었다. 그런 많은 부를 지도자가 다시 내놓으라고 한다면 백성들의 반응은 어떨까? 하지만 노획물만 내어 놓으라는 것이 아니라 그 행위를 범죄로 단정하고 처벌까지 한다면 백성들은 지도자에게 오히려 분노할 수 있는 상황이 발생할 수도 있다. 여리고를 상대로 엄청난 승리를 거두었는데 그 많은 부를 지도자만 챙기고 자신들이 취한 조그마한 부를 다시 내어 놓으라고 한다면, 그리고 지도자의 말을 듣지 않았다고 죄를 묻는다면, 장병들은 섭섭함을 떠나서 지도자인 여호수아를 없애고 다른 지도자를 세울 수도 있다. 특히 처음으로 많은 부를 얻게 되어 거의 눈이 뒤집힌 이스라엘 백성들(장병들은 대부분의 성인 남자이므로 백성들이라고 할 수도 있다)로부터 잘못하면 오히려 역풍을 맞을 수 있는 여호수아로서는 매우 난처한 상황으로 전개될 확률이 매우 높다. 그렇다고 군대의 지휘관으로서 이런 범죄(혹은 명령 불복종)를 좌시하고 있을 수는 없다. 만일 이대로 이런 상황을 좌시한다면 여호수아는 이름뿐인 지도자로 남을 뿐 아니라 잘못하면 군 기강이 허물어져 이스라엘의 멸망으로 이어질지도 모른다.

어떤 일에 대한 결과가 좋으면 과정에서 생기는 과실은 무시되는 경우가 많다. 이것이 사회 전반에 만연해지면 그 사회는 어느 정도까지는 잘 성장을 하겠지만 그 이후부터는 그 사회가 급격하게 무너지는 현상을 보게 된다. 따라서 아무리 결과가 좋더라도 공과 과는 엄격히 구분하고 과에 대해서는 엄히 책임을 물어야 건강하고 지속적인 사회 성장을 기대할 수 있다. 지혜로운 지도자는 무엇보다도 이것을 중요하게 생각해야 한다.

이스라엘은 첫 전투에서 엄청난 성과를 거두었다. 비록 여호수아에게 전해진 노획물은 전체에 비해서 얼마 되지는 않았겠지만 어쨌든 절대적인 양은 분명히 상당했을 것이다. 백성들은 백성들대로 지도자에게는 지도자대로 이전에 비하면 말할 수 없이 풍족한 상황이다. 이런 상황에서 갓 지도자가 된 여호수아가 장병들의 잘잘못을 따지고 든다면 분위기도 모르는 혹은 쪼잔한 지도자로 낙인 찍힐 뿐 아니라 잘못하면 지도자로서는 가장 중요한 권위를 상실해 버릴 수도 있는 일이다. 이러한 분위기에서는 지도자의 위엄을 세울 수가 없다. 새로운 지도자의 지혜가 절실히 발휘되어야 할 때이다.

이제부터 내가 여호수아의 입장이 되었다고 가정하고 소설을 써 보겠다.

여리고 성의 전투에서 압승을 한 상황에서 명령을 어긴 많은 장병들을 처벌하기도 어렵다. 그렇다고 이를 좌시할 수도 없다. 장병들의 명

   평신도가 질문하는 궁금한 성서 이야기

령 불복종에 대한 책임을 묻고 처벌할 수 있는 분위기를 만들지 않으면 안 된다. 다음 공격할 성은 아이 성이다. 염탐꾼을 보냈더니 작은 성이라고 한다. 그래서 3천 명만 보내기로 한다. 아무리 작은 성이라고 해도 성은 성이다. 성을 함락하기 위해서는 병력 기준으로 성의 병력보다 약 7배의 병력이 필요하다고 한다. 공성전을 위한 장비(무기)도 없는 때이다. 단순 계산으로 3천 명으로 성을 함락하려면 아이 성의 병력은 대략 500명 이하가 되어야 함락할 수 있다. 아무리 작은 성이라고 하더라도 병력이 500명 이하면 성을 만들 수도 유지할 수도 없는 규모다. 왜냐하면 예전에는 대략 15세 이상의 남자는 모두 병력의 의무를 져야 하므로 전체 인구도 병력의 3배가 넘는 수준일 것이다. 그렇다면 1500명의 인구로 성을 쌓고 그 성을 유지한다는 것은 너무나도 어려운 일이다. 상식적으로 생각했을 때 특별한 장비가 없는 상태에서 성을 쌓고 유지보수가 가능한 아이 성의 인구는 최소 1만 명 이상으로 생각된다. 그렇다면 장병은 3천 명 정도, 어쩌면 전투에 참여한 장병의 숫자가 5천 명 이상일지도 모른다. 모세 밑에서 수많은 전투를 치러 본 장군 여호수아가 그걸 모를 리 없을 것이다. 하지만 여호수아는 아이 성 공격을 감행했다. 결과는 참패이고 36명의 희생자가 발생하게 되었다. 이제는 아이 성 전투의 패전에 대해 누군가에게 책임을 물을 수 있게 되었다.

일반적인 경우라면 이유여하를 막론하고 지도자인 여호수아가 아이 성 전투의 패배를 책임져야 한다. 만일 전투의 패인이 지도자의 잘못

된 판단으로 인한 것이라면 여호수아는 지도자의 자리에서 물러나야
한다. 여호수아가 지도자의 자리에서 살아남으려면 누군가의 희생이
필요하다. 따라서 누군가가 하나님께 범죄를 했고 이 때문에 하나님의
진노를 받아 전투에서 패했다고 주장한 후 증거를 확보하게 된다면 군
중들은 지도자의 말을 믿을 수밖에 없다. 그리고 누군가를 콕 집어서
애기하기에는 민망하니 제비 뽑기를 하자고 한다. 어차피 대부분의 장
병들이 노획물을 빼돌렸고 누가 뽑히든 증거물을 확보할 수 있다고 여
호수아는 생각했을 것이다.

제비는 12지파부터 시작해서 범위가 갈수록 축소되면서 여러 번에
걸쳐 진행된다. 12지파에서 유다 지파가 뽑혔고 유다 지파 중에서 세
라 족속이 뽑혔다. 세라 족속 중에서 삽디 집안이 뽑혔고 삽디 집안의
남자들 중 아간이 최종 뽑히게 된다. 여호수아는 아간의 장막으로 사
람을 보냈는데 그 사람들에게 아름다운 외투 한 벌과 은 이백 세겔, 그
리고 그 무게가 오십 세겔 되는 금덩이를 발견한 후 아간은 돌에 맞아
죽게 된다.

이렇게 여호수아는 이스라엘 전체가 아닌 아간에게만 모든 패전의
책임을 물을 수 있었고 노획물의 처리에 대해 백성들에게 은근히 경
각심까지 주게 되어 두 마리 토끼를 모두 잡을 수 있었다. 그리고 가장
중요한 지도자의 권위를 확보하여 군 기강도 확립할 수 있게 된다. 이
로써 여호수아는 진정한 이스라엘의 지도자가 될 수 있었다.

 평신도가 질문하는 궁금한 성서 이야기

소설이 재미있었는지는 모르겠다. 소설은 재미있어야 좋은 소설이다. 문학성은 그 다음이다. 이번 장 '야간의 범죄'에 대한 결론은 독자들에게 맡기기로 하겠다.

6.2.

태양아 너는 기브온 위에 머무르라

여호수아 10장

13 태양이 머물고 달이 그치기를 백성이 그 대적에게 원수를 갚도록 하였느니라 야살의 책에 기록되기를 태양이 중천에 머물러서 거의 종일토록 속히 내려가지 아니하였다 하지 아니하였느냐

14 여호와께서 사람의 목소리를 들으신 이 같은 날은 전에도 없었고 후에도 없었나니 이는 여호와께서 이스라엘을 위하여 싸우셨음이니라

본문의 내용을 요약하면, 모세로부터 안수받은(지도자 자격을 위임받은) 여호수아가 이스라엘을 이끌고 여리고와 아이성을 점령한 후의 이야기이다.

여호수아가 여호와의 도움으로 여리고와 아이성을 공격하여 승리

하게 되고 이를 본 기브온 주민들이 다급히 여호수아에게 화친조약 (사실상 항복)을 하게 된다. 성경에 표현되었듯이 기브온은 아이성보다 큰 성이고 강인한 사람들이다. 그런데 이들이 이스라엘에게 항복을 하는 것을 보고 크게 위협을 느낀 예루살렘 왕 아도니세덱은 헤브론 왕 호함과 야르뭇 왕 비람과 라기스 왕 야비아와 에글론 왕 드빌과 연합하여 기브온이 이스라엘과 연합하기 전에 기브온을 먼저 치려고 한다. 기브온 사람들은 아모리 족속의 다섯 왕이 쳐들어오자 여호수아에게 긴급하게 도움을 요청하게 된다. 이에 여호수아는 이들 다섯왕과 맞서 싸우려고 군대를 이끌고 나서는데 전쟁의 귀재인 여호수아는 매우 좋은 전략을 짜낸다. 다섯 왕들의 군대가 각기 기브온을 향해서 쳐들어오고 있는 중이다. 이들은 공격하기 전 어디선가 집결하여 연합군을 형성하려고 했을 것이다. 누가 연합군의 총 사령관을 맡고 있는지는 기록되어 있지 않지만, 현재의 상황은 지휘 체계보다 각각의 군대가 집결하는 데 주력했을 것으로 보인다. 집결했다고 하더라도 아직은 지휘체계 등 본격적인 전투 준비가 되지 않은 상태이다. 여호수아는 이들이 하나의 완전한 군대가 되기전에 기습 공격을 한다. 여호수아의 군대는 밤새도록 이동하여 새벽에 기습을 하였고 기습당한 아모리 족속 다섯 왕들은 손도 제대로 쓰지 못하고 성경의 표현대로 패하여 크게 살륙당하면서 도망하게 된다.

성경의 내용으로 볼 때 여호수아는 단 한 번의 위기도 없이 처음부터 끝까지 승리를 하게 된다. 전쟁의 시작도 '밤새도록 올라가 갑자기'라는 내용으로 볼 때 새벽에 기습을 한 것으로 보인다. 새벽부터 승기를 잡고 패전하는 적을 추격했으므로 처음부터 승리는 거의 확정적이었다. 그런 상황에서 여호와께서 큰 우박덩이를 내려 아모리 족속들은 전쟁으로 인한 것보다 더 큰 피해를 입게 된다. 그런데 갑자기 여호수아가 여호와께 아뢰어 태양과 달을 멈추게 해 달라고 간청하였다. 이 기적이 전쟁에서 어떻게 도움이 되었는지는 성경에 자세히 나오지 않는다. 그래도 어떤 도움이 있었는지 성경의 내용을 본다면 **태양이 중천에 머물러서 거의 종일토록 속히 내려가지 아니하였다 하지 아니하였느냐**(수 10:13) 정도이다. 그 대적(아모리 족속)에게 원수를 갚도록 이라는 말은 충분히 상대를 제압하여 그 원수가 다시 일어나기 힘들 정도까지 되도록 태양과 달이 멈추었다는 정도이다.

유사한 내용으로 모세가 지도자였을 때 광야에서 여호수아가 이끄는 이스라엘 군대와 아말렉 군대가 서로 싸우게 되었다. 이때 산꼭대기로 올라간 모세가 손을 들면 이스라엘이 이기고 손을 내리면 아말렉이 이겨서 아론과 훌이 좌우에 서서 하루 종일 모세의 손을 붙들어 올려주었다. (출애굽기 17:8~16, 여호와 닛시 - 여호와는 나의 깃발) 모세는 이스라엘이 이기기 위해, 다른 말로 하면 지지 않기 위해 하루 종일 손을 들고 있었던 것이다. 여호수아가 아말렉과 그 백성을 쳐서 무찔렀다고 한다. 성경에서 무찌르니라 라고 되어있는 것으로 보아서 이스라엘의 입장에서 볼 때 공격해 오는 아말렉을 막아 냈다고 보는 것으로 이해가 된다. 그리고 16절에 보더라도 여호와께서 아말렉과 더불어 대대로 싸우리라 고 하신 것으로 보아 이후에도 이스라엘은 아말렉의 견제를 많이 받았을 것으로 추측된다. 이를 경험한 여호수아가 완전한 승리가 아니면 나중에 힘들어질지도 모른다고 판단하여 기브온 전투에서 대적이 다시는 일어나지 못하도록 끝장을 보려고 했던 것은 아닐까?

어쨌든 여호수아가 태양과 달을 왜 머무르게 했는지 납득할 만한 이유가 성경에는 소개되어 있지 않다. 여기서 2가지 궁금중이 생긴다.

첫 번째는 태양과 달이 멈추지 않았으면 대적이 다시는 일어나지 못하도록 하지 못했을까? 날이 저물어 어두워지면 사람을 발견하기도 어렵고 전투를 이어가기 쉽지 않다. 대적이 다시는 일어나지 못하도록 치명타를 주면 같은 대적과 두 번 전투를 할 필요는 없다. 하지만 여기서는 기적에 대해 생각하는 시간이다. 다음 전투에서 이기는 기적이 쉬울까? 아니면 태양과 달이 멈추는 기적이 쉬울까? 기도는 항상 해야 하지만 기적은 위기가 있거나 무언가 꼭 간절히 필요할 때 일어나는 것이 보통이다. 기브온 전투에서 이스라엘을 이끌고 기습을 통해서 처음부터 엄청난 승리를 하고 있는 여호수아가 무엇 때문에 태양과 달이 멈추어야 할 만큼 그렇게 큰 기적이 필요했을까?

두 번째는 여리고 성, 아이 성 전투를 경험한 여호수아이다. 이 전투가 아니더라도 여호와가 함께 한다면 가나안 민족을 충분히 상대해서 이길 수 있다는 믿음이 없었을까? 여리고 성과 아이 성은 개별 민족이다. 하지만 기브온 전투는 예루살렘을 포함한 다섯 개의 성이 연합하여 이스라엘과 싸웠다. 다섯 개의 성이 연합하여 이스라엘을 대적하더라도 이스라엘이 하루 만에 다시는 일어나지 못하도록 했다는 것을 다른 성의 사람들에게 알려서 경각심을 주려고 한 것이었을까?

성경에 또 다른 재미있는 표현이 이어진다. **'이 같은 날은 전에도 없었고 후에도 없었나니'(수 10:14)** 이 말은 마치 전설의 고향에서 모든 내용이 끝나고 해설자가 마지막 멘트로 '이것은 충청북도 어느 지방에서 전해져 내려온 이야기다'와 비슷한 느낌이다. 여호수아가 살아 있을 때가 아니라 즉 그 시대에 기록된 글이 아니라 아주 시간이 많이 흐른 후 옛날의 자료들을 모아서 내용을 전개시킨 후 후세대가 할 수 있는 말이다. 만일 여호수아 시대에 이 말을 사용하려면 '후에도 없었나니'가 아니라 '후에도 없을 것이다'로 바꿔야 하지 않을까? 여호수아서를 여호수아가 기록했다고 배웠지만 이 내용으로 볼 때 여호수아 서는 아주 많은 세월이 지난 후에 기록되지 않았을까 생각해 본다.

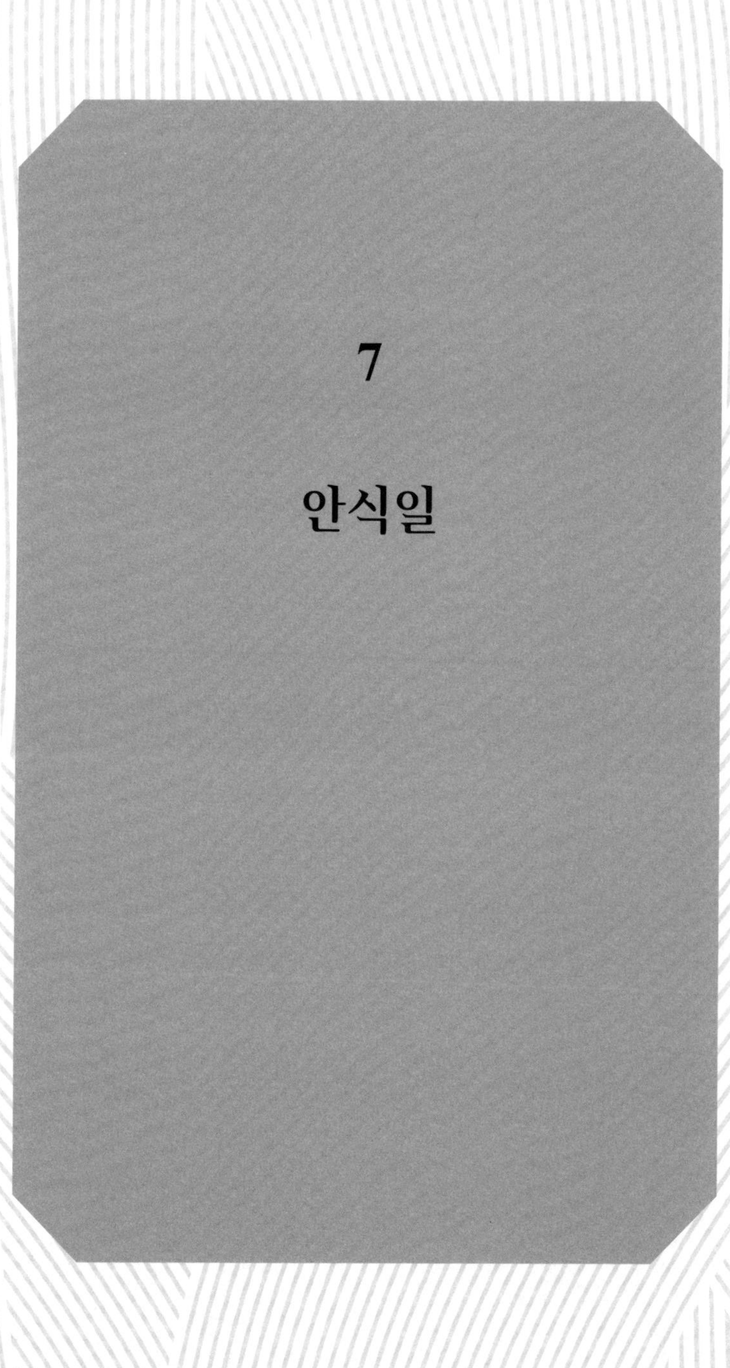

7

안식일

출애굽기 20장

8 안식일을 기억하여 거룩히 지키라

10 제 칠일은 너의 하나님 여호와의 안식일인즉 너나 네 아들
이나 네 딸이나 네 남종이나 네 여종이나 네 육축이나 네 문안
에 유하는 객이라도 아무 일도 하지 말라

민수기 15장

32 이스라엘 자손이 광야에 거할 때에 안식일에 어떤 사람이
나무하는 것을 발견한지라

33 그 나무하는 자를 발견한 자들이 그를 모세와 아론과 온 회
중의 앞으로 끌어왔으나

34 어떻게 처치할는지 지시하심을 받지 못한 고로 가두었더니

35 여호와께서 모세에게 이르시되 그 사람을 반드시 죽일찌
니 온 회중이 진 밖에서 돌로 그를 칠찌니라

36 온 회중이 곧 그를 진 밖으로 끌어내고 돌로 그를 쳐죽여서
여호와께서 모세에게 명령하신 대로 하니라

마가복음 2장
23 안식일에 예수께서 밀밭 사이로 지나가실쌔 그 제자들이
길을 열며 이삭을 자르니
24 바리새인들이 예수께 말하되 보시오 저희가 어찌하여 안
식일에 하지 못할 일을 하나이까
25 예수께서 가라사대 다윗이 자기와 및 함께 한 자들이 핍절
되어 시장할 때에 한 일을 읽지 못하였느냐
26 그가 아비아달 대제사장 때에 하나님의 전에 들어가서 제
사장 외에는 먹지 못하는 진설병을 먹고 함께 한 자들에게도
주지 아니하였느냐
27 또 가라사대 안식일은 사람을 위하여 있는 것이요 사람이
안식일을 위하여 있는 것이 아니니
28 이러므로 인자는 안식일에도 주인이니라

이번 주제의 가장 핵심 내용인 민수기 15장의 내용에 대해 성경을
꽤 읽었다는 사람들에게 이 내용을 어떻게 생각하는지 물어보았다. 그
러면 대부분은 성경에 그런 내용이 있었는지도 몰랐다고 대답한다. 어

쩌면 중요하지 않을 수도 있는 내용이지만 내가 생각하기에는 한번 생각해 보아야 할 가치가 충분히 있는 내용으로 보인다.

　민수기는 모세오경(혹은 토라 Torah) 중의 하나로 구약 성경 중 핵심 중의 핵심 경전이다. 민수기 15:32~36에는 어떤 사람(백성)이 안식일에 일을 한 것에 대해 모세와 아론이 어떻게 처리를 하였는지에 대해 소개한다. 내용도 많지 않고 당시의 상황을 자세하게 설명하고 있지는 않지만 안식일에 일을 하는 것에 엄중히 경고를 하고 있다.
　안식일은 이스라엘 백성들이 지켜야 할 십계명에도 나오는 중요한 계명이다. 이렇게 중요하고도 거룩하게 지내야 할 안식일에 어떤 사람이 나무하는 것을 발견하고 그 나무하는 자를 발견한 자들이 그를 모세와 아론에게 데리고 왔으나 모세와 아론은 일단 그 자를 가두었다. 이에 대해 여호와께서는 모세에게 그 사람을 반드시 돌로 쳐 죽이라고 하신다. 그래서 온 회중이 그를 진영 밖으로 끌어내고 돌로 그를 쳐죽였다. 민수기에 소개된 안식일의 실천에 대한 한 사건은 이렇게 끝난다.

　이 사건은 모세가 십계명을 백성들에게 전파한지 그렇게 오래지 않아 발생된 사건으로 보인다. 모세는 안식일을 거룩하게 지키고 싶었겠지만 모든 백성들이 그렇게 하지는 않았을 것이다. 그중에 우연히 안식일에 나무하는 사람이 잡혀오게 되고 어떻게 처리할지를 몰라 가두었지만 곧 여호와의 명을 받아서 돌로 쳐죽이게 된다. 여호와의 명이

　　　　　평신도가 질문하는 궁금한 성서 이야기

므로 그렇게 처리했겠지만 먼저 가두었던 것을 보아서 돌로 쳐 죽이고 싶지는 않았던 것 같다.

여호와는 안식일에 나무하는 자를 죽이라고 하셨는데, 예수님은 **'안 식일은 사람을 위하여 있는 것이요 사람이 안식일을 위하여 있는 것이 아니니'(막 2:27)**고 강조하신다. 그러면서 안식일에 이삭 자르는 일을 한 제자들을 변호하신다. 생계를 위해 나무하는 사람은 죽어야 하고 예수님의 길을 열기 위해 이삭을 자르는 제자는 괜찮은 것은 아니다. 구약의 안식일은 거룩하게 지내야 할 이유와 대상이 여호와이고 신약 의 안식일은 거룩하게 지낼 대상은 하나님이지만 안식일이 생기게 된 이유와 대상이 사람으로 변하게 된다.

위와 같은 내용이면 주일 설교 시간에 나올 만한 이야기이다. 하지 만 사람으로 오신 하나님인 예수님이 시간상의 차이는 있지만 비슷한 사례로 예전(구약 시대)에는 돌로 쳐 죽여야 하고, 나중(신약 시대)에 는 안식일이 사람을 위하여 있는 것이므로 괜찮다고 한다면 일관성이 없다. 삼위일체를 완전히 이해하고 있지는 않지만 구약에서 안식일에 나무하는 자를 죽이라고 한 것은 성부가 한 일이고 성자인 나와는 관 계가 없다고 변명할 수는 없지 않을까?

구약과 신약은 전체가 한 권으로 끊어짐이 없이 자연스럽게 연결된 다고 어릴 때부터 지금까지 교육받았다. 시대가 바뀌고 문화가 바뀌더라도 사람 목숨이 중요한 것은 절대 변하지 않는다. 그런데 사람 목숨을 희생하면서까지 지켜야 할 안식일이 시대가 바뀌었다고 변한다면 이전에 죽은 사람이 억울하게 죽었던지 아니면 안식일의 의미가 바뀐 해석이 잘못된 것이 아닌가?

그래서 인터넷을 뒤져 보았다. 역시나 너무나도 싫어하는 끼워 맞추기의 대가가 있었다. '나무하는 것'의 의미를 본인만 일하는 것이 아니라 다른 사람에게도 영향을 주어 다른 사람으로 하여금 안식일에 일을 하도록 했다는 것이다. 이는 하나님에 대한 도전이므로 돌로 쳐 죽이는 것이 당연하다는 논리이다. 나는 아무리 생각해도 나무를 하는 것이 다른 사람에게 불을 피우게 하고 빵을 굽거나 음식을 준비하게 했다는 논리는 이해가 되지 않는다. 나무를 하는 사람은 성인 남자이므로 나무를 땔감으로 주면 그 성인 남자의 말을 들어야 하는 여자나 다른 사람들이 그것으로 강제로 안식일에 일을 하게끔 했다는 것이다. 물론 추측은 할 수 있다. 하지만 추측을 단정하면 안 된다. 이분은 다른 여러 가지 이해가 안 되는 사유를 들어 단정하고 단죄까지 한다.

일단 그렇다고 인정하더라도 안식일에 음식을 만드는 것은 가족들이 같이 먹으려고 하는 것 아니겠는가? 가족들이 안식일에 음식을 같이 먹는 것은 사람을 위한 것이다. 예수님도 안식일은 사람을 위한 것이라고 선언하셨다. 구약 시대에 아무리 그렇게 판단하고 단죄를 했다고 하더라도 우리는 신약을 살아가는 신앙인들이다. 모든 것은 새로운 계약인 신약을 기준으로 판단해야 한다. 옛 계약이 새로운 계약과 충돌하는 것이 있다면 억지로 끼워 맞추어 옛 계약과 새로운 계약이 모두 정당하다는 다소 억척스러운 노선을 택할 것이 아니라 우리는 새로운 계약으로 판단하면 되는 것이다.

십계명은 하나님이 유대인들에게 주셨던 계약이다. 하나님이 유대인들을 괴롭히기 위해 주신 계약은 분명 아닐 것이다. 예수님의 말씀처럼 사람을 위한 것이라고 추측된다. 민수기의 내용은 모세와 아론이 여호와의 명을 받아 단죄했다고 했고 신약의 예수님의 말씀과는 일관성이 없는 듯하다. 억지 추론이 아니면 일관성 주장하기는 쉽지 않을 듯하다. 하지만 우리에게 중요한 것은 모든 계명은 사람을 위하여 있는 것이다. 하나님이 계명을 필요로 한 것은 아니다. 예수님은 모든 사람들이 화목하게 잘 살기를 바라셨을 것이라고 나는 아주 강력하게 믿는다.

안식일에 일했던 다른 사람과 비교해 보자. 다윗이 사울에게 쫓기어 다닐 때 식량을 위해서 일했던 사건이 있다. 물론 신약에서도 언급되었던 사건이다. 신약에서는 이것을 오히려 안식일에 일하는 것을 정당화하는 것으로 사용했다. 이스라엘에서도 결국 유전무죄(有錢無罪) 무전유죄(無錢有罪), 유력무죄(有力無罪) 무력유죄(無力有罪)가 되는 것인가?

일관성이 없는 사람을 줏대 없는 사람이라고 한다. 그리고 시대의 흐름이나 상황을 고려하지 않고 주장을 고집하는 사람을 고지식한 사람이라고 한다. 성부와 성자의 다른 해석을 우리는 어떻게 바라봐야 할까?

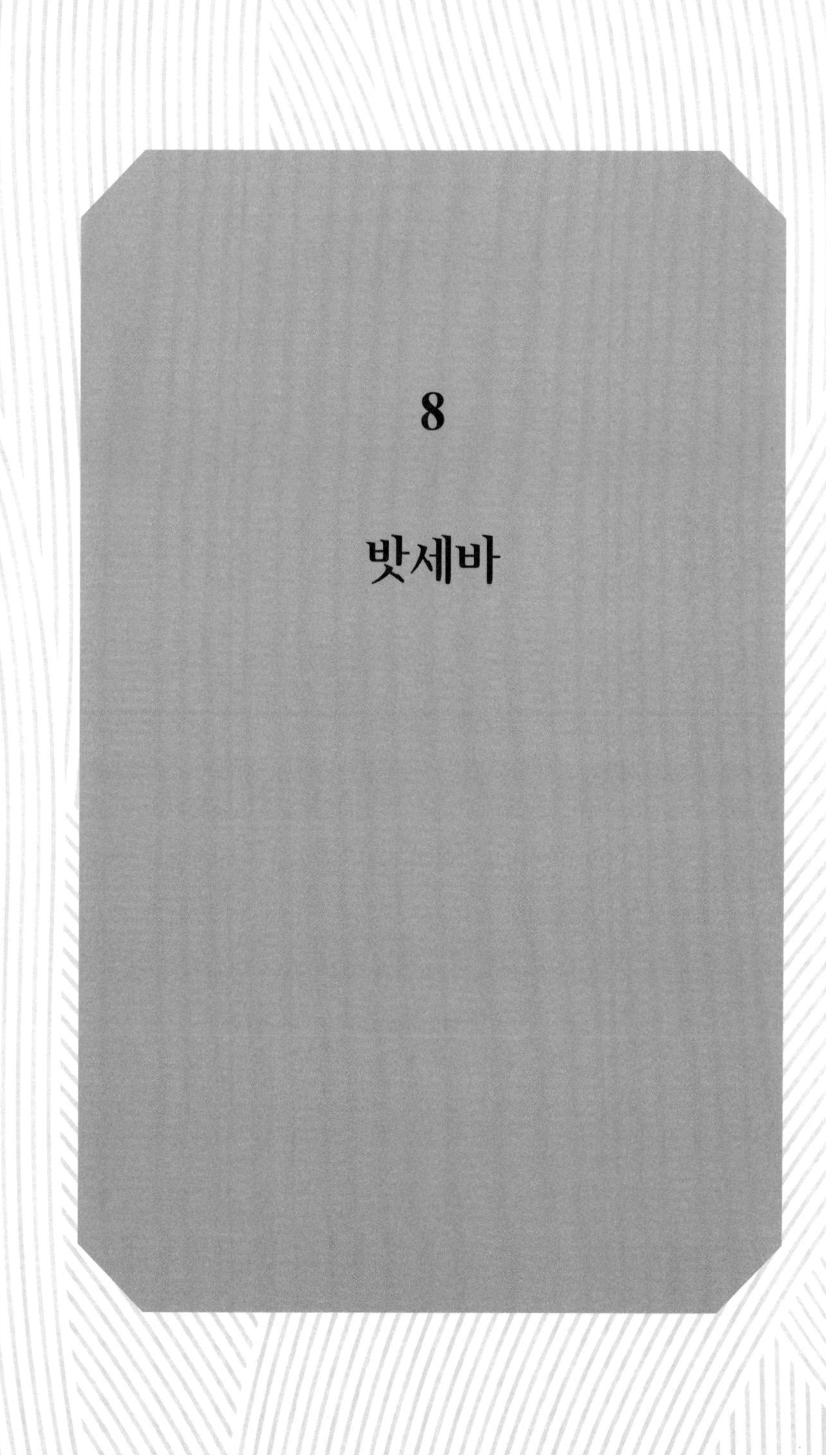

8

밧세바

8.1.

다윗의 왕위 승계

사무엘하 5장

4 다윗이 삼십 세에 위에 나아가서 사십년을 다스렸으되

5 헤브론에서 칠년 육개월 동안 유다를 다스렸고 예루살렘에

서 삼십 삼년 동안 온 이스라엘과 유다를 다스렸더라

다윗이 사울을 이어 왕이 되기까지 많은 세월을 힘들게 보내었다는 사실은 대부분 잘 알 것이다. 다윗은 사울의 핍박을 피해 여기 저기로 도망을 다녔다. 그러다가 마지막으로 도망한 곳이 블레셋이었다. 블레셋은 이스라엘과 예전부터 관계가 좋지 않은 나라이다. 그런 곳으로까지 도망을 갔으니 사울은 더 이상 다윗을 찾을 수는 없게 되었다. 그렇다면 왜 사울은 다윗을 그렇게 죽이려고 했을까? **'여인들이 뛰놀며 창화하여 가로되 사울의 죽인 자는 천천이요 다윗은 만만이로다 한지라'(삼상 18:7)** 성경의 표현대로 사울은 이 말로 인해 불쾌해서 다윗을

 평신도가 질문하는 궁금한 성서 이야기

죽이려 했을까? 사울이 다윗을 죽이려 한 이유로 사람들이 다윗을 사울보다 높게 평가하는데 그런 다윗을 시기, 질투하는 악한 신이 들렸기 때문이라고 보통 해석하는 것 같다. 하지만 내 생각은 다르다. 사울은 이스라엘의 차기 왕이 자신의 아들이 아니라 다윗이 될 수도 있다고 판단했기 때문이 아니었을까? 다윗은 골리앗을 이긴 후 여러 차례에 걸쳐서 블레셋과의 전투를 승리로 장식한다. 다윗은 이스라엘의 영웅이 되었고 그런 다윗을 사울은 어쩔 수 없이 사위로 삼을 수밖에 없었다. 성경에서는 사울이 악한 신으로 인해 한 번씩 정신줄을 놓는 인물로 묘사되어 있지만 내 생각으로는 사울은 그런 정신병자도 바보도 아니다. 역사는 승자의 기록이기 때문에 사울을 그렇게 묘사했을 것 같다. 사울은 다윗의 능력과 야심을 꿰뚫어 보았던 것이다. 사울은 자신의 아들이 아닌 다윗이 왕이 되는 것을 가만히 두고 볼수만은 없었던 것이다.

또 한 가지 이상한 점은 다윗이 사울을 피해 마지막으로 피난한 곳이 블레셋이라는 점이다. 다윗이 결정적으로 사울로부터 도망가게 된 이유가 블레셋의 장수 골리앗을 죽이고 전쟁을 이스라엘의 승리로 가져왔기 때문에 사울이 시기해서이다. 블레셋의 관점에서는 다윗은 자신들에게 많은 전쟁에서 뼈아픈 패배를 안겨 준 이스라엘의 장수다. 블레셋이 그런 다윗을 피난민으로 받아 주었다는 것은 이해하기 힘들다. 하지만 사무엘상 27장과 29장의 성경 내용을 조금 더 자세히 읽어 보면 아주 조금은 이해가 되는 것 같기도 하다. 성경의 내용으로 볼 때 당시의 블레셋은 한 사람의 강력한 왕이 다스리는 나라가 아니라 여러 수령들이 각기 다스리는 나라라고 생각된다. 물론 왕이 없었던 것은 아니고 수령들의 힘을 뛰어넘는 강력한 왕권은 갖추지 못한 것 같다.

어쨌든 각 지방에서 세력이 매우 강한 수령 중에서 아기스라는 블레셋 수령에게 다윗이 망명하게 되었다. 아기스는 사무엘상 27장 12절과 같이, 전쟁의 귀재인 다윗이 이스라엘로부터 미움을 받게 되었으니 다윗이 너무 힘든 이 상황에서 다윗을 받아들인다면 이제 영원히 자기 부하가 되리라고 생각했던 것 같다. 다윗이 블레셋의 장수가 된다면 누가 보아도 다윗이 이스라엘로 돌아가지 못한다고 생각했을 것이다. 이로써 이 의문점은 풀리게 되지만 또 다른 의문점이 남는다.

길보아 전쟁에서 이스라엘이 크게 패하며 사울이 죽었기 때문에 다윗은 이스라엘로 돌아가게 된다. 물론 길보아 전쟁을 수행하기 전에 블레셋의 다른 수령들의 반대로 다윗이 길보아 전쟁에 참여하지는 않았지만 여전히 다윗은 아기스의 부하 장수 신분이다. 아기스는 다윗을 영원이 자신의 부하로 삼고 싶었으므로 쉽게 다윗을 놓아주지는 않았을 것이다. 그런데 성경에서는 다윗이 어떻게 아기스로부터 빠져나올 수 있었는지에 대해 전혀 언급이 없다. 아기스가 길보아 전투에서 사망을 했다거나 많은 병력을 잃어서 다윗을 통제할 수 없었다는 얘기는 적절하지 않다고 본다. 왜냐하면 길보아 전투는 블레셋의 대승리로 끝났기 때문이다. 가장 가능성 있어 보이는 시나리오는 길보아 전투에서 사울이 죽었다는 얘기를 듣자마자 아기스의 군대가 돌아오기 전에 이스라엘로 줄행랑 했으리라 본다. 아비가일에서도 언급했지만 다윗이 거느린 부족은 2천 명은 되었을 것이다. 그런 규모가 장거리를 이동(도망)하는 것은 쉽지 않다. 하지만 그때까지 다윗의 인생은 사울로부터 도망치는 데 이력이 났을 테니 어렵겠지만 이번에도 무사히 성공하지 않았을까?

그렇다면 다윗은 왜 그렇게 급하게 이스라엘로 돌아갔을까? 사울이 죽었으니 다윗이 왕이 되기 위해 돌아가는 건 당연하다는 생각은 거두는 것이 좋겠다. 사울이 죽었다고 하더라도 사울의 통치 기간 동안 사울의 심복들이 이스라엘의 요직 곳곳에 있을 테니 그들이 다윗을 순순히 왕으로 받아들이지는 않을 것이다. 오히려 사울의 살아 있는 다른 아들로 왕을 세워 자신들의 권력을 유지하려고 했다는 것은 성경을 통해 잘 알 수 있다. 다윗은 결정해야 했다. 블레셋에서 아기스의 부하 장수로 평생을 살아갈 것인가? 아니면 이스라엘로 돌아가서 자신을 지지하는 세력들과 함께 사울의 기득권 세력과 한판 승부를 볼 것인가? 카이사르가 갈리아 정복을 마치고 루비콘 강을 건너면서 했던 말이 생각난다. '주사위는 던져졌다.' 이로써 동족 간의 피의 전쟁이 시작되었다.

다윗과 카이사르에게는 분명한 차이점이 있다. 카이사르는 갈리아를 정복했을 뿐 아니라 갈리아를 로마화 시킨 인물로 로마 역사상 최고의 영웅이라고 할 수 있다. 그럼에도 불구하고 그를 시기 질투하고 견제하려는 세력들 때문에 어쩔 수 없는 한판 승부가 불가피했다. 하지만 다윗은 이스라엘의 적국인 블레셋의 장수로 있었고, 골리앗을 이기기는 했지만 오래전 일이었다. 그런 다윗은 이스라엘의 입장에서는 이스라엘을 길보아 전투에서 패배를 안겨 준 적국 블레셋의 장수에 불과하다. 그런 그가 이스라엘의 왕이 되겠다고 하는 것을 이스라엘 백성들은 과연 어떻게 생각했을까?

앞에서도 언급했듯이 블레셋과 이스라엘 간의 한판 승부로 사울이 길보아 전투에서 사망(사무엘상 31장)하게 된다. 대부분의 독자는 사울의 사망 후 즉시 다윗이 왕이 된 걸로 알고 있겠지만 성경에서는 분명히 기록하고 있다. 사울의 사망 후에도 다윗이 왕이 되기까지 많은 여정이 있었고 그 여정에 많은 어려움이 있었다는 것은 대부분 잘 모르는 것 같다.

'유다 사람들이 와서 거기서 다윗에게 기름을 부어 유다 족속의 왕을 삼았더라'(삼하 2:4)

'사울의 아들 이스보셋이 비로소 이스라엘 왕이 될 때에 나이 사십세며 두해 동안 위에 있으니라 유다 족속은 다윗을 따르니'(삼하 2:10)

위의 성경 내용처럼 사울의 사망 후 유다 족속은 다윗을 왕으로 세웠고, 베냐민 족속을 포함한 나머지 족속들은 사울의 아들 이스보셋을 왕으로 세웠다. 이스라엘이 사울의 아들 이스보셋을 왕으로 세운 것은

     평신도가 질문하는 궁금한 성서 이야기

이해가 된다. 사울이 비록 성경적으로는 문제가 있는 왕이라고 할지라도 당시의 이스라엘의 입장에서는 사울은 외부의 적으로부터 최선을 다해 이스라엘을 지키다 전사한 왕이다. 그런 사울의 아들을 왕으로 세우는 것은 너무도 당연하리라 생각된다. 또한 블레셋과의 길보아 전투를 통해 많은 자국의 국민들이 전쟁터에서 죽게 되었는데, 비록 참전은 하지 않았지만 그런 적국의 장수로 있었던 다윗을 이스라엘은 어떻게 생각했을까? 미루어 짐작하건대 적국보다 더 나쁜 인간으로 취급했을 것이 분명하다. 그런데 유다 지파는 그런 다윗을 왕으로 세우고 이스라엘과 대적하게 된다. 성경에 기록되어 있지는 않았지만 그동안 유다 지파와 다른 지파 간의 알력이 엄청났으리라는 것은 유다 지파의 이러한 엄청난 모험으로 볼 때 충분히 추정 가능하다. 또한 열왕기상 1장에도 아도이냐가 왕위 계승을 인정받기 위한 잔치에도 유대인들을 초대했다고 되어 있다. 그 이후 솔로몬이 왕위를 계승하고 죽은 후 이스라엘 백성들이 솔로몬의 아들이자 다음 왕인 르호보암에게 세금과 노역을 줄여 줄 것을 호소했지만 거절당한다. 결국 다시 유다 지파와 나머지 이스라엘 지파가 남과 북으로 나뉘게 된 것을 보아도 서로의 알력은 오랜 역사를 통해 뿌리 깊지 않았을까 생각된다.

이스라엘이 지원하는 사울의 아들 이스보셋과 유대인이 지원하는 다윗, 이 두명의 왕이 서로 싸워 하나의 왕국으로 통합되기까지 2년이 걸렸다고 한다. 다윗과 이스보셋의 왕위 쟁탈전의 내용은 사무엘하 5

장까지 성경에서 잘 설명되어 있다. 두 패로 나누어진 유다와 이스라엘이 2년간의 처절한 전쟁을 통해 다윗이 이스보셋을 가까스로 이기고 이스라엘을 통합하여 드디어 이스라엘의 통합 왕이 된다. 사울이 그토록 우려했던 일이 현실이 되었고, 다윗은 그토록 원했던 권력을 잡게 되었다.

평신도가 질문하는 궁금한 성서 이야기

우리아의 아내

사무엘하 12장

7 나단이 다윗에게 이르되 당신이 그 사람이라

다음 장에 언급될 솔로몬의 왕위 계승은 다윗의 왕위 쟁탈과는 다르게 성경에서 비교적 짧게 기록되어 있다. 열왕기상 1장에서 그 모든 과정을 설명하고 있는데 소요 시간도 며칠 정도로 추측된다. 그렇다면 성경의 설명대로 솔로몬은 그렇게 쉽게 왕위를 계승받을 수 있었을까? 먼저 솔로몬의 왕위 계승을 얘기하기 전에 반드시 언급해야 할 내용이 있다. 솔로몬이 왕이 되도록 결정적으로 공헌한 인물이 있기 때문이다.

성경의 내용을 전체는 아니라고 하더라도 조금이라도 관심있게 읽은 분이라면 알 수 있는 내용이 솔로몬의 탄생 비화(祕話)이다. 관련 내용이 성경에 자세히 기록되어 있기 때문에 비화라고 할 수는 없겠지만 어쨌든 다윗이 부하의 아내와 불륜을 저지르다 못해 충성스러운 부하까지 잔인하고도 비정하게 죽이면서 얻은 아내가 밧세바이다. 그런 밧세바를 통해서 낳은 아들이 솔로몬이다. 물론 솔로몬은 불륜 시기에 낳은 아들은 아니다. 그 아들이 죽은 후 다윗이 밧세바를 정식으로 아내로 맞이한 후 낳은 아들이다.

다윗은 전쟁의 영웅이다. 다윗이 참여한 전쟁은 대부분 승리한다. 그리고 그 승리로 인해 이스라엘을 더 풍요롭게 하였다. 밧세바를 만나기 직전에도 다윗은 요압과 함께 대승을 거둔 직후이다. 이스라엘의 다윗에 대한 신임은 하늘을 찌를 기세였을 것이고 당연히 이때의 다윗에게 할 수 없는 것은 아마 거의 없었을 것으로 생각된다. 그런 다윗이 잠시 궁으로 돌아오는데 우연히 보게 된 여인이 밧세바이다.

성경에도 기록되어 있듯이 다윗은 밧세바가 유부녀이며 그의 남편은 조금 전까지 전쟁터에서 같이 생과 사를 같이했던 전우이자 부하라는 보고를 받았다. 그럼에도 불구하고 다윗은 전령을 보내어 밧세바를 부르게 된다. 여자의 행동이 자유롭지 못했던 시대이다. 그런 시대에 밧세바가 다윗의 전령과 함께 집을 떠난다는 것은 큰 사건이며 다윗의 전령이 아무리 조심하더라도 밧세바의 집안 사람들에게까지 모르게 할 수는 없었을 것이다. 또한 밧세바가 임신한 후 다윗에게 사람을 보내어 임신 사실을 알리게 되는데 그 사람도 밧세바의 친족일 가능성이 아주 높다.

그리고 밧세바가 임신했을 때 다윗은 그 사실을 감추기 위해서 밧세바의 남편이자 최전방에서 전투 중인 군인 우리아를 불러 알리바이를 성립시키려 했다. 이러한 다윗의 행동으로 보아 다윗은 처음부터 밧세바를 아내로 맞아들이고자 하는 마음은 없었던 것 같다. 이제부터 성경의 내용을 우리아의 입장에 서서 이 사건을 살펴보자.

우리아는 전쟁터에서 장군 요압과 함께 전쟁을 수행 중이었다. 그런데 어느 날 갑자기 다윗 왕이 자신을 궁으로 불러들인다. 우리아는 궁으로 가기 전 친지들에게 물었을 것이다. 아니 오히려 친지들이 와서 우리아에게 이야기해 줬을 것이다. "밧세바가 임신을 했고 아이의 아버지가 다윗"이라고…. 성경에는 이러한 얘기가 나오지 않지만 안 좋은 소문 특히 이와 같은 불륜 관련 소문은 더 빨리 퍼지기 마련이다. 앞에서도 언급했지만 여자의 행동이 자유롭지 못했던 시대이다. 밧세바가 궁으로 불려 갔던 일을 친지들이 모르기는 힘들다. 어쩌면 우리아는 전쟁터에서 이 이야기를 들었을지도 모른다. 이 이야기를 들은 우리아는 자신이 그토록 존경하고 충성을 맹세했던 다윗에 대한 배신감만이 아니라 이러한 상황에서도 본인이 할 수 있는 일이 아무것도 없다는 무력감에 이르게 된다. 그리고 우리아가 생각이 깊은 사람이라면 자신의 목숨까지도 위태로울지도 모른다는 생각을 했을지도 모른다. 하지만 자신의 아이가 아닌 아이를 자신의 아이로 인정할 수는 없었다. 그 시대의 상황으로 본다면 본인이 인정한다고 하더라도 친지들이 과연 인정해 주었을까? 그렇다고 기세가 하늘을 찌르는 왕을 상대로 자신이 무엇을 할 수 있으랴. 우리아는 절망에 빠질 수도 있다. 어쨌든 우리아는 두 가지 중 한가지를 선택해야 한다. 다윗의 아들을 자신의 아들로 받아들일 것인지, 아니면 자신의 아들임을 거부하고 죽든지… 그리고 우리아는 다윗 앞에서 당당히 얘기한다.

'우리아가 다윗에게 고하되 언약궤와 이스라엘과 유다가 영채 가운데 유하고 내 주 요압과 내 왕의 신복들이 바깥 들에 유진하였거늘 내가 어찌 내 집으로 가서 먹고 마시고 내 처와 같이 자리이까 내가 이 일을 행치 아니하기로 왕의 사심과 왕의 혼의 사심을 가리켜 맹세하나이다'(삼하 11:11)

성경 본문의 내용처럼 우리아는 피를 토하는 심정으로 다윗에게 얘기했을 것이다. 자신이 죽거나 아니면 아내가 죽거나 혹은 둘 다 죽을 수도 있는 상황이다. 그런 상황에서 얼마전까지 자신의 최고 사령관이자 전우인 다윗에게 전쟁터의 상황을 상기시키고 다윗의 마음을 돌이키려고 노력하였다. 다윗이 이러한 우리아의 상황과 마음을 정말 몰랐을까?

다음은 밧세바의 입장이다.

성경에서 밧세바가 이번 사건으로 인해 말하는 내용은 밧세바가 사람을 보내 "내가 잉태하였나이다"라고 다윗에게 전했다는 내용뿐이다. 말이 아닌 11장 4절에 기록된 밧세바의 행동으로 보아도 밧세바의 마음이 어떠했는지 짐작할 수 있는 내용이 없다. 그래서 밧세바는 우

     평신도가 질문하는 궁금한 성서 이야기

리아와는 달리 두 가지 관점으로 추측해 보는 것이 좋을 것 같다.

첫 번째는 밧세바도 우리아의 아내가 되는 것보다 다윗의 아내가 되는 것이 더 좋다고 생각했다는 관점이다. 그래서 우리아의 죽음 후 다윗의 아내가 되어 솔로몬을 포함해 아들을 4명이나 낳은 것이다. 더 나아가 밧세바가 다윗을 유혹했다는 설정도 가능은 하겠지만 이것은 잠깐의 상상으로만 가능한 설정이다. 왜냐하면 **삼하 11:1**에 '**해가 돌아와서**'란 의미는 전쟁할 때가 되었다는 것이다. 그리고 장군 요압을 포함한 다윗의 군대는 이미 전쟁터에서 암몬을 이기고 있었고 그때까지 다윗은 상당히 오랜 기간 예루살렘에 머물렀는데 이때 다윗이 밧세바를 보고 범죄하게 되었다. 만일 밧세바가 다윗을 유혹하려면 매일 목욕을 했어야 했다. 그럼 왜 밧세바가 그날 목욕을 했을까? **다윗이 사자를 보내어 저를 자기에게로 데려오게 하고 저가 그 부정함을 깨끗케 하였으므로 더불어 동침하매 저가 자기 집으로 돌아가니라**'(삼하 1:4) 부정함을 깨끗하게 하려 했다고 되어 있다. 여기서 부정함이 구약 성경 곳곳에 나오는 여자의 생리를 의미하는 것으로 보인다. 밧세바는 생리가 완전히 끝난 후 부정함을 씻으려고 목욕을 한 것으로 추측된다. 그럼 왜 다른 사람의 눈에 띄게 목욕을 했느냐고 물어본다면 한국의 옛날 집을 상상해 보라. 여자가 다른 사람의 눈에 안 보이게 목욕을 할 장소가 있는가? 신분이 높거나 아주 부자가 아니라면 쉽지 않은 일이다. 보는 사람이 알아서 눈을 피해야 한다. 김홍도나 신윤복의 그림을 보면 목욕하거나 빨래하는 여인들을 몰래 훔쳐보는 남자들이 있다.

여자들의 잘못이 아니라 훔쳐본 남자들의 잘못이다. 여자들은 전통적으로 내려오는 자기들이 해야 할 일을 하고 있었을 뿐이다. 따라서 이 첫번째인 밧세바의 유혹의 설정에 대한 가능성은 없다고 하는 것이 맞을 것 같다.

두 번째는 다윗이라는 절대 권력의 왕에게 복종하지 않으면 자기 자신뿐 아니라 남편인 우리아 그리고 더 나아가서는 자신의 집안이 몰락할 수도 있는 상황이다. 그래서 다윗에게 어쩔 수 없이 복종했다는 관점이다.

'우리아의 처가 그 남편 우리아의 죽었음을 듣고 호곡하니라 그 장사를 마치매 다윗이 보내어 저를 궁으로 데려 오니 저가 그 처가 되어 아들을 낳으니라'(삼하 11:26)

만나주석을 보면 밧세바가 관습대로 7일간 울었다고 표현하고 있지만 나는 그에 대해 동의할 수 없다. 사무엘의 저자는 밧세바가 그냥 우는 것이 아니라 소리 내어 울었다는 것을 강조하고 있는 것이다. 그만큼 밧세바는 남편의 죽음을 진정으로 슬퍼했다는 것이다. 참고로 사무엘서의 밧세바의 행동과 열왕기상의 밧세바의 행동을 비교해 본다면 열왕기상의 밧세바는 매우 적극적인 인물임을 알 수 있는데 반해 사무엘하에서는 완벽하게 수동적으로 나온다.

여기서 조금 마음에 걸리는 점은 있다. 밧세바가 임신을 한 후 밧세바는 왜 그 사실을 다윗에게 알렸을까? 그 이유와 관련한 성경의 정보가 거의 없으므로 이 내용은 추측에 의지할 수밖에 없다. 만일 밧세바

   평신도가 질문하는 궁금한 성서 이야기

가 임신을 했는데 다윗에게 알리지 않고 혼자서 그 사실을 가지고 간다면, 밧세바는 돌에 맞아 죽어야 한다. 그 시대의 간음에 대한 판결이 그렇기 때문이다. 그렇다고 집안 사람들이 그녀를 보호해 줄 리도 없다. 밧세바가 다윗에게 끌려갔을 때 아무도 그녀를 보호해 주지 않았다. 밧세바는 다윗에게 끌려가면서 간음죄로 죽을 수도 있겠다는 생각을 했을 것이다. 그런 밧세바는 이때 무슨 고민을 했을까? 자신의 의지와는 관계없이 다윗 왕이라는 절대 권력에 끌려가는 자신을 집안 사람을 포함해 아무도 보호해 주지 않았으며, 임신한 후에는 집안 사람들이 오히려 그녀를 간음하였다고 정죄하면서 자신을 죽일 가능성이 높았다. 따라서 그녀가 다윗 왕이라는 절대 권력 안에 들어가지 않으면 자신이 돌에 맞아 죽을 것이라는 것을 너무도 잘 알았다. 그래서 다윗에게 알리지 않을 수 없었던 것이다.

밧세바가 다윗에게 임신한 사실을 알린 후 드디어 자신의 남편인 우리아가 예루살렘으로 돌아왔다. 다윗의 아들을 우리아의 아들로 둔갑시키려는 계략이라는 것을 밧세바도 잘 알았을 것이다. 하지만 밧세바에게는 선택의 여지가 없었다. 다윗 왕의 권력안으로 들어가든지 아니면 남편인 우리아가 다윗의 아들을 자신의 아들로 받아들여 주는지… 하지만 우리아는 끝까지 다윗의 아들을 자신의 아들로 받아들이지 않았다. 밧세바는 우리아를 탓할 수는 없지만 자신의 목숨이 걸린 중요한 시점에서 자신을 구해 주지 않고 떠나간 우리아를 원망했을지도 모른다. 이제는 다윗이 아니라면 자신의 생명을 구해 줄 사람이 아무도 없게 되었다.

이 두 번째의 상황이 진실이라면 밧세바는 그 순간 다윗을 어떻게 생각했을까? 다윗은 자신을 살려 준 은인일 수도 있다고 생각하는 것은 말도 안 되는 생각이다. 오히려 다윗은 권력을 이용하여 자신을 겁탈하고 자신의 남편까지 잔인하게 죽인 원수라고 생각하는 것이 순리가 아닐까? 그렇다고 그런 원수를 상대하기에는 자신과 집안의 안전까지도 생각해야 할 상황이다. 그녀는 우선 다윗에게 복종하여 그의 아내가 되는 것을 받아들여야 했다. 그리고 솔로몬이 왕이 되기까지 자신의 아들을 이용해 복수의 꿈을 키우며 살아가지 않았을까?

밧세바가 복수를 꿈꿨다면 그녀는 그 꿈을 어떤 형태로 이룰 것으로 생각했을까? 처음에는 몸을 사리고 목숨을 부지하는데 노력을 해야만 했을 것이다. 하지만 이후 왕실의 상황은 여러가지로 밧세바에게 유리하게 돌아가고 있었다. 다윗의 아들 중 서열상 첫째 아들인 암논은 압살롬에 의해 죽는다. 둘째 아들 길르압에 대한 성경의 기록이 없어 그의 성향을 추측할 수밖에 없다. 그는 아비가일의 소생이라고 한다(삼하3:3). 아비가일의 지혜와 정치적인 안목 그리고 성향으로 보았을 때 자신의 아들인 길르압에게 정치에는 관여하지 못하도록 적극 말리지 않았을까? 그렇지 않으면 길르압 자신이 왕에 대한 의욕이 없거나 혹은 병약했을 가능성도 높다. 셋째 아들 압살롬은 반란을 일으키다 죽임을 당했으며, 결국 넷째 아들인 아도니야가 서열상 왕권에 도전할 자격을 갖춘 셈이 된다(삼하 3:1~5).

 평신도가 질문하는 궁금한 성서 이야기

8.3.

솔로몬의 왕위 승계

열왕기상 1장

9 아도니야가 에느로겔 근방 소헬렛 돌 곁에서 양과 소와 살찐 송아지를 잡고 왕자 곧 자기의 모든 동생과 왕의 신복 유다 모든 사람을 다 청하였으나

10 선지자 나단과 브나야와 용사들과 자기 동생 솔로몬은 청하지 아니하였더라

11 나단이 솔로몬의 모친 밧세바에게 고하여 가로되 학깃의 아들 아도니야가 왕이 됨을 듣지 못하였나이까 우리 주 다윗은 알지 못하시나이다

12 이제 나로 당신의 생명과 당신의 아들 솔로몬의 생명 구원할 계교 베풀기를 허락하소서

성경을 읽는 이들에게 있어서 솔로몬과 관련한 지식은 오직 다윗의

대를 이은 왕으로만 생각하고 있지 않을까? 그리고 성전 건축, 왕궁 건설 등 고대 제국의 어마어마한 건축물과도 비교될 수 있는 건축물들, 마지막으로 너무 사치스러운 행동과 많은 후궁들로 인해 결국 죄악의 길로 빠졌다는 정도일 것이다. 그렇다면 솔로몬의 어린 시절부터 다윗의 대를 잇기까지 그의 인생은 과연 어떠했을까?

솔로몬의 어머니 밧세바는 다윗의 불륜과 죄악으로 어쩔 수 없이 후궁으로 받아들인 여인이며, 솔로몬은 그런 그녀에게서 태어난 아들이다. 다윗은 수많은 지역을 정복하였고, 다윗을 도운 유력 집안의 여자들이 다윗과 결혼하였다. 대표적인 인물이 앞에서 언급한 아비가일이다. 이에 비해 밧세바는 유력 집안의 여자들과는 거리가 멀다. 다윗이 너무나도 쉽게 죽일 수 있는 별볼일 없는 집안에 속한 남자의 아내였다. 또한 다른 후궁들에 비해 늦은 시기에 궁궐로 들어오게 되었다. 형편없는 집안의 여인이면서 세상 모두가 알고 있는 불륜으로 인해 궁궐에 들어오게 되었으니 궁궐에서의 시선은 어떠했을까? 같은 후궁 중에서 그 서열도 많이 낮지 않았을까?

이러한 환경에서 밧세바는 살아가야 했으며 드디어 솔로몬을 출산하게 된다. 별 볼 일 없는 집안의 딸(혹은 아내)이 들어왔기 때문에 다른 이들의 권력에 대한 견제도 없었을 것 같다. 하지만 밧세바는 권력의 끈을 놓지 않으려고 한다.

밧세바는 자신의 남편을 살해한 자의 아내로 궁궐에 입궐하게 되었

평신도가 질문하는 궁금한 성서 이야기

다. 입궐한 후에도 자신의 세력이 없었으므로 본인이 직접 권력에 뛰어 들어야 하지 않았을까? 가장 큰 경쟁자는 아도니야이다. 아도니야는 왕자 중에서도 가장 서열이 높을 뿐 아니라 다윗과 함께 많은 전장에 참여하여 공을 쌓았을 확률이 높다. 궁궐 내에서 누가 보더라도 다음 실세는 아도니야이다. 더더구나 다윗이 나이가 들어 움직이기 힘들 때이므로 현재 권력에 가까이 있거나 권력에 다가가고 싶은 대부분의 사람은 아도니야와 함께 하려고 노력했을 것이다.

제사장들도 마찬가지이다. 그들도 나름대로 권력이 있다. 그 권력을 얻기 위해서는 왕의 눈에 띄어야 한다. 따라서 열왕기상 1장에 아도니야가 잔치를 열고 자기의 모든 동생들과 모든 신하들을 초대했을 때 제사장들의 이름이 언급되어 있지는 않았지만 왕권에 가까운 제사장들은 모두 참석했을 것이다. 단, 나단은 참석하지 못했고 솔로몬과 브나야 장군, 그의 부하들도 참석하지 못했다. 이유는 아도니야가 부르지 않았기 때문이다. 그렇다면 왜 이들을 부르지 않았을까?

아도니야는 바보가 아니다. 그도 견제 세력의 움직임에 대한 정보를 수집하고 있었을 것이다. 그런데 견제 세력이라고 해봐야 오합지졸의 모임인 밧세바의 세력뿐이다. 어쨌든 아도니야는 모든 동생들을 불렀지만 솔로몬은 부르지 않았다. 밧세바와 같은 세력이기 때문이다.

밧세바도 많은 고민이 있었다. 그녀의 꿈은 컸지만 현실을 보면 도저히 아도니야를 상대할 수 없었기 때문이다. 많은 이들이 착각하는 것이 다윗 왕이 솔로몬을 밀어주고 있는데 다윗을 이용하면 되지 않느냐는 것이다. 더더구나 다윗 왕은 밧세바와 온 백성에게 솔로몬을 차기왕으로 약속(혹은 공포)했다고 생각하는 이들이 많은 것 같다.

열왕기상 1:13에서 표현한대로 다윗이 아도니야 대신 솔로몬이 왕이 될 것이라고 밧세바에게 약속했다고 가정해 보자. 여기서 2가지로 나누어 생각해 볼 수 있다.

첫번째로 다윗은 솔로몬을 다음 왕위로 승계하겠다고 공식적으로 공포했다는 것이다. 이것은 성경의 내용을 보거나 아도니야와 유대인들의 행동을 보더라도 이해하기 힘들다. 비록 다윗이 사람도 만나지도 못할 만큼 늙게 되었다 하더라도 현재 왕이기도 하지만 왕 중에서도 엄청난 정복 전쟁을 수행한 강력한 왕권을 가진 다윗이다. 그런 다윗이 솔로몬에게 왕위를 계승한다고 선언을 했다면 권력을 탐하든 탐하지 않든 대부분의 사람들은 솔로몬과 함께 해야 한다. 아도니야가 아무리 차기 왕의 서열이 본인이라고 할지라도 다윗의 위엄에는 따라가지 못한다. 따라서 아도니야는 모든 행동이 조심스러워야 하는데 공공연히 솔로몬을 왕따 시키고 자신의 권력을 과시하고 있었다.

두 번째로 다윗이 밧세바에게만 솔로몬을 다음 왕위로 승계하겠다고 약속했다는 것이다. 이것은 전체적인 맥락에서 그럴 듯하다. 하지만 다윗은 왜 밧세바에게만 약속을 하고 공포하지 않았을까? 밧세바가 너무 집요하게 요구해서 다윗이 약속했을 수도 있고, 아도니야의 권력이 너무 세어서 조심스럽게 약속했을 수도 있다. 가장 유력하게

　　　　　평신도가 질문하는 궁금한 성서 이야기

생각되는 것은 사실 다윗은 밧세바에게 아무런 약속을 하지 않았는데 밧세바가 다윗에게 그런 약속을 받았다고 선포했다는 것이다. 유력한 증거는 **'이제 나로 당신의 생명과 당신의 아들 솔로몬의 생명 구원할 계교 베풀기를 허락하소서'**(왕상 1:12)이다. 나단은 갑자기 밧세바에게 자신과 밧세바의 생명을 구하기 위해 밧세바에게 계책을 알려 주겠다고 한다. 아도니야가 잔치를 열어 왕위 계승을 인정받는 것과 나단과 밧세바의 생명과 무슨 상관이 있는지 성경에서는 나와 있지 않지만 나단의 이 말은 매우 다급해 보인다. 그리고 밧세바에게 **당신은 다윗왕 앞에 들어가서 고하기를 내 주 왕이여 전에 왕이 계집종에게 맹세하여 이르시기를 네 아들 솔로몬이 정녕 나를 이어 왕이 되어 내 위에 앉으리라 하지 아니하셨나이까 그런데 아도니야가 무슨 연고로 왕이 되었나이까 하소서 당신이 거기서 왕과 말씀하실 때에 나도 이어 들어가서 당신의 말씀을 증거하리이다'**(왕상 1:13~14) 나단의 이 말은 다윗이 밧세바에게 솔로몬이 왕위를 계승하기로 약속한 사실이 없다는 것을 의미한다. 만일 예전에 다윗이 약속한 사실이 있다고 한다면 나단은 이렇게 이야기하지 않았을 것이다. 나단은 밧세바에게 "당신은 다윗왕이 당신에게 솔로몬이 왕위를 계승하리라는 약속을 기억하고 있을 겁니다"라고 했을 것이다. 어쨌든 위 경우에서 공통적인 결론은 그동안 솔로몬의 왕위 계승에 대한 다윗의 약속에 대해 밧세바 외에는 아무도 모른다는 것이다. 따라서 당시 사람들은 아도니야가 차기 왕위를 계승하리라고 생각했던 것이 오히려 당연하다.

다시 앞의 질문으로 돌아가 아도니야는 왜 솔로몬을 부르지 않았을까? 이유는 알 수 없지만 몇 가지 추측해 볼 수 있는 여지는 있다. 다른 모든 이들은 아도니야를 왕위 계승자로 인정하고 그를 따랐을 것이다. 하지만 밧세바는 아도니야와 대립했을 가능성이 매우 크다. 아도니야의 입장에서는 밧세바와 솔로몬은 자신의 대적이 되지 못한다고 생각했을 것이다. 밧세바의 세력이라고 해 봐야 모두가 권력에서 밀려난 이들이다.

밧세바는 다윗뿐만 아니라 다윗과 권력을 함께한 모든 사람들에게 분노했을 것이다. 그리고 밧세바는 권력의 자리에서 조금 동떨어진 사람들을 규합한다. 그중에 나단도 포함되어 있다. 나단은 성경에서도 표현되어 있듯이 권력과는 많이 동떨어져 있었던 것으로 보인다. 브나야는 밧세바와 함께하기 이전의 기록이 거의 없어서 알 수 없지만 요압의 심복은 아닌 것으로 보인다. 그렇다면 브나야도 권력과는 동떨어져 있다고 해도 되겠다. 따라서 밧세바, 나단, 브나야 모두 권력과는 동떨어져 있었고 이유는 알 수 없지만 3명이 힘을 모아서 솔로몬을 왕으로 세우는 일에 동참하기로 합의한 것으로 보인다. 이러한 사실을 잘 알고 있는 아도니야는 왕위 계승을 주변 권력자들에게 인정받는 잔치에 솔로몬을 부르지 않았고 초대받지 못한 밧세바와 나단은 생명의 위협으로 불안에 떨지 않을 수 없었을 것이다.

현재의 권력 구조로는 이 3명이 아도니야를 이기기는 매우 어렵다.

특히 군사령관 요압이 아도니야와 함께하고 있다. 이러한 상황에서는 기습이 아니면 승리는 불가능하다. 따라서 기습을 위한 준비가 필요하다. 다윗이 늙어서 누워 있긴 하지만 이스라엘 국경에서는 끊임없는 전쟁이 계속 있었을 것이다. 따라서 이스라엘의 정예부대는 대부분 국경에 있고 다윗성에 있는 군대는 다윗왕을 지키는 친위병들만 있을 뿐이다. 성 근처에 얼마만큼의 군대가 더 있는지는 알 수 없으나 하루만에 올 수 있을 정도의 거리는 아닌 것으로 보인다.

어쨌든 밧세바는 제사장 사독, 선지자 나단과 브나야 그리고 누구보다도 중요한 친위병인 그렛 사람과 블렛 사람을 동원하는 데 성공한다. 이들의 공통점은 아도니야의 초대를 받지 못했다는 것이다. 아도니야의 초대를 받지 못했다는 것은 아도니야가 왕이 되는 순간 죽을 가능성이 매우 높다는 것이다.

여기서 주목할 만한 사람들은 친위대이다. 밧세바는 어떻게 그렛 사람과 블렛 사람을 설득할 수 있었을까? 친위대는 동서고금을 막론하고 독재국가에서는 매우 중요한 임무를 담당한다. 수준 높은 민주국가가 아닌 이상 군부는 언제 어디서 쿠데타를 일으킬지 모른다. 따라서 왕의 호위를 담당하는 친위대는 철저하게 검증된 사람이어야 할 뿐 아니라 전투 능력도 상당해야 한다. 로마 시대에도 로마의 군대가 고전할 때 황제가 참전하게 되면 전세가 역전되어 승리하는 경우가 많았다. 이것은 황제의 뛰어난 지휘 덕분이기도 하겠지만 황제가 전투에 참전한다는 것은 친위대도 전투에 참전한다는 것이다. 전투 능력이 가장 좋은 친위대가 참전하므로 승리의 가능성은 높아지는 것이다.

친위대는 왕의 경호를 담당하는 군대이다. 따라서 앞에서 언급했듯이 철저하게 검증된 사람만 친위대에 들어갈 수 있다. 그런데 그렛 사람과 블렛 사람은 이스라엘 사람이 아니다. 성경의 표현대로 말하자면 이방인이다. 어떻게 이방인을 친위대에 둘 수 있을까? 추측이지만 친위대의 경호 형태를 외곽 경호와 내곽 경호로 나누어 했을 것으로 생각된다. 내곽 경호는 이스라엘에서도 유대인을 주축으로 철저하게 검증된 인원으로 군대를 조직하고 외곽 경호는 쿠데타에 별 관심이 없을 용병으로 두는 것이 합리적이다. 따라서 밧세바가 동원했던 친위대인 그렛 사람과 블렛 사람은 외곽 경비를 담당한 용병이 아닐까 생각한다. 용병의 특징은 돈에 민감하다는 것이다. 이번 쿠데타가 성공한다면 많은 보상을 약속했을 것이 틀림없다. 따라서 이들은 다윗의 경호에는 관심도 없었을 것이다.

내곽 친위대는 누가 왕이 되는지에 대한 것보다 현재의 왕인 다윗의 안전이 가장 중요하다. 외곽 용병 친위대가 움직인다고 다윗 왕의 안전을 위험하게 할 수는 없는 일이다. 따라서 그들이 아도니야를 지지한다고 하더라도 쉽게 움직일 수 없는 이유이다. 밧세바가 외곽 친위대를 이끌고 아도니야를 굴복시킨 상황에서 내곽 경비를 맡은 친위대가 밧세바와 대적을 할 이유도 없다. 그들의 본연의 임무는 다음 왕이 아닌 현재의 왕을 지키는 것이다. 두 세력 간의 분쟁이 종결되기를 기다리는 편이 그들에게는 훨씬 유리하다.

    평신도가 질문하는 궁금한 성서 이야기

밧세바는 그렛 사람과 불렛 사람 즉 왕의 외곽 경비를 담당했던 친위대를 이끌고 아도니야를 기습하여 주요 인물들을 모조리 감금시키는 데 성공한다. 아도니야가 도망치기는 하지만 곧 붙잡혀 그의 집에 감금당한다. 드디어 밧세바는 솔로몬에게 왕위 계승을 성공적으로 마무리할 수 있게 되었다. 지금부터는 밧세바가 그동안 그토록 꿈꿔 왔던 피의 복수가 진행된다. 이제 그녀의 권력으로 못할 것은 아무것도 없다.

8.4.

피의 복수

열왕기상 2장

20 밧세바가 이르되 내가 한 가지 작은 일로 왕께 구하오니 내 얼굴을 괄시하지 마소서 왕이 대답하되 내 어머니여 구하시옵소서 내가 어머니의 얼굴을 괄시하지 아니하리이다

21 가로되 청컨대 수넴 여자 아비삭을 아도니야에게 주어 아내를 삼게 하소서

열왕기상 2:5~9에 다윗이 솔로몬에게 유언과 같은 지시를 내리는데 자신의 심복 요압 장군을 비롯하여 많은 이들을 죽이도록 시킨다. 왜 이렇게 본인이 살아 있을 때도 하지 않던 일을 본인이 죽으면서 후계자에게 시켰을까? 다윗 왕의 힘이 이제 갓 왕이 된 솔로몬보다 힘이 없어서 본인이 집권했을 때 하지 못한 것을 시킨 것일까? 아니면 본인이 차마 하지 못했던 일을 후계자인 솔로몬이 대신 하도록 하게 했을까?

정상적인 왕이라면 새로운 왕이 될 사람에게 이러한 부담스러운 일을 시키지는 않는다. 그렇다면 다윗은 왜 이러한 일을 본인이 죽는 시점에 후계자인 솔로몬에게 지시했을까?

국가의 지도자인 왕이 전쟁을 하거나 무언가 백성들이 이해하기 힘든 일을 할 경우 대의 명분은 필수이다. 시정잡배들은 자신의 권력만큼 혹은 그 이상으로 마음대로 권력을 휘두르지만 나라를 이끄는 정상적인 지도자는 백성들의 민심에 민감할 수밖에 없다. 따라서 특히 민심에 거스르는 일을 할 경우에는 백성들이 납득할 수 있는 대의명분을 만드는 일은 대단히 중요하다. 밧세바는 쿠데타에 가까운 왕위 쟁탈전으로 권력을 잡게 되었다. 모든 사람들이 아도니야가 왕이 되리라고 생각하고 있었는데 느닷없이 솔로몬이 왕이 되었다. 또한 솔로몬의 세력은 아도니야의 세력에 비해 많이 약한 상태이다. 상대의 세력을 무력화하지 않으면 언제 다시 쿠데타가 일어나 권력이 바뀌게 될지 모른다. 그렇다고 잡은 권력을 마음대로 휘두르다가는 민심을 잃게 되어 향후 권력의 향배가 어떻게 될지 알 수 없게 된다.

밧세바가 생각할 수 있는 가장 큰 대의명분은 선왕인 다윗왕을 이용하는 것이다. 열왕기상 1:1을 보면 다윗왕은 몸이 식어서 언제 죽을지 모르는 상태이다. 이러한 상태에서 다윗은 과연 사람들과 정상적인 대화를 나눌 수 있었을까? 이때 군 사령관 요압을 비롯한 모든 실세들은 아도니야의 왕위 계승을 인정하는 잔치에 초대를 받아 자신들의 미래 권력을 꿈꾸고 있었다. 밧세바와 나단은 이때를 놓치지 않고 친위병들을 설득하여 권력을 잡게 되었다. 이제는 권력을 확고히 해야 할 때이다. 어쩌면 다윗왕은 이미 죽었을지도 모른다. 하지만 모든 정보는 밧세바와 그의 추종자들만 가지고 있을 뿐이다. 그들이 다윗의 유언이라고 선포하면 그것은 다윗의 유언이 되는 것이다. 왕의 포고령은 밧세바의 손에 있었고 그녀의 모든 정적들 또한 그녀의 손안에 있게 되었다.

이제 선왕의 유언과 함께 다윗도 죽었다. 이제 아도니야와 정적을 제거할 차례가 되었다. 아도니야의 죄목은 백성들이 보더라도 도저히 용납할 수 없는 큰 죄가 있어야 한다. 백성들이 이해할 수 없는 죄목으로 그를 처형한다면 자칫 민심을 어지럽힐 수 있다. 그동안 모든 이스라엘 백성들이 아도니야를 다윗의 후계자로 생각하고 있었기 때문이다. 이런 아도니야를 살려 두는 것도 너무 부담스럽다. 이제 겨우 권력을 잡은 밧세바는 이 일을 아주 매끄럽고 민심의 동요가 없도록 시급하게 처리해야 한다.

드디어 밧세바는 그녀의 시나리오대로 일을 진행시킨다. 성경의 내용을 먼저 보면, 아도니야가 밧세바를 찾아와 그의 아버지인 다윗 왕의 시중을 들던 수넴 여자 아비삭을 자신의 아내로 삼게 해 달라고 요청한다. 밧세바는 이런 말도 안되는 내용을 솔로몬에게 전달한다. 이러한 시나리오를 솔로몬이 미리 알고 있었는지 정확히 알 수 없지만 솔로몬이 몰랐을 가능성이 높은 것으로 추정된다. **'여호와를 가리켜**

 평신도가 질문하는 궁금한 성서 이야기

맹세하여 가로되 아도니야가 이런 말을 하였은즉 그 생명을 잃지 아니
하면 하나님은 내게 벌 위에 벌을 내리심이 마땅하니이다'(왕상 2:23)

솔로몬이 격분하여 말하는 내용으로 미루어 솔로몬이 관련 시나리오
를 몰랐을 것으로 생각된다. 모든 어머니의 마음은 죄를 지어야 할 상
황에 있는 경우 아들보다는 차라리 본인이 죄를 짓는 것이 나으리라
생각한다. 따라서 모든 죄는 밧세바 본인이 지고 간다고 생각했을 것
이다. 또한 밧세바가 아도니야의 부탁을 솔로몬에게 매우 조심스럽게
전달했다는 것으로도 짐작할 수 있다.

성경에 아도니야가 아버지의 여인을 아내로 삼게 해 달라고 밧세바
에게 요청했다고 기록되어 있다. 하지만 이것은 당시의 정황으로 볼
때 불가능한 내용이다. 아도니야가 미치지 않고서는 당시의 윤리 개
념으로 볼 때 그런 부도덕한 요구를 할 수는 없기 때문이다. 더욱 중요
한 이유는 아도니야는 감금 상태이다. 아도니야는 밧세바에게 언제 죽
을지 모르는 긴장 상태에 있었다. 자신의 세력들이 모두 일망타진되었
다. 외부와 연락을 해서 다시 솔로몬을 왕위에서 끌어내리고 싶겠지만
밧세바의 군인들이 겹겹이 그를 에워싸고 있다. 밧세바와 솔로몬에 대
한 복수심으로 제정신이 아닐지도 모른다. 어쨌든 밧세바가 어떤 핑계
를 들어 자신과 그의 가족들을 죽일지 모르는 그런 매우 불안한 상황
에서 이런 터무니없는 부탁이 가능할까?

밧세바는 솔로몬에게 아도니야의 부탁을 전하는 것이 아니라 오히
려 솔로몬으로 하여금 성질을 돋우는 것으로 보인다. 결국 솔로몬은

아도니야가 패륜아로 죽어 마땅하다고 생각하게 되고 결국 아도니야
는 패륜아로 죽게 된다. 그렇게 전해들은 이스라엘 백성들도 아도니야
를 패륜아라고 생각하지 않았을까?

성경에는 아도니야 이외에 몇 명이 벌을 받는다고 되어 있지만 과연
몇 명으로 끝났을까? 다윗의 가족들과 그를 따르던 밧세바의 정적들
은 모두 죽게 되었을 것이다. 다윗의 죄는 압살롬의 죽음으로 끝나지
않았음을 이렇게 보여 준다. 힘을 가진 자가 힘이 없는 자에게 지은 죄
에 대한 교훈이 아닐까?

당연한 결말이지만 밧세바를 따랐던 브나야는 대대로 군대의 지휘
관이 되었고, 나단 및 그의 두 아들도 높은 지위에 오르게 된다.

**'여호야다의 아들 브나야는 군대 장관이요 사독과 아비아달은 제사
장이요 나단의 아들 아사리아는 관리장이요 나단의 아들 사붓은 대신
이니 왕의 벗이요'(왕상 4:4~5)**

누구나 아는 이야기이지만 역시 역사는 승자의 기록이다.

 평신도가 질문하는 궁금한 성서 이야기

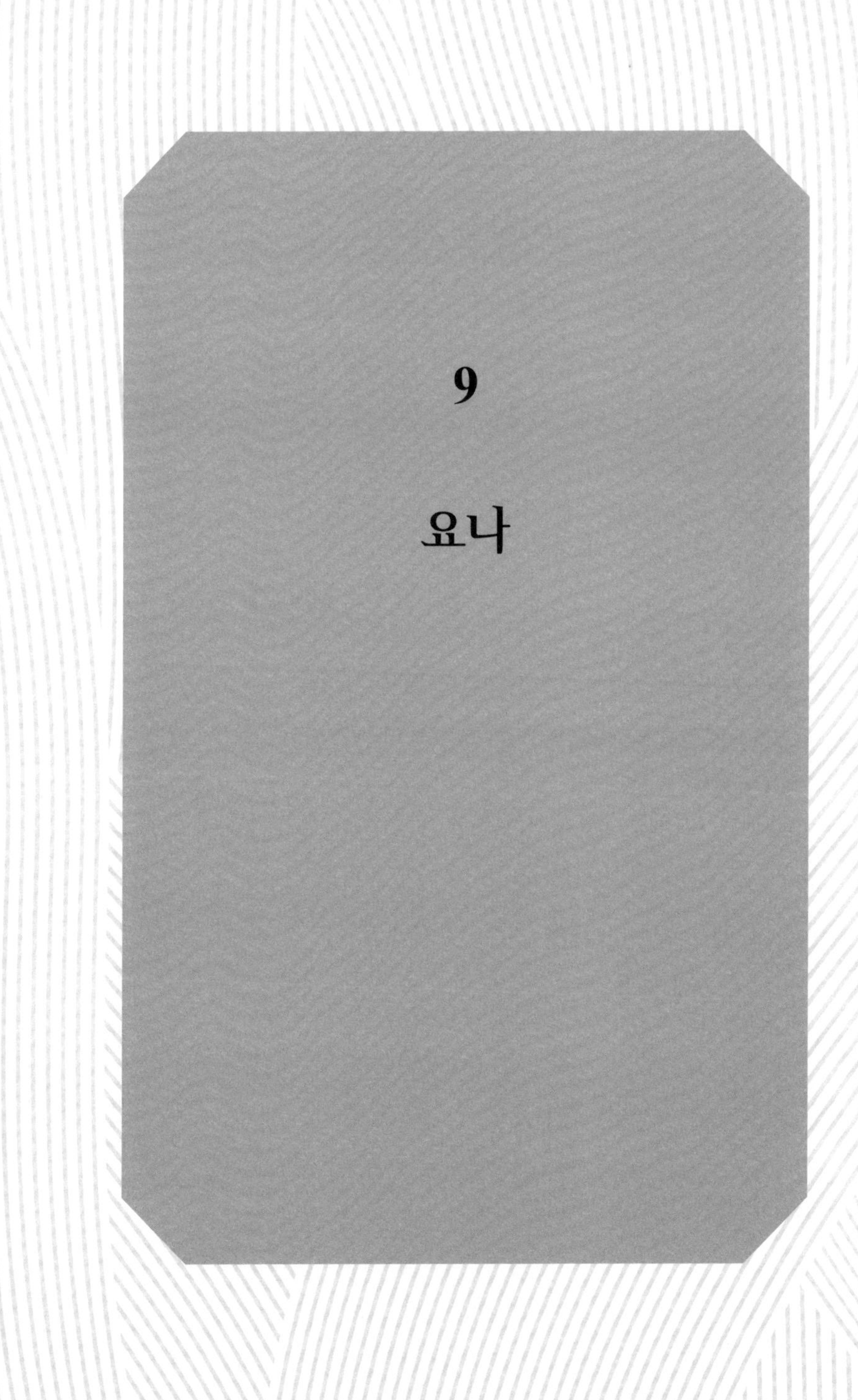

9

요나

9.1.

이상한 사건

요나 1장

7 그들이 서로 이르되 자 우리가 제비를 뽑아 이 재앙이 누구
로 인하여 우리에게 임하였나 알자 하고 곧 제비를 뽑으니 제
비가 요나에게 당한지라

　요나는 선지서로 구분되어 있지만 정말 알 수 없는 선지자이다. 일반적으로 선지자라고 하면 하나님의 말씀을 따라 위험한 곳이든 어디든 순종하는 선지자가 대부분이다. 하지만 요나는 처음부터 끝까지 하나님의 말씀에 불평, 불만을 쏟아내며 반항한다. 또한 전례 동화에서나 나올법한 괴상한 사건들이 많다. 이러한 내용은 모두가 잘 아는 부분이며 여기서 다루어질 내용은 아니다. 하지만 여러가지 동화 같은 사건들 중에서 유독 궁금한 사건이 하나 있다. 물론 결론을 낼 수 없는 것이겠지만…

평신도가 질문하는 궁금한 성서 이야기

우여곡절 끝에 요나는 다시스로 향하는 배를 탔는데 그 배는 폭풍이 일어나 깨어질 정도가 되었다. 선원들은 살아남기 위해 배를 가볍게 하려고 자신들의 물건을 바다에 던질 정도로 위급한 상황이다. 그 물건들은 상인에게는 내다 팔 상품이며, 선원들에게는 항해에 필요한 중요한 물건이었을 것이다. 그리고 배가 얼마나 큰지는 모르겠지만 배 밑층까지 있는 것으로 보아 작은 배는 아닌 것으로 보인다. 어쩌면 목숨 다음으로 중요한 물건을 버릴 정도로 위급한 상황이었고 배가 깨어질 정도로 폭풍이 일고 있었다. 그런데 갑자기 그들이 서로 제비를 뽑아 재앙의 원인인 자를 뽑자고 제안한다. 성경에서 그들이라고 표현했지만 아마 누군가가 제안하고 많은 이들이 동의한 것으로 보인다.

이해할 수 없는 내용은 2가지로 보인다. 첫 번째는 위급한 상황이다. 그 당시 상황을 상상해 보자. 과연 배가 깨어질 정도로 폭풍이 이는 그 상황에서 재앙의 원인이 누구인지를 가리기 위해 제비를 뽑는 상황을 상상할 수 있을까? 폭풍으로 인해 지금 당장 바다에 빠져 죽을지도 모르는 위급한 상황이다. 그리고 배가 깨어질 정도의 폭풍이면 배 위의 사람들은 자기 몸도 가누기 힘든 상황이다. 폭풍으로 인해 서로 의견을 나누는 것조차도 어려웠을 상황이다. 그런 상황에서 제비 뽑기가 가능할까?

두 번째는 제비 뽑기에 대한 합의이다. 이런 상황에서 누군가가 제비를 뽑아서 당첨된 인간을 바다에 던지자고 제안한다면 사람들이 순순히 제비 뽑기에 동의하고 참여할까? 누가 어떤 의견을 내면 단 둘이서도 합의하는 것이 쉽지 않은 것이 인지상정이다. 그런데 그 많은 사람들이 매우 어려운 환경에서 하는 합의가 쉬웠을까? 이런 경우에는 단 한 명이라도 제비 뽑기를 거부한다면 실행하기는 참 어렵다. 그렇다고 선장이나 혹은 선원이 아닌 모두가 인정하는 승선한 이들 중에 권위자가 있어서 그 사람이 제비 뽑기를 강력하게 밀어 부칠 수도 없다.

제비 뽑기를 거부하는 사람들의 입장을 상상해 볼까? 단순 탑승자의 입장에서는 '선장이란 사람이 이런 날씨도 예측 못하고 바다에 나온 것도 잘못이지만 폭풍을 감당하지 못해서 괜히 책임을 다른 사람에게 돌리려고 한다. 만일 누군가가 책임을 질 상황이면 선장이나 선원들이 책임을 져야 하는 것 아닌가?' 이런 식으로 반대를 한다면 그런 반대자들을 설득도 해야 한다. 고대에 미신이 많아서 어려움이 있을 때마다 제비 뽑기를 하는 관습이 널리 퍼져 있을 수도 있다. 여호수아도 아이 성 전투에서 패배한 후 제비를 뽑아 아간에게 모든 죄를 물었다. 그런데 요나가 탄 배의 상황이 그렇게 제비를 뽑을 상황인지는 이해하기 힘들다. 폭풍으로 인해 배가 깨어져 모두가 죽게 될 상황인데 반대하는 사람도 설득해야 하고 제비도 뽑아야 한다. 제비를 어떻게 뽑는지는 모르겠지만 그 방법 또한 만만치 않을 것이다.

그 시대 사람들은 제비 뽑기가 최후의 수단이라고 생각하는 걸까?

9.2.

정말 이상한 사건

요나 1장

2 너는 일어나 저 큰 성읍 니느웨로 가서 그것을 쳐서 외치라
그 악독이 내 앞에 상달하였음이니라 하시니라

요나 3장

5 니느웨 백성이 하나님을 믿고 금식을 선포하고 무론 대소하
고 굵은 베를 입은지라
6 그 소문이 니느웨 왕에게 들리매 왕이 보좌에서 일어나 조
복을 벗고 굵은 베를 입고 재에 앉으니라

요나가 하나님께 받은 명령은 요나 1:2과 같이 악독한 사람들이 있
는 니느웨로 가서 외치라는 것이다. 요나는 니느웨 사람들이 얼마나
무서웠던지 하나님으로부터 도망가려고 한다.

　그러면 니느웨 사람은 어느 나라 사람인가? 니느웨는 아시리아(성경의 이름은 '앗수르'임)의 수도라고 한다. 아시리아는 메소포타미아 지역에서 꽤 번성했던 국가이다. 따라서 이스라엘 사람들은 아시리아로 인해 많은 고통을 받았음이 분명하다. 아시리아와 이스라엘은 문화와 종교도 많이 달랐을 것이다. 북 이스라엘은 여로보암을 포함한 19명의 왕이 나라를 다스렸다. 마지막 왕 호세아 왕대에서 북 이스라엘은 아시리아의 공격을 받는다. 북 이스라엘은 사마리아에서 3년간 버티다가 결국 BC722년경 멸망당하고 역사의 무대에서 사라진다.

　그렇다면 요나가 활약하던 이스라엘의 상황은 어떠한가? 요나의 이름은 열왕기하 14장에 나온다. 북 이스라엘의 최전성기라고 할 수 있는 여로보암 2세의 41년간 통치 기간 중에 활약한 것으로 보인다. 요나서 이외 성경에서도 언급할 정도면 우리가 요나서를 통해 알고 있는 선지자 같지 않은 형편없는 그런 인물은 아닌 것 같다. 물론 요나서에서 보이는 그의 행동으로는 믿기지 않겠지만 북 이스라엘에서는 꽤나 명성이 있었다고 추측해 볼 수밖에 없다. 이러한 최전성기의 북 이스라엘과 아시리아는 엄청난 대립 관계에 있는 국가일 것이다. 이러한 관계 속에서 백성들 간의 관계도 좋다고 할 수는 없을 것이다. 원래 상대방과 대립 관계에 있으면 반대편에서는 서로를 잔인 무도하고 나쁜 인간으로 묘사하기 마련이다. 그런 면에서 요나서에 나오는 아사리아인에 대한 요나의 편견도 당연한 것이다. 그래서 요나는 아시리아의 한복판인 니느웨는 더욱 가기 싫었을 것이다.

아시리아는 이스라엘과는 다른 종교를 가지고 있었다. 이스라엘과 같은 유일신 개념은 없었다. 인간을 돕는 신이 많으면 좋다는 다신교가 우세한 나라이다. 따라서 아시리아 입장에서는 요나라는 이스라엘에서 유명한 선지자가 니느웨에 와서 회개하라고 외친다면 아시리아 입장에서는 이스라엘의 능력 있는 신인 야훼로부터 용서를 받기 위해 요나가 시키는 대로 회개하는 것도 어느 정도 이해가 된다. 다시 말하면 아시리아 입장에서는 손해 볼 것이 없다는 것이다.

하지만 야훼라는 유일신을 섬기는 이스라엘 입장에서는 완전히 다르다. 우리는 성경을 구약과 신약이라고 나누어 부른다. 둘 다 하나님과 인간의 약속이다. 약속을 어기는 쪽은 벌을 받는 것이 계약의 내용이다. 따라서 이스라엘은 약속을 지키기 위해 많은 노력을 하는 것이 당연하다. 그런데 아시리아가 야훼와 약속을 했던 기록은 없다. 실제로도 이스라엘처럼 야훼와 계약을 맺은 일은 없었을 것으로 추정한다. 그렇다면 아시리아는 무엇을 회개했다는 말인가? 그리고 요나는 아시리아의 어떤 잘못을 회개시키려 했을까?

성경 본문을 보면 아시리아가 무엇을 잘못했는지 언급되어 있지 않다. 그냥 악독이 상달되었다는 내용만 있을 뿐이다. 요나는 그냥 외쳤다. 외친 내용은 회개하라는 내용보다 사십일이 지나면 니느웨가 무너진다는 내용이다. 앞뒤를 연결해 줄만한 내용이 없다. 다시 정리하면 니느웨는 악독이 야훼 앞에까지 상달할 정도로 심해서 야훼는 요나에게 니느웨로 가서 외치라고 한다. 요나는 우여곡절 끝에 니느웨에 도

달하였고, 사십일이 지나면 니느웨가 무너진다고 니느웨 사람들에게
외쳤다. 그 후 니느웨 사람들이 하나님을 믿고 회개하기 시작하였고
이를 들은 왕과 신하들도 그리고 동물들도 니느웨 사람들과 동참하여
회개하기 시작했다.

아무리 읽어 보아도 니느웨 사람들이 무엇을 잘못했고 왜 회개하였
는지는 나오지 않는다. 추정해 본다면 요나 3:5에 니느웨 사람들이 하
나님을 믿고 회개하기 시작했다고 한다. 그렇다면 하나님을 믿지 않았
기 때문에 멸망한다는 것인가? 이를 그대로 인정한다면 북 이스라엘
과 유대 이외의 모든 나라는 모두 사십일 안에 멸망해야 한다.

또 다른 측면에서 본다면 요나 1:2에 악독이라는 단어가 나온다. 여
기서 말하는 악독은 무엇인가? 하나님을 믿지 않아서 악독한 것인지,
아니면 사람들을 너무 잔인하게 죽여서 악독한 것인지, 혹은 하나님을
믿는 북 이스라엘 사람들을 많이 괴롭혀서 악독하다는 것인지? 현대
를 살아가는 우리는 악독에 대한 내용을 추정할 수밖에 없다.

왕하 14:24에도 악하다는 내용이 나온다. 여기서 말하는 악하다는
것은 여로보암 2세가 악하다는 것이다. 여로보암 2세는 하나님과의 계
약대로 이행하지 않았기 때문에 악하다고 추정할 수 있다. 하지만 요
나서에서의 아시리아는 하나님과의 계약과는 전혀 상관이 없다. 한편
으로 생각해 보면 요나서에서 굳이 악독이라는 내용에 대해 설명하지
않은 것은 당시 북 이스라엘인들은 니느웨의 악독함의 내용이 무엇인
지는 모두가 잘 알고 있었다고 추정할 수도 있다. 글의 초기 내용에서

 평신도가 질문하는 궁금한 성서 이야기

도 언급했듯이 경쟁관계인 아시리아와는 많은 전쟁이 있었을 것이고 그로 인해 많은 북 이스라엘인들이 죽거나 포로로 잡혀갔을 것이다. 그런 측면에서 아시리아의 악독은 자신들을 괴롭힌 이들의 행위에 대해 악독이라는 단어를 사용하지 않았을까?

북 이스라엘인들이 생각하는 아시리아의 악독에 대해서 다시 정의해 보자. 아시리아는 북 이스라엘을 죽이고 포로로 끌고 가서 노예로 삼는 등 매우 위험한 존재들이다. 따라서 아시리아의 악독에 대한 종말은 아시리아의 멸망 혹은 아시리아인들에 대한 복수 등으로 생각할 수 있다. 하지만 요나서에서 언급한 악독은 하나님의 기준에 따른 악독일지도 모른다. 진정한 의미는 모르겠지만 아시리아의 악독을 없애는 하나님의 방법은 아시리아인들이 회개를 하도록 시켜 더 이상 악독을 행하지 않도록 하는 것이다.

이러한 방법은 요나서에 잘 나와 있다. 특히 마지막 요나에게 심술을 부리는 하나님을 통해서 아시리아인들까지도 하나님의 백성임을 이야기하고 있다. 이방인까지도 하나님의 백성으로 인정한다는 것은 신약 시대에도 논쟁이 될 정도로 이스라엘인들이 받아들이기 힘든 사항이다. 그런데 신약보다 더 까마득하게 예전의 시간이다. 과연 이러한 하나님의 섭리를 북 이스라엘에서 받아들일 수 있었을까?

정말 이해가 되지 않는 것은 구약 시대에 이방인을 하나님의 백성으로 인정하는 내용을 나는 보지 못했다. 설사 있었다 하더라도 주류 내용이 아니다. 구약은 철저하게 이스라엘만이 하나님과 계약을 맺었고 하나님과 계약을 맺은 백성만이 하나님의 백성으로서 하나님과 관계를 형성할 수 있었다는 것이다. 그런데 요나서에서는 갑자기 요나서의 주제라고 할 수 있는 '이방인에 대한 하나님의 사랑'을 이야기하고 있다. 그렇다고 그런 하나님의 사랑이 요나서 이후 계속 이어지는 것도 아니다. 요나서에서 시작하고 요나서로 끝난다. 신약 시대가 올때까지 구약 시대에서는 다시는 언급되지 않았다.

그렇다면 요나서의 저자는 무엇을 이야기하고 싶었을까? 이방인에 대한 하나님의 사랑이 오직 아시리아에서만 있었을까? 아니면 우리가 기록이 없어서 알지 못하지만 요나 선지자와 같은 이들이 많이 있었을까? 어쨌든 이방인에 대한 하나님의 사랑은 이스라엘에게는 일반적이지 않았다. 따라서 요나서의 내용은 구약에서는 매우 특이하다고 할 수 있고 구약 전체의 흐름과도 맞지 않다. 그렇다면 구약의 정경화에 관여한 이들은 그 많고 많은 자료 중에 왜 굳이 요나서를 구약의 정경으로 채택하였을까?

   평신도가 질문하는 궁금한 성서 이야기

10

희년

말라기 3장

10 만군의 여호와가 이르노라 너희의 온전한 십일조를 창고에 들여 나의 집에 양식이 있게 하고 그것으로 나를 시험하여 내가 하늘 문을 열고 너희에게 복을 쌓을 곳이 없도록 붓지 아니하나 보라

신명기 28장에는 여호와를 순종하면 받게 될 복과 불순종하여 받는 저주에 대해 68절에 걸쳐 나열되어 있다. 순종하여 받는 복은 1~14절까지이고 불순종하여 받는 저주는 15~68절까지이다. 절의 개수만으로 비교해도 저주의 내용이 압도적이다. 내가 어렸을 때 가정예배에서 자주 낭송하던 성경구절은 당연히 받을 복이 열거된 1~14절까지의 내용이다. 대표적인 구절이 6절이다. 들어와도 복을 받고 나가도 복을 받을 정도이니 그 복은 참 어마어마한 것이다.

평신도가 질문하는 궁금한 성서 이야기

어머니도 이 구절을 특히 좋아하시고 자주 낭독하셨는데 70년대에 유행했던 부흥강사들의 영향이 컸던 것으로 생각된다. 그분들이 부흥회 등의 모임에서 유난히 많이 인용하고 강조한 구절이기도 하였다. 부흥 강사들이 왜 이 구절을 강조하였을까? 십일조와 헌금을 많이 하면 받게 될 복이라는 것을 어떤 강사는 은근히 강조하였고 훨씬 더 많은 부흥 강사들은 더욱 노골적으로 강조하였다. 담임목사들도 교회 건축 등 큰 돈이 필요한 경우 이들을 불렀고 그들에게 동조하는 분위기를 풍겼다. 하지만 28장을 아무리 읽어 보아도 십일조 혹은 헌금과 관련된 내용이 없다. 혹시나 해서 앞장인 27장을 읽어 보아도 그런 내용이 없었다. 굳이 부흥강사의 주장을 옹호하기 위한 해석을 한다면 여호와를 순종하는 것이 곧 구약 성경에 나오는 십일조를 잘하는 것이라고 생각해 볼 수도 있겠다.

십일조의 내용은 말라기에서도 나온다. 구약의 마지막에 위치한 말라기는 유대인과 레위인 그리고 제사장의 행위가 얼마나 가식(假飾)적이고 위선(僞善)적인지를 적나라하게 폭로하고 있다. 전체적인 내용은 위선적인 제사장, 레위인, 유대인들을 질타하고 있지만 3장의 일부분에서 온전한 십일조를 강조하는 내용도 있다.

참고로 말라기를 읽었을 때 참 재밌다고 생각되는 내용이 있다. 말라기는 제사장과 레위인 그리고 유대인들을 하나님이 얼마나 안 좋게 생각하시는지 신명기의 질투하시는 하나님과는 조금 다른 어조로 표현되고 있다. 신명기의 내용이 다소 직설적이라면 말라기의 내용은 다소 간접적이며 인간적인 감정을 꽤 많이 가지고 있다. 대체로 하나님이 선택했던 이들에 대한 서운하고 섭섭하고 괘씸하고 그래서 응징하여 분풀이까지 하고 싶다는 느낌이 들 정도의 어조로 전개되어 있다는 것이다. 물론 뒷부분에서 그렇지 않은 이들에 대한 좋은 결과도 아주 조금 보여 주지만 전체적인 맥락은 위 세 부류의 사람들에 대한 서운함이 주류를 이룬다. "내가 너희들을 선택해서 그렇게 밀어주었는데 나를 이렇게 실망시키다니…" 이런 느낌이다. 내용적으로는 출애굽기에서도 "내가 애굽에서 노예 된 너희들을 구해 주었지만 계속 나를 원망만 하는구나" 같은 비슷한 형태가 나오지만 말라기의 내용은 출애굽기보다 조금 더 심하고 구차한 느낌까지 들 정도다.

그렇다면 온전한 십일조는 무엇일까? 일반적으로 온전한 십일조를 얘기하면 대개 십일조를 어떻게 바쳐야 하는지에 대해서만 다루는데 나는 거기에 동의할 수 없다. 성경에는 분명하게 십일조를 어떻게 해야 하고 어떻게 사용해야 하는지 이 두 가지로 분명하게 구분하고 있다. 따라서 온전한 십일조는 이 두 가지를 온전히 실천해야 온전한 십일조가 이루어지는 것이다. 만일 누군가가 입맛대로 한 가지만을 선택한다면 온전한 십일조가 아닌 것이 되고 말라기의 말씀에 따라 가식적이고 위선적인 행위로 질타를 받게 될 것이다. 따라서 온전한 십일조가 무엇인지를 보려면 이 두 가지로 나누어서 살펴야 한다.

하나는 십일조를 어떻게 사용해야 하는지에 대한 사용처에 관한 것이고, 나머지는 이스라엘인들이 십일조를 왜 해야 하는지에 대한 내용이다. 성경에서 말하는 십일조는 단순히 하나님께 드리는 제사의 성격이 아니다. 성경은 십일조의 사용처를 분명히 하고 있고 이 때문에 십일조를 해야 하는 것으로 설명하고 있다. 십일조의 사용처가 십일조를 바치는 행위보다 앞서며 더 중요한 이유도 이때문이다.

십일조의 사용처에 대한 내용으로 가장 잘 표현된 성경의 구절은 단연코 신명기 26:12의 내용이다.

'십일조 다 내기를 마친 후에 그것을 레위인과 객과 고아와 과부에게 주어서 네 성문 안에서 먹어 배부르게 하라'(신 26:12)

신명기의 말씀처럼 십일조의 목적은 하나님께 드리는 제사가 아니라 사람을 위한 것이라고 분명히 전하고 있다. 물론 민수기 18:26에 십일조의 십일조에 대해서는 거제로 하나님께 드린다고 되어 있지만 그건 일부분이다. 또한 십일조의 혜택을 받는 사람도 성경은 두 부류로 분류하고 있다. 하나는 레위인이며, 나머지는 소외 계층으로 분류된다. 두 부류에게 십일조를 어떻게 배분하는지에 대한 설명은 없으므로 배분 방법 및 분배율은 알 수 없지만, 십일조의 대상은 이 두 부류임에는 틀림이 없다. 즉 십일조의 사용처는 온전히 이 두 부류를 위해 사용해야만 하는 것이다.

십일조의 사용처가 두 부류를 위한 것이므로 십일조를 해야 하는 이유도 사용처에 대응해서 두 가지로 나눌 수 있다. 레위인과 소외 계층이다. 성경에서는 소외 계층을 '객과 고아와 과부'라고 한정되어 얘기하고 있다. 고아와 과부는 구분이 명확하다. 객은 어디까지를 말하는 것일까? '객'에 대해서는 성경의 구체적인 설명이 없다. 하지만 신명기 12장에서 노비에 대해서도 언급하고 있고 십일조와는 직접적으로 관계가 없어 보이지만 신명기 10:18, 19의 내용으로 볼 때 '객'에 대한 정의를 다른 이의 도움이 필요한 사람으로 해석하면 좋지 않을까?

'고아와 과부를 위하여 신원하시며 나그네를 사랑하사 그에게 식물과 의복을 주시나니 너희는 나그네를 사랑하라 전에 너희도 애굽 땅에서 나그네 되었었음이니라'(신 10:18~19)

결국 십일조의 목적은 레위인과 소외 계층을 위한 것이다. 첫번째로 소외 계층에 대해 먼저 알아보자. 이스라엘인들은 가나안에 정착하기 전 떠돌이 민족이었다. 민족 전체가 소외 계층이었던 것이다. 이를 잊지 말고 소외 계층을 적극 도우라는 것이다.

두번째로 레위인이다. 레위인은 이스라엘의 다른 지파와는 다르게 땅을 분깃이나 기업으로 받지 못했다. 땅을 기업으로 받지 못한 레위인을 위해서 땅을 기업으로 받은 다른 지파가 레위인을 위해서 십일조를 해야 하며 그 십일조는 당연히 레위인을 위해 사용되어야 한다는

   평신도가 질문하는 궁금한 성서 이야기

것이다.

'너희와 너희 자녀와 노비와 함께 너희 하나님 여호와 앞에서 즐거워할 것이요 네 성중에 거하는 레위인과도 그리할지니 레위인은 너희 중에 분깃이나 기업이 없음이니라'(신 12:12)

모든 레위인이 제사장은 아니다. 제사장도 레위인 중에서 뽑았지만 같은 레위인이긴 해도 성경에서는 이들의 역할을 엄격히 구분하고 있으며 받는 십일조도 어떻게 나눌지 구체적으로 명시하고 있다. 느헤미야 10:37-38에서는 십일조를 레위인과 제사장에게 어떻게 나눌지 애매하게 기술되어 있다. 하지만 민수기 18:26~28에는 너무도 명확하게 어떻게 나누어야 할지 기술되어 있다. 십일조를 받은 레위인이 자신이 받은 것에서 다시 십분의 일을 구분하여 제사장에게 드린다. 제사장이 최대한 받을 수 있는 분배율은 백분의 일 즉 백일조를 받게 된다.

'너는 레위인에게 고하여 그에게 이르라 내가 이스라엘 자손에게 취하여 너희에게 기업으로 준 십일조를 너희가 그들에게서 취할 때에 그 십일조의 십일조를 거제로 여호와께 드릴 것이라(중략) 너희는 이스라엘 자손에게서 받는 모든 것의 십일조 중에서 여호와께 거제로 드리고 여호와께 드린 그 거제물은 제사장 아론에게로 돌리되'(민 18:26, 28)

현대를 살아가는 우리 입장에서 십일조의 대상은 누구일까? 레위인과 소외계층 중 소외 계층은 여전히 존재하지만 레위인은 사라지고 없다. 또한 교회에서도 만인 사제설을 주장하고 있으며 구약 시대의 제사장과 같은 존재를 인정하지 않는다. 목회자는 구약 시대의 사제가 아니라 교인들을 교육시키고 바른 길로 인도하는 리더로서의 존재이다. 천주교에서는 여전히 사제의 존재를 인정하고 있다. 그에 비해 개신교에서는 이러한 천주교의 사제 제도에 대해 맹비난하고 있다. 따라서 개신교 입장에서는 레위인과 제사장은 더 이상 존재하지 않는다. 그러므로 개신교의 입장에서 십일조의 대상은 소외 계층만 남게 된다.

한 가지 문제가 남게 된다. 그렇다면 소외 계층을 위한 십일조는 어떻게 책정되어야 할까? 앞에서도 언급한 것과 같이 성경에서는 정확한 분배율을 제시하지 않는다. 추정해 볼 수밖에 없다. 사실 레위인이나 제사장에게 십일조를 분배하는 이유는 그들이 받은 분깃이나 기업이 없기 때문이었다. 다른 말로 한다면 레위인들이 아닌 이스라엘 지파들은 분깃이나 기업을 받았다는 의미이다. 지파별로 인구비율이 얼마인지는 모르겠다. 어쨌든 11개의 지파가 1개의 지파를 돕는 일이므로 그 양은 상당하리라 판단된다. 그에 비해 소외계층에게 지급되는 분배량은 당연히 그보다 많이 적었을 것으로 판단된다. 정확한 분배율은 신의 영역이다. 하지만 나의 의견으로는 레위인과 제사장을 위해서는 7~8%, 소외계층을 위해서는 2~3%가 적절하지 않을까 생각해 본다. 레위인과 제사장을 위한 십일조는 다른 지파가 그들의 몫을 가져

   평신도가 질문하는 궁금한 성서 이야기

갔기 때문에 그들을 위해 일정한 량을 내는 것은 오히려 당연하다. 하지만 현대를 살아가는 우리는 그 몫을 받은 적이 없다.

어쨌든 현대를 살아가는 우리 입장에서는 소외계층의 배분만 생각하면 되지 않을까? 설사 소득의 2~3%를 낸다고 하더라도 그 명칭은 십일조로 변함이 없어야 한다. 왜냐하면 거기에 하나님이 강조하신 십일조 정신이 들어 있기 때문이다.

'하나님의 은혜를 받았으니 받은 만큼 드려야 한다'와 같은 말로 십일조와 연계하지 말자. 하나님의 은혜를 받았으면 십일조가 아닌 다른 이름으로 얼마든지 드릴 수 있다. 그런 식으로 십일조의 정신을 매도하지 않았으면 좋겠다. 어느 교회에 갔더니 15종의 헌금 봉투가 있었다. 거기에 하나님 은혜에 대한 감사 헌금 혹은 목사님 사례를 위한 헌금 등을 추가하는 것은 결코 어려운 일이 아니다. 성경에서 강조하는 십일조 정신을 다른 헌금과 혼돈하는 일은 없었으면 좋겠다.

내가 이렇게 십일조에 대해 얘기하면 독자는 내가 십일조하기 싫어서 이렇게 얘기한다고 생각하는 분들이 많을 것이다. 그래서 나의 월급에서 얼마만큼 기부를 하는지 계산해 보았다. 실수령액을 기준으로 17.8%를 기부금으로 사용하고 있었다. 따라서 십일조를 하기 싫어서 이런 이야기를 한다는 오해가 없기를 바란다.

잘 알고 지내는 같은 교회 장로님에게 십일조를 꼭 교회에 드려야 하느냐고 물었다. 그랬더니 그 장로님은 펄쩍 뛰면서 하는 말이 '교회에 십일조 없으면 당장 망한다'고 했다. 그러면서 '그런 말 다시는 하지 말라'는 것이다. 만일 십일조가 없어서 망할 교회라면 그게 교회일까? 어쩌면 그런 불량한 교회가 빨리 망해야 진짜 교회만 살아남아서 교회가 진정한 세상의 빛과 소금이 되지 않을까?

이 글을 읽는 누군가는 너무 문자적으로 십일조를 해석하고 있다고 반문할지 모른다. 누구보다도 문자적인 해석을 싫어하는 나이다. 이 장 이외에 다른 글을 읽어 본다면 나의 이 말에 쉽게 동의할 것이다. 하지만 다른 것과는 달리 십일조는 철저하게 문자적으로 해석해야 한다고 생각한다. 왜냐하면 성경에서 십일조의 목적을 분명히 하고 있기 때문이다. 만일 그 목적이 사라졌다면 십일조는 폐지되어야 한다. 하지만 우리 주변에는 도움을 받아야 할 소외 계층이 분명히 존재한다. 따라서 십일조의 목적이 사라졌다고 할 수 없다. 십일조는 여전히 해야 하며 또한 사용처도 엄격하게 분류하여 사용되어야 한다. 이외의 다른 목적으로 사용한다면 말라기에서 언급된 질타와 저주를 받게 될 것이다.

나는 십일조를 교회에 하지 않고 있다. 왜냐하면 십일조를 받은 교회에서는 십일조를 온전히 사용하고 있지 않기 때문이다. 알지 못할 때는 어쩔 수 없지만 이미 알고 있을 때에는 온전한 십일조가 되도록 노력해야 한다. 따라서 교회가 아닌 성경에서 말하는 십일조의 사용처로 직접 드릴 수밖에 없었다. 만일 교회가 온전한 십일조를 행한다면

 평신도가 질문하는 궁금한 성서 이야기

내가 굳이 십일조의 사용처로 직접 드릴 이유는 없지 않을까?

이 장의 제목을 십일조가 아닌 희년으로 정했다. 희년은 레위기 25장에 안식년과 함께 잘 설명되어 있다. 내용의 량으로만 봤을 때는 안식년에 비해 희년에 관한 설명이 압도적으로 많다. 교회에서 십일조와 안식년에 대해서는 많이 들었다. 하지만 희년에 대해서는 어느 목회자도 언급하는 것을 보지 못했다. 그 이유를 십일조는 교회의 재정에 도움이 되고, 안식년은 목회자에게 필요해 보이지만, 희년은 목회자 입장에서는 전혀 도움이 되지 않아서 강조하지 않는 게 아닐까?

희년을 꿈꾸며…

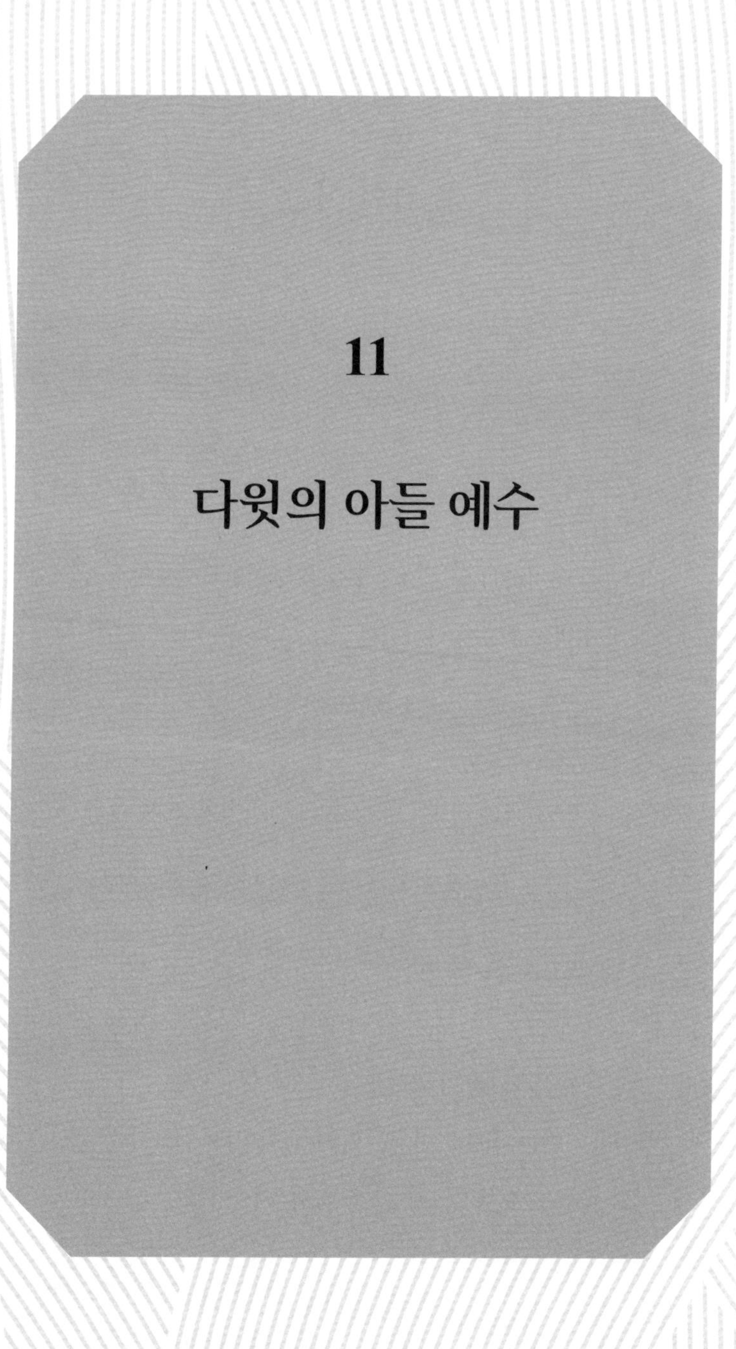

11

다윗의 아들 예수

11.1.

요셉의 아들

마태복음 1장

1 아브라함과 다윗의 자손 예수 그리스도의 세계라

16 야곱은 마리아의 남편 요셉을 낳았으니 마리아에게서 그리
스도라 칭하는 예수가 나시니라

마태복음 1:1에 언급된 '계보'라는 말을 네이버를 통해 표준 국어 대
사전에서 찾아보았다.

1. 조상 때부터 내려오는 혈통과 집안의 역사를 적은 책.
2. 혈연관계나 학풍, 사조(思潮) 따위가 계승되어 온 연속성.

첫 번째의 의미는 혈통이며, 두 번째의 의미는 사상의 연속성을 이
어 주는 것이다. 마태복음 1장은 첫 번째의 의미로 보는 것이 타당해

보인다. 왜냐하면 1~16절까지 지속적으로 낳았다는 것을 강조하기 때문이다. 예수님의 주요 조상을 소개할 때도 아브라함과 다윗 그리고 바벨론으로 사로잡혀 간 후손이라는 것도 17절에서 잊지 않고 강조하고 있다. 믿음의 조상인 아브라함과 이스라엘 역사에 있어서 가장 큰 영웅인 다윗 그리고 바벨론으로 사로잡혀 갔고 팔레스타인 지방에 남아 있었던 사람이 아니라는 걸 강조하고 있다. 아브라함과 다윗은 모두가 잘 알고 있는 믿음의 조상이지만 바벨론으로 사로잡혀 간 사람의 후손이라는 것을 강조한다는 것은 무슨 의미일까? 쉽게 얘기하자면 사마리아인이 아니라는 것이다. 마태는 이렇게 은근히 사마리아인을 차별하고 있는 것으로 생각된다.

어쨌든 마태는 마태복음으로 예수님의 생애를 소개하면서 가장 먼저 예수님의 혈통을 언급한다. 계보는 마태복음이 아닌 구약에서도 많이 언급되어 있는데 창세기 5장이 가장 대표적인 계보일 것이다. 아담으로부터 노아의 아들까지 계보를 소개하고 있다. 성경에 있는 모든 계보를 알고 있지는 않지만 남자가 아닌 여자가 계보를 잇는 사례는 보지 못했다. 성경의 구약과 신약은 여전히 남성 중심 사회인 것을 알 수 있다. 만일 아들이 없고 딸만 있었다면 어떻게 되었을까? 아브라함이 여종인 애굽 사람 하갈을 통해서 아들을 낳아서 계보를 이어 가려 한 것처럼 어떤 이유를 막론하든 아들을 통해 계보를 이어 갔을 것으로 추정된다. 아들이 없는 경우의 수가 다양하겠지만 결론은 무조건 아들을 통해서 계보를 이어가야 한다는 것이다.

마태복음은 1:1~16에서 아브라함과 다윗의 자손 예수 그리스도의 계보를 소개한다. 당연한 얘기이겠지만 모두 아들을 통해서 혈통을 이어 간다. 그런데 갑자기 바로 다음 구절인 18~25절에서 계보상 예수님의 바로 위 조상인 요셉의 계보를 부정하는 얘기가 나온다. 예수 그리스도가 그의 어머니 마리아가 요셉과 약혼하고 동거하기 전에 성령으로 잉태된 것이다. 사실 16절을 보면 내용이 애매하다. 야곱까지는 아무 부연 설명 없이 계보를 소개하지만 요셉의 경우는 야곱은 마리아의 남편 요셉을 낳았다고 소개한다. 야곱이 요셉을 낳기는 했지만 요셉이 마리아의 남편이라는 것을 은근히 부각시키며 마리아의 중요성을 표현한다. 또한 요셉이 예수를 낳은 것이 아니라 마리아에게서 그리스도라 칭하는 예수가 나셨다고 소개한다. 종합하면, 18~25절까지의 내용에서도 요셉이 예수를 낳은 것이 아니라고 확실하게 기록하고 있으며, 16절의 내용에서도 요셉이 예수를 낳았다고 정확하게 기록하고 있지 않다.

1~16절까지의 내용으로 볼 때 마리아의 남편 요셉이 아브라함과 다윗의 자손인 것은 분명하다. 하지만 예수 그리스도의 어머니인 마리아가 아브라함과 다윗의 자손이라는 얘기는 들어보지 못했다. 다시 말하면 요셉은 예수를 낳지 않았고 마리아가 성령으로 잉태하여 예수를 낳았으며 요셉은 아브라함과 다윗의 자손이지만 마리아는 아브라함과 다윗의 자손으로 인정될 어떤 기록도 없다. 그렇다고 성령이 아브라함과 다윗의 자손인 것은 당연히 아니다. 결국 예수님은 마리아에게서

    평신도가 질문하는 궁금한 성서 이야기

나셨으니 아브라함과 다윗의 자손이라고 얘기할 수 있을까?

혹자는 이렇게 얘기할 수도 있다. 바벨론 포로로 사로잡혀 간 유대인들은 모두 아브라함과 다윗의 계보를 이어받는 사람이라고 얘기할 수 있다. 이스라엘의 역사와 문화를 잘 모르기 때문에 위와 같이 얘기하더라도 충분히 그럴 수도 있다고 인정을 한다. 모든 유대인들이 아브라함과 다윗의 후손이라고 주장한다면 충분히 인정하겠지만 마태복음 1:1~16의 내용은 그렇게 얘기하기에는 너무 구체적이다. 예수님의 어머니 마리아의 남편 요셉까지 너무 구체적으로 나오기 때문이다. 예수님이 요셉으로부터 태어나지 않았으면 왜 그렇게 열심히 계보를 소개하였을까? 차라리 계보를 소개하지 않았다면 성령으로 잉태한 것은 신앙적인 문제이므로 믿고 말고는 개인적인 사항으로 성경의 권위에는 아무 문제가 없었을 것이다. 하지만 계보는 아브라함부터 다윗과 요셉까지 구체적으로 소개되어 있다.

또 어떤 이는 이렇게 얘기할 수도 있다. 요셉이 예수님을 낳지는 않았지만 18~25절의 내용으로 볼 때 정황상 요셉이 예수님을 자신의 아들로 인정했다는 것이다. 요셉이 예수님을 자신의 아들로 인정했으니 그렇게 계보를 소개하더라도 문제가 없다고 주장할 수 있다. 만일 요셉이 예수님을 낳지는 않았지만 아들로 인정한 것이기 때문에 계보에 문제가 없다고 주장한다면 차라리 계보를 소개하지 않는 것이 더 좋지 않았을까? 언급하지 않으면 전혀 문제가 없을 내용을 마태복음은 왜 굳이 했을까?

구약 성경에서 다윗의 아들이 그리스도로 나심을 예언했기 때문에 마태는 그것이 이루어진 것을 보여 주려고 그렇게 기록을 했을까?

'나 여호와가 말하노라 보라 때가 이르리니 내가 다윗에게 한 의로운 가지를 일으킬 것이라 그가 왕이 되어 지혜롭게 행사하며 세상에서 공평과 정의를 행할 것이며'(예 23:5)

11.2.

동정녀 마리아

마태복음 1장

24 요셉이 잠을 깨어 일어나서 주의 사자의 분부대로 행하여

그 아내를 데려왔으나

25 아들을 낳기까지 동침치 아니하더니 낳으매 이름을 예수

라 하니라

이 장의 제목을 보고 대부분의 독자는 눈치를 챘을 것이다. 다들 얘기하는 '예수님이 동정녀에게서 어떻게 태어날 수 있느냐? 이런 뻔한 내용을 얘기하겠지' 하고 생각하시는 분들이 대다수라고 생각된다. 나는 그런 뻔한 내용은 주제로 삼지 않는다. 그리고 성경에서 얘기하는 걸 정면으로 부정하지도 않는다. 종교라는 것은 그 종교의 경전에서 얘기하는 것을 반박한다는 것은 일반적으로 그 종교를 부정하는 것으로 간주하는 경향이 크다. 따라서 나 같은 일반인이 성경에도 기록되

어 있는 내용을 정면으로 반박한다는 것은 지식도 근거도 없는 내가
전개할 내용의 영역은 아니다. 따라서 이 장의 주제는 독자들이 예상
하는 동정녀의 잉태설과 같은 많은 사람들이 의문을 제기하는 그런 뻔
한 주제가 아니라는 것을 다시 강조하고 시작하도록 하겠다. 물론 심
각한 내용도 아니다.

　본문의 내용은 누가복음 1:26~38에도 비슷한 내용이 나온다. 차이
점은 누가복음에는 천사 가브리엘이 마리아에게 찾아가서 처녀가 아
이를 낳을 것이라고 전해 주는 내용이다. 하지만 마태복음은 주의 사
자가 마리아가 아닌 요셉에게 비밀을 알려 주었다는 것이다. 마태복음
1:25 내용에서 동침에 관한 내용이 나오는데 이것은 지극히 개인적인
문제이다. 누가복음의 처녀가 아이를 낳을 것이라는 것과 마태복음의
동거하기전에 성령으로 잉태한 것은 표현만 다르지 똑 같은 의미인 처
녀가 아이를 낳는다는 것이다. 두 개의 복음서를 별개의 스토리로 보
게 되면 누가복음은 천사 가브리엘이 마리아에게 그 사실을 알려 주었
고 마태복음에서는 주의 사자가 요셉에게 꿈에서 그 사실을 알려 주었
다. 두 개의 복음서를 같은 스토리의 관점에서 본다면 먼저 천사 가브
리엘이 마리아에게 가서 처녀가 아이를 낳을 것이라는 사실을 알려 주
었고, 그 이후에 마리아가 비로소 잉태가 된 후 요셉이 마리아를 의심
하는 시점에서 주의 사자가 요셉의 꿈에 나타나 성령으로 잉태했으니
그대로 너의 아들로 받아들이라고 얘기한다. 여기서 너의 아들로 받아

들이라고 해석하는 이유는 요셉으로 하여금 이름을 예수로 작명하게 끔 시켰기 때문에 그렇게 해석을 하였다.

위의 내용과 같이 요셉과 마리아는 아무런 문제 제기 없이 결혼을 하였고 아들 예수를 낳았다. 여기서 관련 사건을 문제없이 신랑과 신부가 받아들였으니 개인적인 차원에서는 전혀 문제가 없다. 그렇게 행복하게 잘 살게 된다면 무슨 문제가 있을까?

주제의 초점을 기록자인 마태와 누가의 관점에서 보기로 하자. 마태와 누가는 전혀 다른 사람이다. 기록을 위해 서로가 협의했을 것 같지는 않다. 각자가 자기들이 기록하지 않은 다른 기록을 보았거나 다른 사람에게서 들은 내용을 기록했을 수는 있다. 하지만 마태복음과 누가복음 중 늦게 기록한 저자가 나머지 하나의 복음서를 참조했다고 보기도 힘들 것 같다. 왜냐하면 처녀 잉태에 관련된 핵심 내용은 비슷하지만 스토리를 전개하는 방법이 완전히 다르다. 하나는 마리아를 통해 다른 하나는 요셉을 통해 내용을 전개하는 등 내용 구성이 너무나도 다르기 때문이다. 서로가 만나서 너는 신부인 마리아에 대한 기록만 하고 나는 신랑인 요셉에 대한 기록만 하겠다고 협의라도 한 것일까?

서로 다른 기록인 마태복음과 누가복음 중 마태복음의 내용에 대해 살펴보자. 요셉과 마리아는 서로 결혼하기로 약혼은 했지만 아직 동거 전인데 마리아가 잉태를 하게 된다. 그 사실을 알게 된 요셉이 조용히 파혼하려고 하였으나 주의 사자를 통해 설득된다. 그래서 요셉은 모든 사실을 받아들이고 결혼을 하고 예수를 본인의 아들로 받아들인다.

마태복음이 사건 전개 관점으로만 기술되어 있다면 누가복음은 예수의 탄생을 위대한 탄생 혹은 축복받은 탄생으로 내용을 전개하고 있다. 그런데 중요한 내용이 빠져 있다. 약혼하고 동거하지 않은 상황에서 잉태한 신부를 남편인 요셉이 어떻게 받아들이게 되었는지에 대한 기록이 없다. 오히려 마리아보다 요셉의 행위가 훨씬 중요해 보이지만 요셉이 어떻게 받아들이게 되었는지에 대해 어떤 내용도 없다. 단지, 눅 2:5에서 베들레헴에 약혼한 마리아와 함께 호적하러 갔지만 마리아가 이미 잉태하였다는 기록이 유일하다. 모두가 알고 있겠지만 거기 베들레헴에서 결국 아기 예수를 출산하게 된다. 만삭인 약혼녀와 함께 호적하러 갔으니 요셉도 그 사실을 받아들이기는 하였을 것이다. 어쨌든 관련 기록은 없다. 마태복음을 통해서 요셉의 행동을 추측해 볼 수 있는 정도이다. 하지만 구세주의 탄생에 대한 이 중요한 사건을 다루어야 하는 상황에서 신랑인 요셉의 얘기가 누가복음에서 빠졌다는 것은 누가의 큰 실수이다.

예수님이 태어난 시기는 2천 년 전이다. 당시 유대인의 문화와 시대 정황으로 볼 때 아무리 약혼을 했더라도 아기를 잉태한다는 것은 좋지 않은 시선으로 보였을 것이다. 더군다나 아이의 아버지가 약혼한 신랑이 아니라면 간음죄에 해당되며 당시의 간음죄는 개인의 문제로 끝나지 않는다. 당연히 간음한 여인은 돌에 맞아 죽더라도 본인이나 그 가족은 할 말이 없다. 아무리 성령으로 잉태되었다고 하지만 그 당시 성

 평신도가 질문하는 궁금한 성서 이야기

령이 누구인지 전혀 모르는 이웃들이 그들을 용서할 가능성은 전혀 없다. 따라서 요셉이나 마리아는 동거 전에 요셉이 아닌 성령으로 인해 마리아가 임신하게 되었다는 사실을 다른 사람에게 알린다는 것은 극히 위험한 일이다. 이러한 사실은 요셉과 마리아가 무덤까지 가져가야 할 비밀이다. 그런데 마태와 누가는 어떻게 알았을까?

성경의 내용을 보면 구약과 신약은 여러 가지 차이점이 있지만 그중 하나가 직접적인 하나님의 음성이 구약에는 있고 신약에는 없다는 것이다. 구약에는 하나님의 음성이 많은 곳에서 나타난다. 창세기 1장의 천지창조에서부터 아담과 하와 같은 많은 인간이 직접 하나님과 대화하기도 하고 하나님의 마음까지 표현되는 구절도 많이 있다. 신약에서는 예수님조차도 하나님께 기도했다는 내용은 보았지만 하나님과 대화했다는 구절은 찾지 못했다. **'하늘로서 소리가 있어 말씀하시되 이는 내 사랑하는 아들이요 내 기뻐하는 자라 하시니라'(마 3:17)** 신약에서 나타나는 하나님의 음성은 이 정도가 아닐까 생각된다. 말하고자 하는 바는, 모든 것을 잘 알고 계신 하나님이 마태나 누가에게 성경을 기록할 때 '사실 예수님은 요셉의 자식이 아니라 성령으로 잉태되어 나신 분이다'라고 기록하라고 저자에게 직접 얘기하시지는 않았을 것이다.

다시 주제로 넘어와 2천년전의 유대의 문화는 우리나라의 조선시대와 비슷했을 것으로 추측된다. 한 예가 남녀가 똑같이 불륜을 저질렀지만 그 죄는 여자만 받는다. 더더군다나 여자에게 돌로 쳐 죽일 때 같이 불륜을 한 남자가 가장 먼저 돌을 던진다는 것이다. 어떤 *태 같은 목사는 이렇게 말한다. 사랑하는 여인에게 돌을 던지게 한다는 것이 얼마나 큰 고통을 주는 것이냐고… 한국에는 상식을 초월한 목사들이 얼마나 많은지 모르겠다. 죄의 값은 남녀 구분 없이 똑같이 받아야 한다. 구약 어디를 보더라도 불륜을 저지른 남자는 돌에 맞지 않아도 된다는 율법을 본적이 없다.

마리아는 요셉의 입장에서 볼 때 분명히 불륜이다. 마리아가 정혼한 요셉의 아이가 아닌 다른 이의 아이를 가지고 있다고 요셉이 다른 누군가에게 얘기를 한다면 마리아는 살아남지 못했을 것이다. 그 다른 이가 아무리 성령이라고 할지라도 말이다. 어쨌든 요셉은 마리아를 받아들이기로 했고 동침하지는 않았지만 예수님을 아들로 삼아서 키웠다. 따라서 요셉은 이 비밀을 무덤 속까지 가지고 갔다고 추측된다. 마리아의 입장은 본인의 목숨과 명예가 걸린 문제이다. 요셉보다 더 철저히 비밀로 부쳤을 것이 분명하다. 예수님이 요셉이 아닌 성령으로 잉태되었다는 것은 성부와 성자와 성령 그리고 요셉과 마리아 외에는 아무도 모른다. 다시 말하지만 마태와 누가는 이 비밀을 어떻게 알았을까?

12

깊은 데로 가서
그물을 내려 고기를 잡으라

누가복음 5장

4 말씀을 마치시고 시몬에게 이르시되 깊은 데로 가서 그물을 내려 고기를 잡으라

5 시몬이 대답하여 가로되 선생이여 우리들이 밤이 맞도록 수고를 하였으되 얻은 것이 없지마는 말씀에 의지하여 내가 그물을 내리리이다 하고

6 그리한즉 고기를 에운 것이 심히 많아 그물이 찢어지는지라

본문의 내용은 예수님이 사역을 시작한지 얼마 되지 않은 시점이다. 예수께서 시몬(베드로)의 배에 오르시어 육지를 향해 무리를 가르치시더니 말씀을 마치시고 난 뒤 갑자기 시몬에게 깊은 데로 가서 그물을 내려 고기를 잡으라고 명하신다. 이에 시몬은 순종하는 마음으로 그렇게 하니 고기를 너무 많이 잡아 그물이 찢어질 정도였다. 이를 계

기로 시몬과 야고보, 요한까지 예수를 따르게 된다.

교회에서 누가복음 5:1~11(마 4:18-22; 막 1:16-20)을 본문으로 말씀을 전하는 사례는 많지는 않았지만 가끔 있었던 것으로 기억한다. 물론 말씀의 주제는 순종이다. 예수님이 말씀을 듣던 시몬에게 갑자기 깊은 데로 가서 그물을 내려 고기를 잡으라고 했는데 시몬은 밤이 새도록 수고하였지만 잡은 것이 없는 상태였다. 시몬은 고기잡이를 주업으로 하는 어부였고 예수님은 좋은 말씀을 전하는 낯선 사람이다. 낯선 사람이 고기잡이의 전문가인 본인에게 밤새도록 잡지 못한 것을 다시 또 하라고 시키니 이걸 들어야 할지 말지 고민이 될 듯하지만 시몬은 바로 '말씀에 의지하여 내가 그물을 내리리이다' 하고 답한다. 그리고 바로 실행에 옮긴다. 결과는 대성공이다.

시몬은 예수님의 말씀을 들은 후 판단하지 않고 말씀을 믿고 순종하여 좋은 결과를 얻게 된다. 이것이 한국 기독교인의 순종에 대한 성공 공식이다. 무조건적인 '순종'만이 구원을 위한 티켓일 뿐 아니라 들어와도 복을 받고 나가도 복을 받는 축복의 공식이다. 여기에 순종의 중요성을 더 강조하는 성경 구절이 **순종이 제사보다 낫고**(삼상 15:22)이다. 순종이 제사보다 낫다는 말은 교회에서 누군가에게 무언가를 시킬 때 빠지지 않는 부연설명이다. 거기에다 믿음의 조상 아브라함도 그의 아들 이삭을 모리아산에서 바치려는 순종을 더하면 순종의 중요성은 더욱 커진다.

순종이 이토록 중요하지만 누가복음 5장에서의 순종은 이상한 점이 있다. 시몬에게 나타난 예수님은 이제 막 사역을 시작한 분이고 그가 누구인지 제대로 아는 사람은 별로 없다는 것이다. 또한 말씀을 하셨다고 되어 있지만 그 말씀을 듣고 바로 순종하고 실행에 옮겼다는 것이다. 현 시대를 살아가는 우리는 그분이 예수님이라는 것을 알고 있다. 하지만 시몬이 말씀을 듣는 그 시대 그 순간에 낯선 분이 와서 말씀을 전하고 나서 배를 잘 빌렸으니 깊은 곳으로 나가서 그물을 내리라는 낯선 이의 말에 시몬은 말씀에 의지하겠다는 얘기가 쉽게 나올 수 있었을까?

시몬이 말씀을 듣는 순간을 현재의 한국 사회로 옮겨 본다면 더 재미있을 것 같다. 10년도 더 오랜 옛 이야기이긴 하지만 한국에는 본인이 예수라고 하는 자가 50명 정도 있다고 들었다. 가장 큰 규모는 아무래도 신**로 보인다. 그리고 내가 살고 있는 근처에 엄청 큰 교회를 지은 '하나*의 **'도 있다. 아주 오래전 얘기이다. 내가 대학을 다니고 있을 때 대학에서 꽤 큰 규모를 자랑하며 대학생 신자가 많았던 본인이 예수라고 하는 J**(정**) 교단이 있었다. 나도 대학 시절 J**의 30개론을 들어 보았다. 그때 그들의 교육이 얼마나 체계적이며 또한 가르치는 분이 열성을 다해 깔끔하게 내용을 잘 소화해서 피교육자에게 너무도 정성껏 가르친다는 것을 잘 알 수 있었다. 거기에다 한국의 기성 교회에서 너무 너무 순종에 대한 교육을 너무 너무 잘 받았던 한국의 신

 평신도가 질문하는 궁금한 성서 이야기

자들은 내가 재림 예수라고 교육을 시키면 정말 의심의 여지없이 순종하는 마음으로 잘 받아들이는 것 같다.

앞에서 조금 극단적인 예를 들긴 했지만 기성교회에서 순종의 의미를 목사가 얘기하는 것은 모두 순종해야 한다는 식으로 전하고 있다. 그렇지 않은 곳도 일부 있겠지만 대부분은 그렇다. 목사님이 시키는데 하지 않는다면 마치 예수님이 시키는데 하지 않는 것과 동일시 여긴다. 순종의 의미를 너무 강조하다 보니 합리적인 의심 혹은 망설임 등은 비신앙인 혹은 믿음이 없는 자 그리고 인본주의자로 낙인 찍힌다. 한국인의 기질은 대부분 남에게 지기 싫어하고 소속된 모임에서 낙오되기도 싫어한다. 그렇다 보니 교회 조직에서 강조되는 순종이 최선의 선택이 될 가능성이 높다. 교회의 분위기가 그렇다 보니 누군가가 합리적인 의심으로 어떤 일을 하는데 있어서 부정적인 의견을 낸다면 순종하지 않는 사람, 믿음이 없는 사람으로 내몰린다. 또한 개인적인 사정이 있어서 하지 못하는 경우에도 순종을 강요당하게 되고 결국 일을 제대로 하지 못해 사람들에게 좋지 않은 말을 듣게 된다. 심한 경우에는 그 일로 인해 교회를 떠나는 안타까운 사례도 종종 발견된다.

본문의 내용에서 시몬은 예수님의 제자답게 처음부터 낯선 예수님의 말씀에 무조건 순종하였을까? 시몬의 배위에서 말씀을 전하시던 예수님의 말씀에 감동해서 예수님이 시몬에게 깊은 데로 가서 그물을 내리라고 한다고 해서 순종하여 그리했을까? 결론은 예수님의 말씀에 하나의 의심도 없이 그렇게 순종하였다. 시몬은 왜 그렇게 조금의 의심도 없이 말씀에 의지하여 순종한다고 했을까? 말씀에 감동해서?

이 글을 읽는 독자들이 누가복음 5:1~11의 내용으로 자기 자신(혹은 타인)에게 질문해 보자. '시몬에게 예수님은 낯선 사람인데 말씀을 전하는 사람이 지시한다고 무조건 순종해야 하나요?'라고 질문한다면 어떤 대답이 나올지 궁금하다. 시몬이 예수님에게 지시를 받은 그 상황은 예수님이 그리스도인지도 모르는 상황인 것이다.

사실 여기서 이번 장의 글을 마쳐야 하지만 놀라운 분이 있어서 아래의 글로 계속 진행할 수 있었다. 나에겐 친하게 지내는 필리핀 친구가 있다. 나이는 나보다 한참 어리지만 꽤 똑똑해서 가르침을 많이 받는다. 물론 목사는 아니며, 카톨릭 인구가 대부분인 국가에서 이 친구는 개신교 신자이다. 이 친구는 성경의 내용을 거의 외우고 있고 자기 주장도 강하다. 나는 자기 주장이 강한 사람을 좋아하지 않지만 이 친구는 그럼에도 불구하고 매력이 있는 것 같다. 이 친구에게 누가복음 5장의 내용에 대해서 도저히 이해가 안 된다고 물으니 그는 태연히 누가복음 4장을 읽어 보라고 했다. 누가복음 4장을 읽고 나니 모든 것이 이해가 되었다. 나도 독자에게 누가복음 4장을 읽어 보라고 하고 싶지만 나와 같이 게으른 분들이 많을 것으로 예상해서 설명을 조금 덧붙였다.

아래의 누가복음 4:38~41은 시몬이 깊은 데로 가서 그물을 내리기 하루(혹은 며칠) 전의 내용이다.

'예수께서 일어나 회당에서 나가사 시몬의 집에 들어가시니 시몬의 장모가 중한 열병에 붙들린지라 사람이 저를 위하여 예수께 구하니 예수께서 가까이 서서 열병을 꾸짖으신대 병이 떠나고 여자가 곧 일어나 저희에게 수종드니라

해 질 적에 각색 병으로 앓는 자 있는 사람들이 다 병인을 데리고 나아오매 예수께서 일일이 그 위에 손을 얹으사 고치시니 여러 사람에게서 귀신들이 나가며 소리 질러 가로되 당신은 하나님의 아들이니이다 예수께서 꾸짖으사 저희의 말함을 허락지 아니하시니 이는 자기를 그리스도인 줄 앎이러라'(눅 4:38~41)

누가복음 4장의 내용처럼, 예수께서 시몬의 장모의 열병을 고치셨다. 뿐만 아니라 온갖 병자들을 고치시고 여러 사람에게서 귀신들을 내쫓기까지 하셨다. 이를 생생히 목격한 사람이 시몬이다. 시몬의 입장에서 장모의 병을 고쳐 주신 예수님이 얼마나 고마웠을까? 시몬은 그런 예수님을 집으로 모셨을 것이고 다음 날(혹은 며칠 후) 예수님이 말씀을 전하실 때 배를 빌려드렸던 것이다. 시몬은 당연히 예수님의 말씀에 귀를 기울였을 것이고 말씀이 끝난 후 예수님이 '깊은 데로 가서 그물을 내려 고기를 잡으라'는 말씀에 순종하지 않는다면 오히려 이상할 것이다. 많은 사람들이 예수님께 병을 고치러 왔는데 그 사람들이 예수님의 능력을 믿고 왔을 것이다. 당연히 예수님이 많은 병자를 고치셨다는 소문을 들었을 것이고 자기도 예수님께 가면 자기의 병을 고칠 수 있다는 간절한 바람과 강한 믿음을 가지고 오는 것이 오히려 당연하다. 예수님은 시몬이 순종할 수 있도록 미리 행동으로 보여주셨고 다른 모든 병자들이 믿음의 확신을 가지고 예수님에게 와서 그들의 믿음으로 병이 치료되는 기적을 맛보도록 하신 것이다.

교회에서는 순종을 강요할 것이 아니라 예수님처럼 순종할 수밖에 없는 믿음을 가질 수 있도록 많은 노력을 해야 한다. 또한 교회에서 뜬금없는 순종만을 가르칠 것이 아니라 합리적인 의심을 하는 사람들(특히 젊은이들)을 감사하는 마음으로 품고 그들의 말에 귀 기울이며 토론 혹은 의견 교환 후 필요하다면 겸허히 그들의 의견을 받아들일 필요가 있다. 많은 젊은이들이 교회에서의 성의 없는 태도로 실망을 하고 헤매다가 결국 신** 등으로 옮겨가는 것은 진리를 찾는 한국 교회의 젊은이들에게는 어떻게 보면 필연이라는 생각이 든다.

최근 대구에서 신** 수료식을 하는 것을 몇 초짜리 영상을 통해서 보았다. 엄청나게 많은 사람들이 수료식에 참여하고 있는 것을 볼 수 있었다. 그 청년들이 수료를 하기 위해 얼마나 많은 시간과 노력을 하였는지는 보지 않아도 잘 알 수 있다. 나도 대학시절 J**의 30개론을 들어보아서 잘 안다.

오래전 최진석 교수의 인문학 강의를 감명 깊게 들었다. EBS 아니면 SBS의 인문학 강의 방송이었다. 기억나는 내용과 개인적인 의견을 조금 더 덧붙여서 옮기면, '사상 혹은 종교 등으로 무장되지 않은 사람에게 어떤 사상 혹은 어떤 종교를 전하면 그 사람은 아무 거리낌 없이 받아들이게 된다. 하지만 그 이후에 들어오는 사상 혹은 종교는 현재 자신이 가지고 있는 그 사상과 종교로 판단하게 된다. 따라서 본인이 가지고 있는 것과 다른 새로운 사상과 종교를 추가로 받아들이거나 기존의 것을 버리고 새로운 것을 받아들이기는 매우 어렵다.'

어떤 사상이나 종교를 이미 가지고 있던 사람이 새로운 사상 혹은 다른 종교로 전향한 사람은 엄청난 고민과 고통을 감내하고 변화된 사람이다. 이렇게 한번 크게 변화된 사람이 또다시 새로운 사상 혹은 종교를 받아들이거나 아니면 원래의 사상 혹은 종교로 가는 것은 불가능에 가깝다. 그럼에도 불구하고 2번 변화된 사람은 2가지 중에 하나일 것이다. 자신이 첫 번째 변할 때 대충대충 변화되었든지 아니면 두 번째 변화할 때 견디기 힘든 내적 고통을 감내 후 변화되었던 것이다.

신**의 황당한 주장이 말이 안 되는 것처럼 보이겠지만 사실 기성 교회에서 실망하여 신**로 전향한 젊은이들은 큰 변화에 대한 고통을 감내한 이들이 대부분이다. 이들을 다시 기성교회로 되돌리기는 쉽지 않다. 물론 그런 되돌리려는 노력도 해야 하겠지만 처음부터 신**로 전향하기 전에 미리 차단하는 것이 더 쉽다. 기성 교회도 성도들에게 예수님의 말씀과 목사의 말씀을 애매하게 혼돈시켜서 예수님을 내세우는 척하면서 실제로는 '목사 말만 잘 들으면 구원받고 복받는다'와 같이 순종만 강요하여 예수님의 사랑을 전하는 것이 아니라, 그리고 자신의 목회 성공을 위해 순종을 이용할 것이 아니라 J**의 30개론과 같은 그리고 신**의 교육과 같은 체계적인 교육과 준비를 하여 성도들에게 바른 신앙을 가르치는데 전념해야 한다고 생각한다.

'목회의 성공이 결국 복음과 같은 것이 아니냐'라고 주장하는 쪼끔 모자라는 분들이 있는 것을 많이 봤다. 목회의 성공이 목표인 목회자인 분들이 대다수인 한국 교회의 목사는 그 자신이 재림 예수라고 우기는 이**와 정**과 뭐가 다를까? 이 정도만 되어도 그나마 복음을 생각하는 사람이고 대부분은 그냥 월급쟁이일 뿐… 한국 교회에서 목회자들에게 바울과 같이 자기가 벌어서 목회와 생활을 하는 자비량 목회를 하라고 하면 과연 몇 명이 남을까?

바울의 이론은 그토록 강조하면서 정작 바울의 생활을 본받지는 않는 목회자들의 자성을 구해 본다.

13

이신칭의(以信稱義)

마태복음 25장

45 내가 진실로 너희에게 이르노니 이 지극히 작은 자 하나에
게 하지 아니한 것이 곧 내게 하지 아니한 것이니라 하시리니

로마서 4장

2 만일 아브라함이 행위로써 의롭다 하심을 얻었으면 자랑할
것이 있으려니와 하나님 앞에서는 없느니라

에베소서 2장

8 너희가 그 은혜를 인하여 믿음으로 말미암아 구원을 얻었나
니 이것이 너희에게서 난 것이 아니요 하나님의 선물이라

야고보서 2장

26 영혼 없는 몸이 죽은 것 같이 행함이 없는 믿음은 죽은 것
이니라

     평신도가 질문하는 궁금한 성서 이야기

기독교에서 바울의 영향은 엄청나게 크다고 한다. 그의 자질을 볼 때 헬라어와 히브리어 그리고 라틴어도 능숙하게 구사할 뿐 아니라 당대 최고의 교육 도시에서 가장 좋은 교육을 받은 석학이었던 분이다. 그 자신도 사도행전 22장 3절에서 가말리엘의 문하생이라고 자신을 소개한 것을 볼 때 자신도 본인이 석학이라는 자부심으로 가득했던 것으로 보인다. 또한 성경 속에서 그의 서신들을 읽어 볼 때에도 그의 글 하나하나가 정말 대단하다고 느낄 수밖에 없는 문장과 내용으로 구성되어 있는 것을 깊이 느낄 수 있었다.

신약 성경 전체에서도 그의 서신들은 4복음서보다 훨씬 많은 비중을 차지하고 있다. 그의 서신에서 나오는 구절들은 일요일 설교에서 가장 많이 인용된다고 해도 과언이 아닐 것이다. 바울의 일대기를 보아도 파란만장하다. 그의 말처럼 복음을 전하다가 39대의 매를 다섯 번 맞았고 세 번 태장으로 맞고 돌로 한번 맞고 세 번 파선에 강도와 거짓 위험 등 온갖 어려움을 당함에도 굴복하지 않고 복음을 위해 애썼다. 결국 그런 인생을 살면서 복음을 위해 죽기까지 하였다.

이 모든 사실에도 불구하고 바울은 예수님에게 직접 가르침을 받지도 않았지만 얼굴조차 보지 못한 우리 신앙의 선조이다. 어떻게 보면 예수님을 직접 보지 못한 우리와 크게 다를 것도 없을 것으로 보인다. 신앙적인 차이점으로 볼 때 나와 다른 점은 다메섹으로 가는 도중 예수님의 음성을 들었다는 것이다. 여기서 우리라고 하지 않고 나라고 한 것은 현대에도 간혹 예수님의 음성을 들었다는 분들이 있어서 그렇게 표현했다. 물론 그분들의 진실성 여부는 따지지 않겠다. 바울도 본인이 그렇게 예수님의 음성을 들었다고 하니 믿는 것이고 그 분들도 그렇게 예수님의 음성을 들었다고 하니 믿을 수밖에 없다.

　바울은 예수님에게 직접 가르침을 받진 않았지만 베드로(게바, 시몬) 등을 통해서 예수님의 말씀과 행적에 대해 간접적으로 많이 들었음이 분명하다. 하지만 당대의 석학인 바울이 어부 출신이나 평범한 예수님의 제자의 말을 제대로 들었을까?

　사도행전 15장에서 바울은 바나바와 심히 다투었다고 되어 있는 것으로 봐서 인간관계에 있어서는 원만하지 않은 것으로 보인다. 신약 성경의 서신에서도 베드로와 의견이 일치하지 않았다고 하는 것으로 봐서 바울과 베드로 사이에는 은근한 경쟁관계가 아니었을까? 베드로는 예수님과 함께 했었고 예수님의 제자 중에서도 좀 더 특별했던 인물이었지만, 베드로도 바울과 같이 보통 성격은 아닌 것으로 추측된다.

　바울의 성격은 남에게 지기 싫어하는 인물로 보인다. 그 시대로 가서 바울의 입장을 본다면, 바울은 베드로에게 기가 죽을 수도 있는 상황이다. 자신이 베드로보다 우위에 서려면 베드로와는 다소 다른 선택을 해야 베드로와 예수님의 제자들과 구별되지 않았을까? 베드로와 예수님의 제자들이 초기에는 유대인에게 집중했을 때 바울은 이방인들에게 집중했던 것도 그런 이유가 아닐까? 이방인들을 대상으로 복음을 전하는 바울에게는 예수님을 전하고 믿게 하는 것도 쉽지 않은데

　　　　　　　평신도가 질문하는 궁금한 성서 이야기

믿어도 행위가 뒷받침되지 않으면 구원을 받을 수 없다고 한다면 바울의 입장에서 이방인들에게 복음을 전하는 것은 너무 어려운 일이 아니었을까?

바울은 에베소서 2:8~9에서 이러한 어려움에 대한 자신의 견해를 잘 얘기하고 있다. 믿음으로 구원을 받고 그 구원은 너희에게서 난 것이 아니라 하나님의 선물이다. 9절에서 그것은 행위로 난 것이 아님을 분명하게 이야기하고 있다.

예수님을 믿는 믿음을 가지고 거듭난다면 당연히 행위가 뒷받침될 테니 굳이 행위까지 강조하지 않더라도 좋은 행위는 자연히 이루어질 것으로 생각했는지도 모른다. 믿음으로 완전히 거듭난 사람이 된다면 당연히 선한 행동을 한다고 생각했을 것이다. 거듭난 사람이야 말로 구원을 받기 위한 조건적인 선행이 아니라 충심(忠心)에서 나오는 진정한 선행을 하게 된다고 생각할 수도 있다.

이 말에 전적으로 동의하지는 않는다. 이 말은 권력자나 부자에게 도피처를 제공할 수 있다. 기원 후의 유럽은 기독교를 기반으로 한 역사이다. 권력자에겐 무서울 것이 없었지만 파문은 그들에게 뼈 아팠다. 대표적인 예가 카노사의 굴욕(1077년)이다. 만일 바울이 없었다면 당연히 선행이 없는 믿음은 죽은 믿음으로 간주되고 권력자에게도 파문의 위험이 따른다. 하지만 바울은 본인의 의도는 모르겠지만 이들에게 면죄부를 주게 된 셈이다.

예수님의 말씀에는 선한 사마리아인 등을 통해 늘 행위를 동반한 믿음을 강조하셨다. 선한 행동을 해 본 분은 알 것이다. 작은 선한 행동이 더 큰 선한 행동을 부르고 그러한 선한 행위를 통해 본인도 결국 기쁨(혹은 행복)을 느꼈을 것이다.

마찬가지로 예수님의 행위를 따르는 선한 행동을 통해서 믿음도 쌓여 가는 것이다. 처음 예수님을 알게 되어 감격한 느낌으로 향후 생활에서도 그렇게 살아가려 하지만 많은 어려움이 있다. 만일 믿음만으로 구원받고 행동은 구원과 관계가 없다고 한다면 믿음이 커질 수 있는 큰 요인을 없애는 것이다. 믿음은 선한 행동 하나하나로 예수님을 닮아 가며 성장할 수 있는 것이다. 이러한 사람의 특성을 잘 아시는 예수님은 믿음만이 아닌 선한 행동을 유도하셨는지도 모른다.

오직 믿음에 의한 구원인지 행위를 동반한 믿음에 의한 구원인지에 대해 바울의 주장과 예수님의 가르침은 서로 상반된다. 억지로 모든 성경의 내용을 정당화하고 합리화하려는 사람들의 또 다른 주장을 보면 "믿음이 있는 사람들은 반드시 행동으로 나타나는 것이고 행동이 바르지 못한 사람은 믿음이 없는 것이다."라고 얘기한다. 물론 야고보서에 잘 나와 있는 내용이다. 하지만 그러한 내용은 바울이 아닌 예수님과 야고보 등 다른 이들의 주장이며 바울은 적어도 내가 알기로는 행위로 믿음을 구하지 못한다고 못을 박고 있다.

바울과 예수님의 결론이 같다고 주장하는 사람도 있겠지만 내가 보기에는 분명히 다르다. 예수님은 믿음과 행위 모두 갖추어야 구원을

    평신도가 질문하는 궁금한 성서 이야기

받는다고 하셨고 바울은 믿음만으로 구원을 받는다고 하였다. 상식적으로 볼 때 이런 차이점이 있다면 당연히 예수님의 말씀대로 믿음과 행위 모두를 갖추도록 지도하는 것이 상식인데 한국에서 가장 교세가 강한 장로교에서는 왜 바울의 주장을 지지하고 지도하는 것일까?

사실 예수님의 말씀은 너무 쉽다. 어려운 율법은 다 버리고 하나님을 사랑하고 이웃을 사랑하라는 것이다. 4 복음서를 보더라도 요한복음의 몇 장을 제외하고는 너무 알기 쉽고 단순하다. 말씀의 내용도 일률적이다. 병자든 죄인이든 포용하고 사랑하라는 것이다.

바울의 주장은 어떨까? 예수님의 제자들은 유대인들이 중요하게 생각하는 율법을 여전히 중요하게 생각하는 것으로 보인다. 바울이 할례의 의미 없음을 로마서 2장에서 소리 높여 얘기하는 것으로 보아 바울은 모세의 율법에 대해 많은 모순을 느꼈던 것으로 보인다. 그는 유대인의 율법을 기독교를 통해서 완전히 탈바꿈해서 변화시키려 했던 것이 아니었을까? 행위로 구원을 받는 것이 아니라 믿음으로 구원을 얻는다는 것도 그 중에 하나가 아닐까? 또 이렇게 볼 때 예수님은 율법을 폐기하러 온 것이 아니라 완성하러 왔다고 하신 것에 반해 바울은 예수님에 의해 완성된 율법을 자신이 생각하는 이상적인 내용의 새로운 율법으로 완성하려는 욕심이 있었던 건 아닐까 생각해 본다.

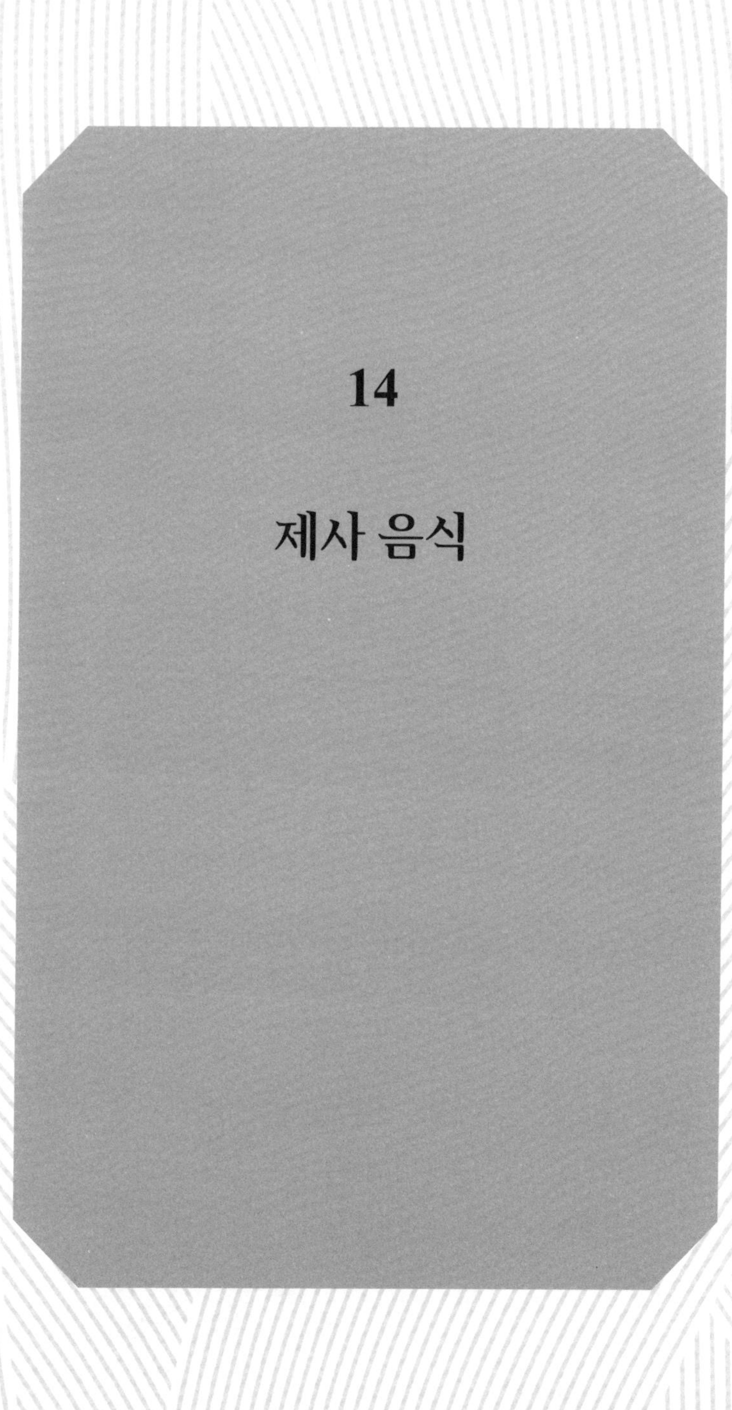

14

제사 음식

고린도전서 8장

8 식물은 우리를 하나님 앞에 세우지 못하나니 우리가 먹지 아니하여도 부족함이 없고 먹어도 풍족함이 없으리라

9 그런즉 너희 자유함이 약한 자들에게 거치는 것이 되지 않도록 조심하라

10 지식 있는 네가 우상의 집에 앉아 먹는 것을 누구든지 보면 그 약한 자들의 양심이 담력을 얻어 어찌 우상의 제물을 먹게 되지 않겠느냐

11 그러면 네 지식으로 그 약한 자가 멸망하나니 그는 그리스도께서 위하여 죽으신 형제라

12 이같이 너희가 형제에게 죄를 지어 그 약한 양심을 상하게 하는 것이 곧 그리스도에게 죄를 짓는 것이니라

13 그러므로 만일 식물이 내 형제로 실족케 하면 나는 영원히 고기를 먹지 아니하여 내 형제를 실족치 않게 하리라

바울은 얘기한다. 이 세상에 우상은 아무것도 아니다. 즉 하나님 외에는 의미가 없는 것들이다. 따라서 그 우상에게 무엇을 어떻게 한들 아무 소용없다는 것이다. 또한 모든 음식은 음식 그 자체이지 그 음식으로 무엇을 한들 음식이 다른 의미 있는 그 무엇으로 바뀌는 것이 아니다. 따라서 모든 음식은 고마운 마음으로 먹어도 된다. 하지만 만일 믿음이 있는 내가 우상 앞에 놓였던 제물을 먹을 때 믿음이 약한 이가 보고 같이 먹든지 혹은 비슷한 다른 일로 나로 하여금 그 약한 믿음의 형제의 양심을 상하게 하는 것은 죄를 짓는 것이다. 따라서 형제를 실족하게 하지 않으려면 너희 믿음대로 행하더라도 조심해야 한다.

위 내용은 바울의 의견이다. 그리고 나도 이 의견에 전적으로 동의한다. 그리고 한마디 더 덧붙이고 싶다. "만일 너의 행위로 인해 형제가 실족하게 되면 너도 같은 죄를 짓는 것이다." 이 말 또한 바울의 편지에 녹아 있었다고 볼 수 있다. 하지만 좀 더 확실하게 해 두고 싶어서 한마디 덧붙였다.

한국에는 죽은 조상에 대해 예를 갖추는 풍습이 있다. 이것을 우리는 제사(祭祀)라고 한다. 사전적인 의미로는 "천지신명을 비롯한 신령이나 죽은 이의 넋에게 제물(음식)을 바치어 정성을 표하는 행위"이다. 이 행위를 설이나 추석 같은 명절에 하면 우리는 그것을 차례라고 부른다. 물론 차례도 제사의 일종이다.

한국의 교회에서는 부모님이 돌아가시면 추도예배를 드린다. 좀 더

풀어 설명하면 "죽은 이의 넋을 기념하여 정성을 표하는 행위"를 한다. 제사와의 차이점은 행위로만 보았을 때 절을 하는 것과 하지 않는 것의 차이점이 있다. 물론 마음으로는 죽은 넋이 와서 음식을 먹고 가는 것을 준비하는 것과 천국에 계실 부모님을 기억하며 가족들끼리 음식을 나눠 먹는 차이점은 있다. 장례식에서도 죽은 이를 위해 절하지 않는다. 우상 숭배라고 생각하기 때문이다.

여기서 질문을 하고 싶다. 이 글을 읽는 여러분은 부모님이 돌아가시고 나면 그분이 하나님을 대치하는 우상으로 생각하는가? 아니면 이제는 돌아가셔서 영혼이 없는 육체만 남은 부모님이라고 생각하는가?

바울은 이 세상에 우상은 아무것도 아니라고 했다. 즉 하나님 외에는 아무 의미가 없다. 따라서 돌아가신 부모님께 절을 하든 하지 않든 무슨 상관이 있을까? 솔직히 얘기해 보자. 현대 사회에서의 우상은 돌아가신 부모님이 아니라 돈과 권력, 명예 등 이런 것들이 우상이 아닌가? 그런 물질적인 우상들은 지극히 섬기면서 돌아가신 부모님께 예의를 갖추는 것은 우상이라고 주장하는 분들은 마음속에 우상이 없는지 모르겠다.

최근 서울의 큰 교회의 담임 목사 후임으로 아들에게 세습한 일이 있었다. 큰 교회의 목사이고 교인들이니 그분들의 믿음도 많이 클 것이다. 따라서 바울이 제사 지낸 음식을 문제 삼지 않았듯이 이 분들도 세습에 대해 문제 삼지 않는 것 같다. 하지만 바울은 간곡히 부탁했다.

만일 믿음이 약한 이가 자신의 양심을 상하게 하여 죄를 짓는다면 형제를 실족하게 하는 죄를 짓는 것이다. 따라서 믿음이 부족하여 담임 목사의 월급도 제대로 지급하지 못하는 작은 교회의 목사와 교인들이 믿음이 넘쳐나는 큰 교회를 따라 담임 목사를 세습한다고 가정해 보자. 그 작은 교회의 목사와 교인들이 그들의 작은 믿음으로 인해 세습에 대해 죄책감을 가지게 된다면 이는 형제를 실족하게 하는 죄를 짓게 되는 것이다.

목회자 세습에 대한 많은 기사가 있었지만 나는 하나의 기사에만 주목을 했다. 세습을 찬성하는 그 교회의 성도들은 이것을 어떻게 생각하고 있을까? 여러가지 이유가 있었지만 대부분 동의하기 힘들었다. 동의하기 힘든 이유 중 하나를 예를 든다면, "세습으로 인해 너무 시끄러운 상태에 있다. 이런 소란스러운 상태를 마무리하려면 서둘러 세습을 마무리해서 일을 끝내야 한다."라는 것이다. 잘못된 일과 소란스러운 일 중 어느 것을 선택해야 하는지도 알지 못하는 안타까운 이유가 아닐까?

동의는 하지 않지만 논리가 그럴 듯한 또 다른 예를 소개한다. "담임 목사의 후임으로 여러 목회자 분들을 알아보았지만 가장 훌륭하신 분으로 최종 결정하는데 아들 목회자분만큼 적임자가 없었다"는 내용이다. 그 주장에 반박하고 싶지는 않다. 충분히 그럴 수 있다. 하지만 바울이 간곡히 부탁했듯이 본인들이 아무리 옳은 행위라고 하더라도 믿음이 약한 다른 이들이 그것으로 실족할 수 있다는 것을 생각했으면 좋겠다. 그리고 더 나아가 그렇게 훌륭하신 분을 다른 작은 교회의 교인들에게 사랑하는 마음으로 양보하는 것은 어땠을까?

만일 다른 사람의 믿음은 우리가 생각할 바가 아니라고 얘기한다면 그렇게 얘기하는 분은 더 이상 그리스도인이라고 인정할 수 없다. 그런 이들은 단지 교회와 목사라는 우상을 섬기는 또다른 종교 단체일 뿐이다.

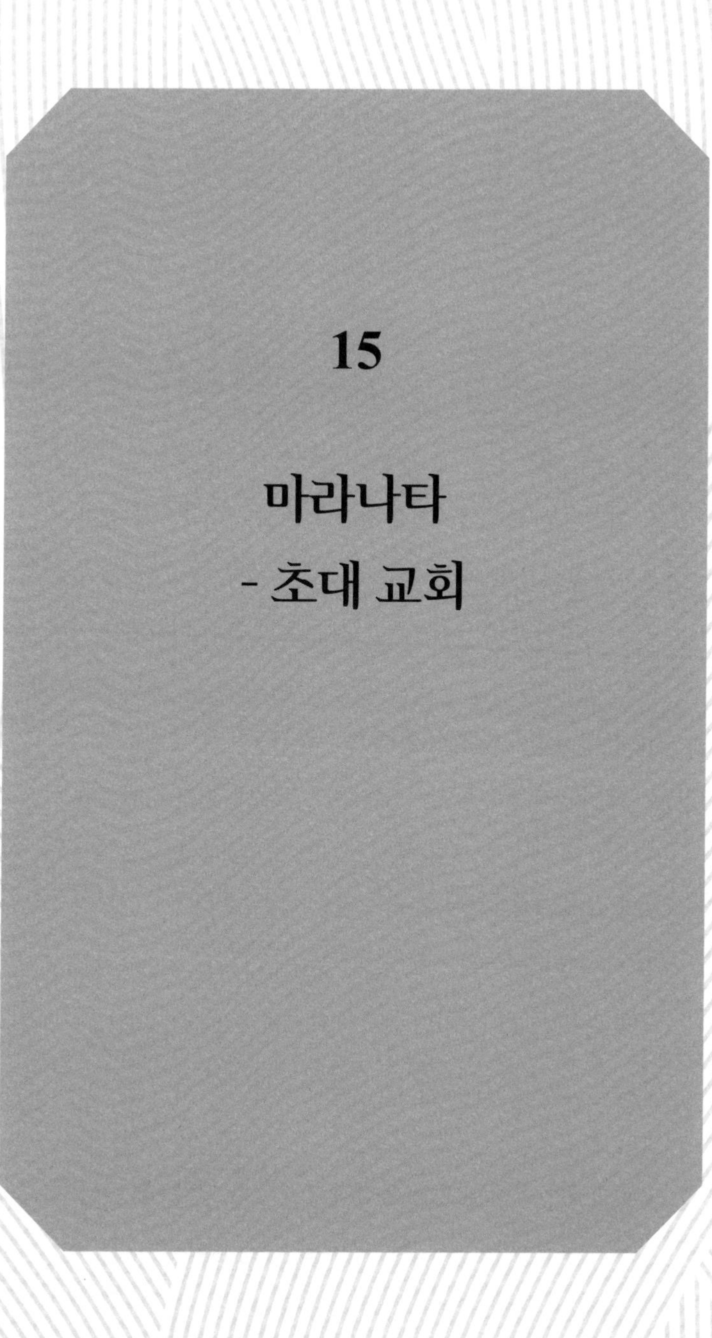

15

마라나타
- 초대 교회

사도행전 2장

42 저희가 사도의 가르침을 받아 서로 교제하며 떡을 떼며 기도하기를 전혀 힘쓰니라

43 사람마다 두려워하는데 사도들로 인하여 기사와 표적이 많이 나타나니

44 믿는 사람이 다 함께 있어 모든 물건을 서로 통용하고

45 또 재산과 소유를 팔아 각 사람의 필요를 따라 나눠 주고

46 날마다 마음을 같이 하여 성전에 모이기를 힘쓰고 집에서 떡을 떼며 기쁨과 순전한 마음으로 음식을 먹고

47 하나님을 찬미하며 또 온 백성에게 칭송을 받으니 주께서 구원 받는 사람을 날마다 더하게 하시니라

한국 교회에서 초대 교회를 본받자는 운동을 많이 했었고 지금도 그

 평신도가 질문하는 궁금한 성서 이야기

렇게 하고 있는 것으로 안다. 그렇다면 초대 교회의 무엇을 본받아야 한다는 것인가? 현대 한국 교회에서 보는 초대 교회의 특징을 2가지로 보는 것 같다. 모이기에 힘쓰고 기도하기에 힘쓴다는 것이다. 교회의 한 해 표어에서도 '모이고 기도하자' 등의 문구를 빈번히 사용했던 기억이 있다. 현대 한국 교회에서는 이 두 가지가 초대 교회의 특징이자 본받아야 할 행동으로 삼고 있다.

그러면 성경에서 소개된 초대 교회의 좀 더 구체적인 모습은 어떤 것일까? 사도행전 2장 말미와 4장 말미에서 초대 교회의 모습이 아주 짧게 소개되어 있다. 4장 말미의 내용은 5장의 아나니아와 삽비라 사건을 전개하기 위한 사전 설명으로 보이고 내용도 2장 말미의 내용 안에 포함된다고 할 수 있다. 따라서 2장 말미의 내용이 성경 전체의 초대 교회 특징을 대표한다고 할 수 있다. 성경에서 표현하는 2장 말미의 내용과 같이 초대 교회의 특징을 다음과 같이 여섯 가지로 나누어 보았다.

첫 번째 42절 '사도의 가르침을 받아', 두 번째 42절과 46절 '서로 교제하며 떡을 떼며', '집에서 떡을 떼며 기쁨과 순전한 마음으로 음식을 먹고', 세 번째 42절 '기도하기를 전혀 힘쓰니라' 네 번째 42~43절 '믿는 사람이 다 함께 있어 모든 물건을 서로 통용하고 또 재산과 소유를 팔아 각 사람의 필요를 따라 나눠주고', 다섯 번째 46절 '날마다 마음을 같이하여 성전에 모이기를 힘쓰고 하나님을 찬미하며', 여섯 번째 47

절 '온 백성에게 칭송을 받으니'이다. 47절 뒷부분은 성도의 행동이 아니라 행동에 대한 주님의 은총의 내용이므로 제외하였다. 여섯 번째의 내용은 행동이 아니라 사람들의 평가라고 할 수도 있지만 행동으로 규정한 이유가 있다. '온 백성'이라는 말은 성도가 아닌 일반인들을 칭한다. 따라서 초대 교회의 성도들은 일반인들에게도 칭송을 받을 만한 좋은 행동을 하였다는 것이다. 따라서 칭송받는 행위를 하였다고 이해할 수 있다.

사도의 가르침을 받는 것과 서로 교제하는 것, 기도하는 것, 성전에 모이기를 힘쓰고 하나님을 찬미하는 것은 현대의 한국 교회에서도 대부분 잘 하고 있는 것이다. 여섯 번째 온 백성에게 칭송을 받는 것은 한국 교회에서 시간이 갈수록 사라지는 부분이다. 80년대까지만 하더라도 교회 혹은 기독교인이라고 하면 좋은 사람들이라는 이미지가 강했다. 지금은? 더 이상 언급하고 싶지 않다. 그러면 현대 한국 교회와 초대 교회의 차별점은 네번째 '믿는 사람이 다 함께 있어 모든 물건을 서로 통용하고 또 재산과 소유를 팔아 각 사람의 필요를 따라 나눠 주고'만 남는다.

네 번째의 내용을 조금 더 자세히 알아보자. 믿는 사람들이 다 함께 있었다고 한다. 이는 공동체 생활을 하고 있었던 것이 아닐까 생각된다. 단순히 믿음의 공동체 생활이 아닌 평상시의 삶 자체의 공동체 생활이라고 판단할 수 있는 것이 모든 물건을 서로 통용하고 재산과 소

     평신도가 질문하는 궁금한 성서 이야기

유까지 팔아서 서로 나누었다고 한다. 4장 32절에는 이러한 상황을 조금 더 자세히 언급하고 있다. 자신이 사용하지 않는 물건을 나누는 것이 아니었다. 자신이 가진 모든 것을 나누었던 것 같다. 물론 아나니아와 삽비라처럼 사도를 속이는 경우도 있었던 것 같다. 하지만 대부분의 신자들은 자신의 모든 재산을 공동체에 기부하여 나누어 사용했던 것 같다.

그런데 공동체 생활을 하면서 가진 것을 필요에 따라 나누면 되는 것이지 왜 재산과 소유까지 팔았을까? 4장 34절을 보면 밭과 집까지도 팔았다고 한다. 공간적인 공동체 생활까지 했다고 가정한다면 흩어져 있는 개인 주택은 이제 필요가 없어서 판다고 할 수 있다. 하지만 밭을 판다고 하는 것은 생활의 수입마저 끊었다고 할 수 있다. 성경에 나오지는 않았지만 목축을 하는 이는 그들의 가축들도 팔았을 것이다. 그 외 생업을 위한 모든 재산을 팔지 않았을까? 무엇이 이들을 이렇게까지 극단적인 상황으로 가도록 했을까?

그들은 왜 자신의 모든 재산을 나누었을까? 단순하게 생각한다면 초대 교회의 교인들이 신앙이 좋아서 신앙 공동체를 형성했다고도 볼 수 있다. '네 이웃을 네 몸과 같이 사랑하라'는 예수님의 말씀을 몸소 실천하는 모습으로 볼 수도 있다. 자신의 것을 나누기도 했지만 구제하기에 힘쓰는 모습도 성경에서 소개되고 있기 때문이다. 그런데 아나니아와 삽비라의 경우 자신의 재산에 많은 애착을 보였던 사람들이다. 그런 그들조차 자신의 재산을 팔아서 일부이지만 기부를 하였다. 이러한 상황을 볼 때 그들이 자신의 모든 재산을 팔아도 괜찮은 상황이 발생한 것이 아닌가 생각된다. 그러한 상황은 무엇이었을까?

출처가 어디인지 모르겠다. 설교인지 혹은 읽은 책인지. 초대 교회 성도들은 인사를 할 때 마라나타라고 인사를 했다고 한다. 마라나타의 뜻은 알고 있었지만 AI의 설명이 더 좋아 AI의 설명을 소개한다.

[AI(Gemini) 설명]

마라나타(Maranatha)는 아람어(Aramaic)로 "우리 주여, 오소서!" 또는 "주 예수여, 임하소서!"라는 뜻으로, 예수 그리스도의 재림을 간절히 기다리는 기독교의 표현입니다. 신약성경에 등장하며, 초대 교회 성도들이 예수님의 재림을 소망하며 인사말로 사용했던 말입니다. (중간 생략) 성경적 배경으로 고린도전서 16장 22절(우리 주여, 오소서)과 요한계시록 22장 20절(아멘, 주 예수여 오시옵소서)이다. [AI 설명 끝]

초대 교회 성도들은 로마의 박해 속에서 어려움을 겪고 있었다. 그리고 그들은 행 1:11의 말씀처럼 '본 그대로 오시리라'는 말씀을 곧 오실 것으로 생각하지 않았을까? 이제 곧 예수님이 다시 오셔서 그들을 박해하고 있는 로마를 쓸어 버리고 그들의 세상을 만들어 주실 것이다. 따라서 곧 재림할 예수님을 기다리는 소망이 그들의 삶과 희망이 되었고 그래서 그런 공동체 생활을 하도록 하지 않았을까?

 평신도가 질문하는 궁금한 성서 이야기

공동체 생활은 처음 몇 년은 문제없이 좋았을 것이다. 예수님의 재림에 대한 소망이 있었기 때문이다. 그런데 그들의 생애동안 재림은 없었다. 세월이 흘러 기부 받은 재산이 점차 줄어들게 되어 그것이 공동체 생활을 지탱하지 못하는 상황이 되었다면 그 공동체는 어떻게 되었을까? 더 이상 투자자가 없으면 부도나는 피라미드 투자 사기의 한 형태인 폰지 사기(ponzi scheme)가 되기 쉬운 구조이다. 지도자는 가능한 모든 경우를 가정하고 준비해야 한다. 아무리 좋은 의도라고 하더라도 비참한 결과로 이어지는 경우는 많다. 성경에서 결과를 알려주지 않아서 알 수는 없지만 미루어 짐작이 가능하리라 생각한다.

현재의 삶의 고통이 크면 잘못된 환상에 빠지기 쉽고 잘못된 유혹에 빠지기 쉽다. 2천년전의 유혹이 현대 한국 교회에서도 여러 사이비 종교단체들을 통해서 재현되고 있다는 것이 안타까울 따름이다.

16

아무도 모르는
삼위일체의 비밀

　나는 모태신앙이다. 어렸을 때부터 이야기 형태로 만들어진 성경을 열심히 읽었었고 이후 지속적으로 성경을 열심히 읽었다. 그러면서 하나님과 예수님 그리고 성령님에 대해 그 분들은 이러할 것이라는 상상을 했었다.

　내가 고등학교 때의 일이었다. 새로 오신 전도사님이 질문을 하셨다. O/X 퀴즈이다. 하나님과 예수님은 같은 분이다. 맞으면 O 틀리면 X라고 말하라고 했다. 물론 그 질문은 내가 아닌 교회 출석한지 얼마 안 된 친구에게 했다. 그때 나는 마음속으로 '말도 안 되는 질문이다. 어떻게 하나님과 예수님이 같을 수 있는가? 예수님은 하나님의 유일하신 아들인데 말이야.'라고 생각하면서 X가 답이라고 생각하고 있었다. 질문을 받은 친구가 X라고 답하자 나는 그 친구가 잘 대답했다고 생각했다. 하지만 전도사님은 '땡'이라고 하면서 정답은 O라고 하셨다. 순간 나의 머릿속은 많은 혼란이 생겼다.

　　　　　　　　　　평신도가 질문하는 궁금한 성서 이야기

이어지는 전도사님의 설명으로 조금은 이해가 되었지만 그 순간은 너무 당황스러웠다. 전도사님은 물과 얼음과 수증기가 하나의 같은 물질로 되어 있지만 온도에 따라 다르게 인간들에게 보이는 것이라고 설명하면서 삼위일체를 설명하셨다. 그때는 그 설명이 아주 적절한 설명이라고 생각되었다. 그리고 그 이후 삼위일체가 완전히 이해되지는 않았지만 이해하는 척하면서 교회에 계속 출석하였다. 하지만 나중에 알게 된 사실이지만, 이 물에 대한 비유는 삼위일체를 왜곡하는 아주 잘못된 설명이라는 것을 알게 되었다. 결국 그 전도사님도 삼위일체를 모르기는 마찬가지였다.

이 글 전체에서 결론이 있는 글은 거의 없지만, 이 장에서는 결론을 먼저 얘기해 보고자 한다. 삼위일체의 이해 여부를 떠나 이제 삼위일체는 기독교의 중심 사상이며 2천 년에 가까운 역사를 통해 믿어 온 기독교의 중심 신앙이다. 지금 그것이 모순이며 바뀌어야 한다고 주장하는 사람이 있다면 마음속으로는 말리고 싶다. 왜냐하면 진리를 떠나서 삼위일체를 부정하는 것은 기독교 2천 년 역사를 부정하게 되는 것이다. 진리에 목마른 분들이 진리를 찾아야 한다고 주장할 수도 있겠지만 무엇보다도 그런 행동이 무슨 의미가 있느냐는 것이다. 어차피 삼위일체는 아무도 모른다. 많은 목사님 전도사님들이 나에게 삼위일체를 설명했지만 나는 아주 잘 알고 있다. 그 분들이 본인들도 이해 못한 것을 설명하고 있다는 것을… 완벽히 아는 사람의 설명과 애매하게 아는 사람의 설명은 확실히 차이가 있다. 삼위일체를 주장하는 사람도 부정하는 사람도 삼위일체를 모르기는 마찬가지다. 따라서 그런 걸로 논쟁할 시간에 예수님의 말씀대로 서로 이해하며 사랑하는 것에 집중하는 것이 훨씬 더 유익하리라 생각한다.

그래도 궁금하니 삼위일체의 본질에 대한 것보다는 삼위일체가 언제 어떻게 기독교의 중심 신앙으로 자리매김했는지 역사적인 관점에서 살펴보기로 하자. 삼위일체에 대해 자칫 잘못 얘기하면 이단으로 몰린다. 그렇다고 여기서 삼위일체가 잘못되었다고 얘기하려는 건 더더욱 아니다. 전개 내용이 삼위일체에 대해 다소 비판적일 수도 있다. 그건 전개하는 방법이 역사적인 관점이라 그런 것이라고 이해해 주길 바란다. 또 여기서 '삼위일체의 형성 과정은 하나님의 역사' 운운하시는 분이 있다면 여기서 당장 읽기를 그만두기를 권고한다. 이 글은 신앙을 쌓기 위한 용도가 아님을 강조한다.

삼위일체는 기독교인이면 개신교, 천주교 가릴 것 없이 이슬람, 유대교만 아니면 대부분 중요한 교리로 여겨진다. 천주교 신자들을 보면 삼위일체께 비는 기도문인 성호경을 십자가를 의미하는 몸짓과 함께 기쁘거나 슬프거나, 밥 먹기 전후로, 중요하거나 중요하지 않은 일이 있더라도, 길을 가면서도 수시로 그리며 기도한다. 천주교보다는 삼위일체를 덜 표현하는 개신교도 그 중요성은 천주교 못지않게 중요하다. 만일 교회 내에서 삼위일체를 부정하는 주장을 한다면 당장 이단으로

　　　　　　　　　　　　평신도가 질문하는 궁금한 성서 이야기

낙인 찍힌다. 그렇게 중요한 삼위일체이지만 어릴 때부터 교회에서 삼위일체에 대해 제대로 된 교육은 아니더라도 매주마다 하는 설교 시간에서도 삼위일체를 제대로 설명하는 것을 보지(듣지) 못했다. 설교 시간에 설명이 있었다 하더라도 다른 주제를 위한 보충 설명 정도로 매우 빈약했다. 당연히 그럴 수밖에…

대학 시절 교회의 전도사님께 질문을 했다. 삼위일체에 대해 도저히 이해 못하겠으니 설명을 부탁한다고 말씀드렸다. 전도사님은 당연히 이론적으로 너무나 당연한 설명인 "성부(聖父), 성자(聖子), 성령(聖靈)은 삼위(3 Persons, 세 위격, 세 신격, 세 분, 三位)로 존재하지만, 본질(essence)은 한 분이다"라고 설명하셨다. 하지만 이 설명으로 누가 삼위일체를 이해할 수 있을까? 보충해서 이해하기 쉽도록 물-얼음-수증기의 비유로 설명해 주셨다. 본질이 같지만 다른 형태로 보인다는 것이다. 고등학교 때 들은 그 예를 다른 전도사님이 똑같이 그렇게 설명해 주셨다. 하지만 그 비유는 잘못되었다고 한다. 삼위는 동시에 존재해야 하는데 물-얼음-수증기는 동시에 존재할 수 없기 때문에 잘못된 비유라는 것이다

최근 들은 비유이다. 한 사람이 아버지도 아들도 남편도 될 수 있으면서 한 사람(남자)이라는 것이다. 매우 그럴듯했다. 한 분으로 존재하지만 동시에 세 분이니 그럴듯하다고 생각했다. 하지만 이 비유도 잘못된 비유라고 한다. 왜냐하면 삼위일체는 세 분이어야 하는데 아버

지/아들/남편은 결국 한 분이기 때문에 잘못이라는 것이다.

보다 근원적으로 살펴보자. '**세 분이 각기 다르지만 하나의 본질이 어야 한다. 본질은 하나이지만 셋이어야 하고 셋으로 구분은 하지만 하나이어야 한다.**' 말 장난하는 것 같지만 이게 삼위일체의 제대로 된 설명이다. 조금 다르게 표현하면 '**완전한 하나이면서 셋이고, 완전한 셋이면서 하나다**'이다. 이 개념을 어기면 잘못된 신학이라고 한다. 예전에 여러 가지 비유들을 들었지만 그 모든 비유들은 삼위일체의 교리에 위배된다. 이러한 삼위일체의 교리에 위배되는 것을 주장하다가 이단이 된 사례가 역사적으로 많았다. 내가 보기에는 어거스틴이 주장한 비유 내용이나 이단이 된 자들의 비유 내용에 차이점이 없어 보이는데 한쪽은 성인의 반열에 올랐고 다른 쪽은 이단으로 파문되었다.

어거스틴이 기독교에서 얼마나 중요한 위치에 있는지에 대해 살펴보자. 예수님은 구약의 세계를 벗어나 신약의 세계를 연 지금의 기독교를 만드신 분이다. 바울은 그 기독교를 그의 서신들을 통해 교리적으로 체계화시킨 분이다. 아타나시우스는 신약의 정경화 작업을 거쳐 현재의 신약 성경의 틀을 잡았던 즉 카톨릭(천주교, 개신교의 뿌리이기도 하다)을 만드는데 큰 공헌을 한 분이다. 어거스틴은 바울과 비교될 수 있다. 그는 기독교를 신학의 영역으로 승화시킨 분이라고 생각된다.

개신교도 아타나시우스가 정립한 현재의 신약 정경을 그대로 인정하며 어거스틴의 교리를 그대로 이어받고 있다. 결국 천주교와 개신교 모두 동일한 입장이라고 생각할 수 있다. 어쨌든 정경으로 채택된 신약을 기준으로 다시 교리를 정립한 분이 어거스틴이며 그중 핵심 교리 중 하나인 삼위일체에 대해서도 어거스틴은 체계적으로 잘 설명하였다고 하며 삼위일체 교리를 따르는 많은 신학자들은 그의 교리를 대부분 수용한다고 보면 되겠다.

인터넷에서 어거스틴의 삼위일체론에 대해 잘 정리된 내용을 소개한다.

"내가 무언가를 사랑한다면 세 가지의 것, 즉, 나 자신, 내가 사랑하는 대상, 그리고 사랑이 있다. 그러나 어떤 사람이 자신을 사랑하면 두 가지의 것, 즉 사랑과 사랑받는 자가 있다. 따라서 당연히 사랑이 있는 곳에 세 가지의 것들이 있다는 결과가 되지는 않는다. 마음은 자기 자체를 알지 못하면 사랑 자체를 할 수 없다. 마음이 자신을 사랑할 때는 마음과 사랑이 있다. 그것이 자신을 안다면, 셋은 하나의 단일체이다. 그리고 그들이 완전하다면 그들은 동등하다. 삼위일체, 즉 마음과 사랑, 지식이 지속한다. 그들은 혼동되지 않으나, 그들 자신들 안에서 각각, 대체로 상호간에 존재한다. 따라서 마음 속에는 일종의 삼위일체에 대한 이미지가 있는데, 마음의 원천인 그것의 지식과 그것에 대한 그것의 말과 사랑은 셋을 이루고, 이 셋은 단일체이며, 하나의 본질이다. - 어거스틴 -"[4]

　참 어렵다. 그리고 위의 짧은 글을 통해서 그의 학식이 얼마나 깊은 지 가늠이 된다. 삼위일체가 무엇인지에 대해 유튜브를 검색했는데 어떤 신학교 교수님이 어거스틴의 설명이라고 하며 삼위일체를 소개했는데 어거스틴이 설명한 '사랑하는 대상이 나 자신이라고 하더라도 사랑과 사랑하는 사람, 사랑하는 대상이 하나의 본질'이라고 설명했다. 내가 이해하기로는 어거스틴의 설명은 그게 아닌데… 내가 어거스틴의 설명을 잘못 이해했나? 어거스틴의 삼위일체는 마음-사랑-지식을 비유로 든 것이 아닌가? 어거스틴의 주장을 이해했다거나 온전히 받아들인다는 것은 아니다. 단지 아직도 내가 그것을 이해할 수 없으며, 나 같은 인간이 그의 주장에 대해 이야기한다는 것 자체가 번데기 앞에서 주름잡는 느낌이 든다. 그렇다고 어거스틴의 삼위일체론을 읽어볼 생각도 없다. 그건 신학자의 몫이다. 하지만 '삼위일체는 믿음의 영역이지 연구의 영역이 아니다'라는 이상한 말은 하지 말자.

　삼위일체를 주장하는 자료들에는 구약 성경에도 삼위일체에 대한 설명들이 있다고 하지만 그 내용들은 삼위일체에 대한 근거라기보다는 오히려 삼위일체와 관계가 있을 것 같은 내용을 끼워 맞추었다고 보는 게 낮지 않을까 하는 생각이 든다. 너무 황당한 주장이라 예를 들

---

4)　어거스틴의 삼위일체론-손재호 목사, 형람서원(크리스찬타임스), 2022.05.29 10:03 https://cafe.daum.net/homoousion/RGVt/318, 접속일: 2026. 02. 19.

　　　　　　　평신도가 질문하는 궁금한 성서 이야기

고 설명을 생략한다.

'하나님이 가라사대 우리의 형상을 따라 우리의 모양대로 우리가 사람을 만들고'(창 1:26)

'여호와 하나님이 가라사대 보라 이 사람이 선악을 아는 일에 우리 중 하나 같이 되었으니 그가 그 손을 들어 생명나무 실과도 따먹고 영생할까 하노라 하시고'(창 3:22)

어쨌든 나의 지식과 상식으로는 이해가 되지 않으며, 무엇보다도 신학적인 지식과 그에 대해 알고자 하는 노력이 많지 않았던 내가 그런 내용들이 '교리와 맞다 아니다'라고 판단할 자격은 없다. 그렇다고 여기서 끝을 내고 싶진 않다. 가장 하고 싶은 내용이 남아있기 때문이다. 신학적인 관점이 아닌 역사적인 관점에서 삼위일체에 대해서 이야기하고 싶다. 내가 아무리 책을 찾아보고 인터넷을 뒤져보아도 삼위일체라는 교리가 본격적으로 등장하게 된 시기는 니케아 공의회(325년)라고 생각된다.

예수님이 돌아가시고 베드로와 제자들 그리고 바울과 같은 분들을 통해 복음은 로마 제국 전반에 널리 퍼지게 되었다. 하지만 네로 황제를 포함해서 로마는 정치적인 목적을 이루기 위해 기독교를 희생시키는 경우가 많았다. 그래서 초기 기독교는 지하로 숨을 수밖에 없었다. 그 시대에 살았던 기독교인들은 예수님을 어떻게 받아들였을까? 지금도 기독교인들이 삼위일체에 대해 무지한데 그 당시 기독교인들이 '삼위일체이시고 성부와 본질적으로 같으시니…' 같은 설명에 귀를 기울였을까? 로마에 의해 탄압받았던 기독교인은 유대인과 마찬가지로 메시아를 기다리고 있었다. 유대인과의 차이점은 유대인은 처음 오실 메시아를 기다리지만 기독교인은 다시 오실 메시아를 기다린다. 또한 그 당시에는 예수님에 관한 내용이 구전되거나 문서화되었다 하더라도 체계적이지 못했다. 사람들은 예수님이 오셔서 현재의 암울한 상황이 빨리 해결되기를 빌었을 것이다.

역사적으로 콘스탄티누스 황제가 집권하던 시기는 예전 로마의 황금기를 지난 지 오래되었다. 본인도 그러했지만 힘 있는 장군들이 무력으로 황제가 되던 시기였다. 더더구나 콘스탄티누스 본인이 황제라고 선언하고 경쟁에 뛰어 들었을 당시에는 본인처럼 3명의 군인 황제들이 더 있었다. 이를 무력으로 이긴 콘스탄티누스다. 그는 힘으로 황제가 되긴 했지만 본인에게 부족한 황제의 권위가 필요했을 것으로 생각된다. 그 권위를 종교에서 찾으려고 한 것이 아닐까? 종교에서 정치적인 권위를 찾는 예는 역사적으로 볼 때 너무 많기 때문에 논리의 비약이라고 생각하지 않는다.

콘스탄티누스 황제는 집권하고 기독교를 공인(313년, 밀라노 칙령)했다. 이때부터 기독교는 박해를 받는 대상이 아닌 권력으로부터 보호를 받게 되었다. 나아가서 기독교의 지도자급인 주교가 된다는 것은

 평신도가 질문하는 궁금한 성서 이야기

많은 권력을 얻게 된다는 것과 동일하다. 그리고 325년에 공인된 기독교의 체계를 갖추기 위해 그 유명한 니케아 공의회를 소집하게 된다. 여기서 황제의 환심을 산다면 그 주교는 종교계의 권력을 쥐게 된다.

돈과 권력은 가질수록 끝이 없는 법이다. 공의회에서 황제가 원하는 황제의 권위를 가장 멋지게 안겨 주는 자가 공의회에서 승리할 수밖에 없다. 물론 이렇게 말하는 이도 있을 것이다. 황제는 공의회에 참석하지 않았다. 표면적으로는 맞는 말이다. 하지만 황제가 기독교를 공인한 의도를 공의회에 참석한 주교들은 잘 알고 있다. 그래서 그들의 관심은 황제의 의도에 쏠리지 않았을까? 어떻든 공의회에서 승자가 되기 위해서는 황제의 의도를 살피는 것도 중요하지만 신학적인 명분도 중요하다.

니케아 공의회가 시작된 시점에 기독교는 아직 하나님과 예수님의 관계가 정립되지 않았다. 왜냐하면 '두 분은 동일한 분이다(가톨릭 - 아타나시우스 파)'와 '두 분은 동일하지 않다(아리우스 파)'는 세력으로 나뉘어 있었기 때문이다. 어느 쪽이 우세하였는지는 그 시대를 살지 않았다면 모를 일이다. 역사는 승리자의 기록이기 때문이다. 하지만 역사적인 기록으로 볼 때 초기에는 아리우스 파를 지지하는 주교가 숫자적으로 압도적이라는 기록이 있다. 왜냐하면 카톨릭 파에서 니케아에 초대된 주교의 구성이 편파적이었다는 기록이 있기 때문이다.

카톨릭을 대표하는 아타나시우스와 아리우스의 대결은 종교계에서 전 로마의 관심사가 되었다. 1차 니케아 공의회에서는 아직 삼위일체가 아닌 '하나님과 예수님은 같은 분인가?' 논점이었던 것 같다. 삼위일체까지 확대되기까지는 조금 더 시간이 필요했던 것으로 보인다. 삼위일체에 대한 기록은 얼마든지 찾을 수 있다. 하지만 아리우스 파의 주장을 찾기는 쉽지 않았다. 내용적으로는 삼위일체에 비해서는 이해하기가 무척 쉬웠다. 오해의 소지가 있을 것 같아 아리우스주의에 대해서는 소개를 생략한다.

어떻든 공의회는 시작되었고 주교들은 황제의 눈치를 살피면서 누가 황제의 뜻을 받았는지가 초미의 관심사가 되었을 것이다. 예수님이 곧 하나님이라고 주장하는 가톨릭 파의 수장은 알렉산드리아의 주교를 대신한 당시 부주교였던 젊은 아타나시우스이다. 그는 주교는 아니었지만 알 수 없는 이유로 주교를 대신하여 참석하게 되었다. 그리고 아리우스 파의 수장은 아리우스다. 두 달 동안의 논쟁이 어떻게 전개되었는지는 모른다. 다만 결과는 아타나시우스의 승리였다. 그는 니케아 공의회에서 가톨릭을 승리로 이끌었지만 이 논쟁을 여기서 완전히 끝내지는 못했다. 아직 너무 많은 사람들이 아리우스를 존경하고 따랐기 때문이다. 사실 기독교를 정치적으로 이용하려 했던 황제의 입장에서 굳이 다른 쪽을 자신의 적으로 만들 필요도 없었다. 그래서 그는 여전히 아리우스를 우대했다.

하지만 아타나시우스는 젊음을 무기로 많은 박해와 5번의 추방에도 결국에는 가톨릭을 완전한 승리로 이끌었다. 이 후 아리우스 파는 이

 평신도가 질문하는 궁금한 성서 이야기

단이자 핍박의 대상이 된다. 또한 아타나시우스는 오늘날의 신약성경 27권 체제를 만들었고 어떻게 보면 가톨릭을 세운 사람이라 할 수도 있겠다. 아타나시우스의 공로로 볼 때 가톨릭에서 그를 성인으로 추대했던 것은 당연하다. 하지만 역사적으로 볼 때 그의 승리로 말미암아 카톨릭은 박해를 받던 입장에서 박해하는 쪽으로 바뀌게 되었고 끝없는 전쟁과 분쟁의 씨앗이 되었다.

만일 이 글을 읽는 분들이 니케아 공의회가 있기 전의 초대 교회의 신자라고 가정해 보자. 삼위일체에 대한 용어를 접하기전까지의 성경(하나님과 예수님 그리고 성령님)에 대한 지식이 과연 삼위일체를 주장하는 그런 내용이었을까? 그리고 니케아 공의회 후 삼위일체가 진리라고 교회의 지도자들이 가르친다면 이를 처음 접하는 신도들은 삼위일체를 어떻게 받아들였을까? 마찬가지로 니케아 공의회가 있기 전까지 기독교인들은 하나님과 예수님에 대해 같은 분이라고 생각했던 사람들이 과연 얼마나 있었을까? 니케아 공의회를 통해서 기독교 지도자들이 그렇다고 하니까 나처럼 쉽게 삼위일체가 진리이며 그 진리를 이해하지 못하는 내(그 당시 사람들)가 잘못이라고 생각했을 가능성이 크다고 생각된다.

도그마라는 단어를 종교에서 사용할 때는 '증명을 요하지 않는 교리'라고 한다. 기독교에서 도그마의 범위는 하나님의 존재 및 4 복음서에서 선포된 예수님의 말씀 정도로 생각된다. 사적인 견해로는 삼위일체를 도그마의 범위로 포함시킬 수는 없다고 생각한다. 어떤 것을 명쾌하게 설명할 수 없다면 그것은 진리가 아니거나 설명하는 사람이 잘 모르거나 둘 중의 하나이다.

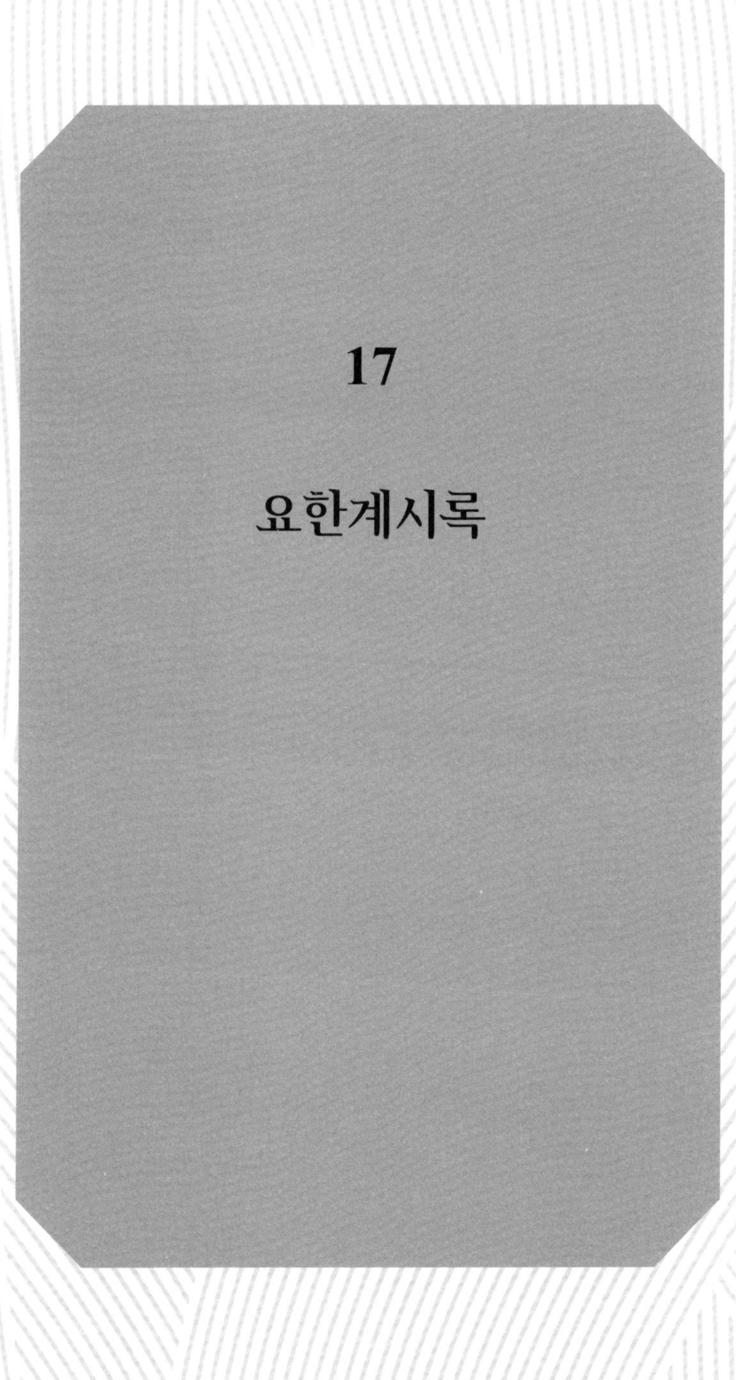

17

요한계시록

요한계시록 7장

4 내가 인 맞은 자의 수를 들으니 이스라엘 자손의 각 지파 중
에서 인 맞은 자들이 십 사만 사천이니

나는 요한계시록(이하 계시록)을 아무리 읽어 보아도 세부 내용을
도대체 이해하지 못하겠다. 마치 중세를 배경으로 한 천사와 사탄의
대결과 같은 공상 영화를 보는 느낌이다. 대개 이런 영화의 결말도 그
렇지만 계시록도 결말은 예수님의 재림으로 인해 천사의 승리로 끝난
다. 그리고 승리 때까지 고난을 이겨 낸 사람들에게는 영광이 주어진
다. 영화처럼 구성이 잘 짜여 있지는 않다. 내용이 전개되다가 갑자기
생뚱맞은 얘기를 하는 경우도 있다. 하지만 전체적인 흐름은 대체로
기승전결(起承轉結)과 같이 일반적인 스토리 전개를 잘 따르고 있는
느낌이다.

  평신도가 질문하는 궁금한 성서 이야기

계시록은 작성 시기로도 성경의 구성으로도 정경 중 가장 마지막에 해당한다. 내용적으로는 예수님의 제자 중 홀로 살아남은 요한이 밧모섬에서 본 환상이 주요 내용이다. 환상이기 때문에 공상과학 영화에서 나 볼 듯한 장면들이 많다. 요한은 이러한 환상을 누군가에게 얘기한 것 같다. 계시록을 요한이 기록했다고 배웠지만 1장 1~3절의 내용으로 볼 때 요한이 증언한 환상의 내용을 누군가가 듣고 기록한 것으로 보인다. 요한이 기록했든 다른 이가 기록했든 기록 의도는 분명해 보인다. 고난의 시기를 극복하면 영광의 때가 분명히 온다. 반드시 속히…

계시록을 가장 많이 인용하고 이용하는 단체는 한국 교회에서 흔히들 말하는 이단이라고 말하는 단체라고 생각된다. 이들의 주요 주장은 대개 성경을 잘 해석하는 사람이 재림 예수라는 논리로 주장한다. 그 중에서도 기성 교회에서 힘들어하는 계시록을 그들의 교주가 명쾌하게 해석한 것을 그 논리의 근거로 삼는다. 예수님도 2천 년 전에 구약을 재해석하고 신약의 시대를 연 것처럼 이들도 계시록을 재해석하고 새로운 천년 왕국의 시대를 연다는 것이다. 이렇게 주장하는 단체들은 수단과 방법은 조금씩 다를지 몰라도 전체적인 맥락은 비슷하다고 할 수 있다. 성경을 명쾌하게 해석하는 것도 본인의 능력이 아니라 하나님의 계시를 받았다고 주장하니 황당하기는 하지만 반론하고 싶지는 않다. 확인할 방법이 없기 때문이다.

왜 이들이 계시록에 이토록 목을 메는 이유는 무엇일까? 현대인들이 도저히 이해할 수 없는 내용으로 구성되어 있기 때문이다. 아무도 모르고 또한 환상이라고 하니 나름의 논리로 끼워 맞추면 어떤 논리로도 잘 맞아떨어진다. 논리에 대한 근거는 당연히 없으며 하나님의 도움을 받는 교주가 그렇게 해석했다는 것이다. 이렇게 설명하면 이들의 주장이 한낱 형편없는 논리를 가지고 사람들을 현혹시킨다고 이해하겠지만 정**(J**)의 30개론을 들어 본 나이다. 물론 교육만 받고 가입 및 활동은 하지 않았다. 이들의 주장은 매우 정교하고 치밀하다. 조금만 마음을 열면 그럴 수도 있겠다는 느낌도 든다. 사전 지식 없이 그들의 방식대로 공부하면 대부분 빠져들 위험이 매우 높다.

'이단과 보통 교회'의 구분법에 대한 믿지 않는 회사 동료의 설명을 옮긴다. '일상 생활이 어려울 정도로 빠지면 이단이고, 일상생활에 불편을 주는 정도로 빠지면 보통 교회'라는 것이다. 그럴듯한 재미있는 설명이다. 나의 생각은 이렇다. '자신의 이익을 위해 성경의 해석을 시도하면 이단이고, 성경의 원래의 의미 혹은 기록자(혹은 저자)의 의도가 무엇인지 파악하려는 의도를 가지면 올바른 해석'이라고 생각한다. 어떤 이는 하나님의 뜻이 올바른 해석이라고 얘기하지 않느냐고 물을 수 있다. 나는 하나님의 뜻에 대해 많은 거부감이 있다. 교회에서 목사의 개인적인 의견이 마치 하나님의 뜻인 양 우기는 것을 너무 많이 보아 왔기 때문이다. 이단에서도 자신의 이익이 아니라 성경의 원래의 의미가 그렇다고 주장한다면 할 말은 없다. 그 의도를 확인할 수 없으니…

먼저 계시록의 기록 의도가 무엇인지 보기로 하자. 4복음서에는 많은 비유의 말씀이 있으며, 계시록도 대부분 비유라고 표현해도 될 정도의 많은 환상의 내용으로 이루어져 있다. 그런데 계시록과 4복음서의 메시지는 너무 다르다. 4복음서에서 서로 사랑하라는 부드러운 메시지와는 달리 계시록은 다소 공포스러운 분위기를 자아낸다. 왜 이렇게 다른 분위기일까?

4복음서 시대의 유대는 로마 제국의 속주국 시기이긴 하지만, 정치와 군대에 대항하지 않으면 종교와 경제 등에 대해 최대한의 자유를 허용했던 시기였다. 무리한 속주세와 세리의 폭리 그리고 헤롯과 같은 분봉왕의 착취가 있었지만 그래도 유대인들이 중요하게 생각하는 종교의 자유는 있었고 전쟁과 같은 극단적인 상황은 없었던 시기였다.

한편 계시록을 기록한 시기는 90년 전후라고 한다. 유대와 로마 간의 1차 전쟁이 66~73년에 걸쳐 발생하였고, 유대는 마사다 요새에서 마지막까지 결사 항전했지만 유대는 로마에 대패하게 된다. 이로 인해 예루살렘 성전은 무너졌고 유대인들은 뿔뿔이 흩어지게 된다. 유대인들은 로마 제국에서 반란의 민족이라는 딱지가 붙게 되었다. 기독교인들 중 유대인이 많았던 시기이다. 요한 본인도 유대인이다. 유대인 입장에서는 절망의 시기이다. 하나님의 선민으로 유일하게 남았던 민족 유대가 로마 제국에 의해 속절없이 무너지고 사라질 위기가 되었다. 선민인 유대의 이러한 상황을 보고 이방 기독교인들은 이를 어떻게 생각했을까?

그런데 유대가 아닌 기독교인들에겐 더욱 끔찍하고도 절망스러운 역사적 사건이 하나 더 있다. 64년에 발생한 로마 대화재이다. 단 6~9일간 발생한 화재이다. 그런데 그 피해가 로마 시내 절반 이상에 영향을 끼칠 정도로 너무 컸다. 민심은 걷잡을 수 없는 상태로 휘몰아가고 있었고 심지어 네로 황제가 정치적인 목적으로 방화했다는 소문까지 돌게 되었다. 네로에게는 그러한 민심을 돌릴 정치적인 희생 제물이 필요하게 되었다. 그 희생 제물은 우리 모두가 잘 아는 당시 신흥 종교인 기독교였다. 억울한 상황이었지만 기독교인들은 박해의 대상이 되었다. 그리고 기독교는 로마 제국 내에서 요주의 관찰 대상이 되었다. 어렵게 세운 소아시아의 일곱 교회도 매우 위험한 상황이다.

요한의 몸이 자유롭고 건강이 허락할 땐 직접 교회를 방문하고 위로와 희망의 메시지를 전했을 것이다. 1장 9절의 말처럼 결국 요한은 예수를 증언하였음으로 말미암아 밧모섬에서 움직일 수가 없게 되었다. 교회의 상황은 갈수록 어려워지고 있었고 모든 교회는 유일하게 생존한 제자인 요한을 바라보고 있지 않았을까? 밧모섬에 유배되어 이동의 제한이 있긴 했지만, 그것이 아니어도 연로(年老)한 요한은 교회를 찾아다니며 여행하기엔 한계가 있었다. 그런 요한이 할 수 있는 것은 무엇이었을까?

이제 그는 일곱교회에 위로와 희망의 메시지를 편지로 보낸다. 이것이 현재 요한이 할 수 있는 최선이었다. 어쩌면 직접 방문하는 것보다

 평신도가 질문하는 궁금한 성서 이야기

더 좋은 효과를 거둘지도 모른다. 요한이 밧모섬에서 어떻게 지내고 있었는지는 모르겠다. 아마 감시를 받고 있지 않았을까 추측된다. 편지를 쓰더라도 내용을 자유롭게 기록할 수 없는 상황이다. 로마에 대해 비판은 고사하고 아예 로마와는 아무 관련이 없도록 기록해야 아시아의 일곱 교회에 자신의 메시지를 온전히 전달할 수 있다.

요한이 본 환상이 진짜 환상인지 아니면 요한이 비유로 말하려는 내용인지는 모른다. 만일 진짜 환상을 보고 그것을 기억해서 계시록을 기록했다면 요한은 정말 천재이다. 천재가 아니라면 환상의 내용에 대해 전체적인 맥락은 유지하고 세부적인 것은 어느 정도 지어내었을 가능성도 있다. 이러한 추측 근거는 환상의 내용이 너무 방대하다는 것이다. 몇 번을 읽어 보아도 앞의 내용들은 자꾸 잊어버린다. 아무리 재미있고 감동적인 영화를 보아도 끝나고 나면 세부적인 내용은 기억하기 힘들다. 누군가가 하나님의 도우심을 받아 기록한 것이기 때문에 그런 문제는 없었을 것이라고 주장한다면 할 말은 없다. 그런데 만일 요한이 환상의 내용을 비유로 사용했다면 요한의 의도를 이해하기 쉬울 것 같다. 비유라는 것은 어느 특정 집단이 공통적으로 이해할 수 있는 언어이며, 그 집단이 아니면 이해하기 힘든 경우가 많다.

그렇다면 진짜 환상이든 비유이든 요한이 교회에게 전하고자 하는 메시지는 무엇이었을까? 요약하면 앞에서도 얘기했듯이 위로와 희망의 메시지를 전하고 싶었을 것이다. 위로와 희망의 메시지를 조금 더 구체적으로 얘기하면 '로마의 박해가 있지만 참고 견디면 좋은 때가 올 것이다'가 아닐까? 요한은 로마의 박해라는 말을 단도직입적으로 할 수 없다. 하지만 로마를 사탄이라고 한다면 당시 기독교인들은 당연히 그렇게 알아들었을 것이다. 기독교인들은 로마 제국에서 말할 수 없는 끔찍한 고통과 박해를 받았다. 그러한 끔찍한 상황을 요한은 계시록에서 공포스럽게 표현하지 않았을까? 아니 그냥 공포가 아닌 극한의 공포이다. 따라서 표현의 내용도 그럴 수밖에 없다. 희망의 메시지는 결국 예수님이 오셔서 해결해야 한다. 초대 교회의 성도들도 그러했지만 요한과 아시아의 교회도 예수님이 곧 재림해서 자신들을 구원해 줄 것이라고 믿지 않았을까? 계시록에서 '속히'라는 말이 자주 언급되고 있는 이유이다. 참고 견디는 이들이 21:1에서와 같이 새 하늘과 새 땅에서 최후의 승자가 된다는 애기로 격려하며 위로와 희망의 메시지를 전달했던 것이 아닐까?

요한은 일곱 교회와 교인들에게 현재의 어려운 상황을 비유를 통해 표현하였고 이러한 어려움을 극복해야 최후의 영광을 받게 될 것임을 환상과 비유로 강조한 것이었다. 만일 요한이 현재의 암울한 상황을 맞고 있는 일곱 교회 성도들에게 2천 년 뒤 알지도 못하는 한국에서 태어날 재림 예수의 오심에 대해 편지를 보냈다고 가정해 보자. 요한의 입장에서도 그런 편지를 보낼 이유가 없겠지만 편지를 받은 일곱 교회 성도들은 얼마나 황당했을까? 위로와 희망의 메시지가 와도 현재의 어려움을 이겨 내기 힘든 상황이다. 그런데 그나마 의지하고 있었던 마지막 제자인 요한으로부터 도대체 알 수 없는 내용의 편지를 받았다

 평신도가 질문하는 궁금한 성서 이야기

면? 요한도 일곱 교회 성도들도 당장 눈앞에 펼쳐진 암울한 상황을 이겨 내는 것이 가장 급선무가 아니었을까? 2천 년 뒤에 오실 재림 예수에 대한 소망을 가질 정도의 여유가 그들에게 있었을까?

다시 얘기하지만 요한은 현재의 암울한 상황에서 고통받는 기독교인들에게 위로와 희망의 메시지를 전한 것이다. 2천 년 뒤를 얘기하는 것은 아니다. 현대를 살아가는 우리 입장에서는 2천 년 전의 상황을 거울 삼아 계시록의 내용을 다시 볼 수는 있겠다. 하지만 이 글의 목적은 당시의 어려운 상황을 극복하기 위한 것이지 2천 년 뒤 그것도 알지도 못하는 한국이라는 나라에서 본인이 재림 예수라고 하는 사람들을 위한 글이 아님은 분명하다. 계시록의 내용이 환상이든 비유이든 당시 로마 제국에서 살았던 기독교인들은 이해할 수 있는 내용으로 기록했을 가능성이 크다. 그리고 그 내용을 이해할 수 있었던 당시 기독교인들은 요한의 편지로 위로 받고 희망을 품었을 것이다.

아타나시우스는 신약의 정경화에 기여했던 카톨릭에서 공인된 성인이다. 요한과는 시기상 많은 차이가 있었지만 그도 로마 제국에서 기독교인으로 살았던 사람이다. 만일 그가 계시록의 내용을 이해하지 못했다면 과연 계시록을 정경에 포함시켰을까? 본인도 이해하지 못하는 내용을 믿음의 기준으로 삼는다는 것은 이해하기 어렵다. 따라서 로마 시대를 살고 있었던 그도 요한의 환상과 비유를 이해하고 있었지 않았을까?

계시록은 인류의 마지막 때에 벌어지는 얘기라는 주장이 많다. 그럴지도 모른다. 누가 알겠는가? 마지막 때에 대한 이야기는 4복음서에서도 나온다. 더 정확히는 '**예수께서 이르시되 네가 이 큰 건물들을 보느냐 돌 하나도 돌 위에 남지 않고 다 무너뜨려지리라 하시니라**'(막 13:2) 하시자 제자들이 어느 때에 이런 일이 일어나며 징조가 무엇인지를 묻는다. 마지막때가 아니다. 예루살렘 성전 건물이 무너지는 때를 말한다. 요한이 계시록을 기록한 때를 기준으로 보면, 예루살렘 성전은 유대-로마 1차전쟁 후 완전히 무너졌다. 막 13:8의 전쟁과 지진과 기근은 인류사에서 늘 있는 일이다. 유대-로마 전쟁은 최근에 그 일을 겪었으며, '**너희는 스스로 조심하라 사람들이 너희를 공회에 넘겨주겠고 너희를 회당에서 매질하겠으며 나를 인하여 너희가 관장들과 임금들 앞에 서리니 이는 저희에게 증거되려 함이라**'(막 13:9)의 내용은 일곱 교회 성도들에게는 현재 진행형인 일이다.

4복음서의 내용 중 마 24장, 막 13장, 눅 21장 이 세 장은 내용이 거의 같다고 할 정도로 비슷하다. 이것과 계시록의 내용을 비교해 보면 내용이 같지는 않지만 전체적인 맥락은 너무 비슷하다. 요한이 4복음서의 이 내용을 들어 계시록에서 좀 더 자세하게 표현하여 위로와 희망의 메시지로 삼지는 않았을까?

계시록에는 속히 온다는 얘기가 3장에 1번, 22장에 3번 나온다. 요한과 일곱 교회 성도들에게 속히 온다는 의미가 2천년 후를 얘기하고 있지는 않다는 것이 이러한 이유이다. 그들에게는 예수님이 속히 재림

     평신도가 질문하는 궁금한 성서 이야기

해서 이런 극한 공포의 세상을 끝내 주실 줄 믿지 않았을까?

역사적인 상황이나 상식적인 관점에서 그리고 요한이 처한 상황에서 그가 2천 년 뒤의 얘기를 지금(2천 년 전의 지금) 해야 할 이유가 없다. '천 년 동안 그리스도로 더불어 왕노릇하리라'(계 20:6)는 천년 왕국 이야기가 나온다. 이를 문자 그대로 받아들인다면 계시록의 천년의 시작은 예수님의 부활 이후 천년인 서기 1천 년까지이다. 어떤 단체에서 예수님의 시대는 2천 년이고 재림주의 시대가 지금 왔으므로 다시 천년이 시작된다는 논리는 이해하기 어렵다. 누군가가 이를 부인하고 2천 년 뒤에 오실 재림 예수와 함께 겪을 일을 기록한 것이라고 주장한다면 반론하고 싶지 않다. 왜냐하면 그런 주장을 하는 사람을 위해 나는 이 글을 쓰고 있지 않다. 이 글의 대상은 그런 주장을 하는 단체에게 현혹될지도 모를 사람들을 위한 것이다.

그런 단체에 빠지는 사람은 대부분 성경과 신앙에 대한 열정을 가진 사람이다. 기성 교회에서 잘 준비해서 가르친다면 얼마든지 교육받을 준비가 되어 있는 사람이다. 그런 열정을 가진 사람이 기성 교회에서는 왜 이런 말도 안 되는 내용에 대해 문제가 많다는 교육을 받지 못했을까? 정**의 30개론을 모두 교육받는 일도 쉽지 않지만 신**의 6~9개월간의 학습도 만만치 않다. 만일 기성 교회가 이런 성도들에게 관련 교육을 했다면 그 사람은 그런 단체에 현혹되지 않았을 것이다. 내가 30개론을 들을 때 대부분 1대1 교육이었다. 듣는 사람이 1명이라도 교육을 해야 한다. 그런 열정을 가지고 행하는 목회자만이 나는 진정한 목회자라고 인정하고 싶다.

인터넷에서는 이단에 대한 교리의 문제점에 대해 잘 설명된 사이트가 많이 있다. 가장 좋은 방법은 젊은 성도들에게 그런 단체의 교리를 직접 설명하고 가르치는 것이 가장 좋은 방법이라고 생각된다. 그것도 하기 싫으면 이 글의 내용을 소개해 주는 것도 방법이라 생각한다.

기성 교회에 대한 아쉬운 점이다. 아니 기성 교회에 바라는 점이다. 신**, 정** 같은 단체에서도 청년을 위한 교리 입문용으로 체계적으로 잘 만들어진 교육 교재와 교육 프로그램이 있다. 그리고 청년들을 가르칠 강사들을 양성하는 데 많은 노력을 하고 있다. 기성 교회에서는 이와 유사한 청년을 위한 교육 자료가 있는지 모르겠다. 교육 체계보다 더 중요한 것이 목회자의 열정이다. 교단 차원의 교재가 없으면 목회자가 인터넷 등의 자료를 이용해 교재로 삼고 청년들을 가르쳐야 한다.

교회에 출석하는 청년의 숫자는 갈수록 줄어들고 있는 실정이다. 청년들은 목회자 입장에서는 소수이고 중역자도 아니며 언제 교회를 떠날지 모르는 성도이다. 그들에게 투자해 봐야 목회자로서는 당장 얻을 것이 없다. 지극히 인간적인 생각이다. 목회자는 땅끝까지 복음을 전하기로 다짐했던 사람이다. 그런데 내가 경험한 담임 목사 중 청년들에게 노력하는 분을 보지 못했다. 청년들이 바로 서지 못하면 나라도 교회도 미래는 없다. 교회에서 중요한 역할을 맡고 있지 않고 그리고

 평신도가 질문하는 궁금한 성서 이야기

인원이 적다는 이유로 청년을 소외하는 교회는 옳지 않다고 본다. 청년들에게 열정적인 교단과 목회자를 기다리며, 그런 목회자에게 힘을 실어 주는 교회를 바란다.

계시록의 내용에 대해서는 언급하지 않으려 했지만 궁금해서 질문해 본다. 7장과 14장에 나오는 14만 4천 명은 누구를 언급하는 것일까? 내 생각으로는 요한이 파악한 당시의 기독교인들의 숫자가 아닐까 생각해 본다. 그런데 신** 등의 단체 멤버들이 의미도 없는 이런 숫자에 포함되려고 얼마나 많은 노력을 하는지 모른다. 이들 교주들이 뭔가 특별해지고 싶어하는 사람의 특성을 잘 분석한 결과로 보인다. 비판하려는 의도는 아니지만, 한국 교회에서도 장로와 권사라는 제도를 만들지 않았는가? 비슷한 사례로 보인다. 욕심을 부리는 순간 인생은 힘들어진다.

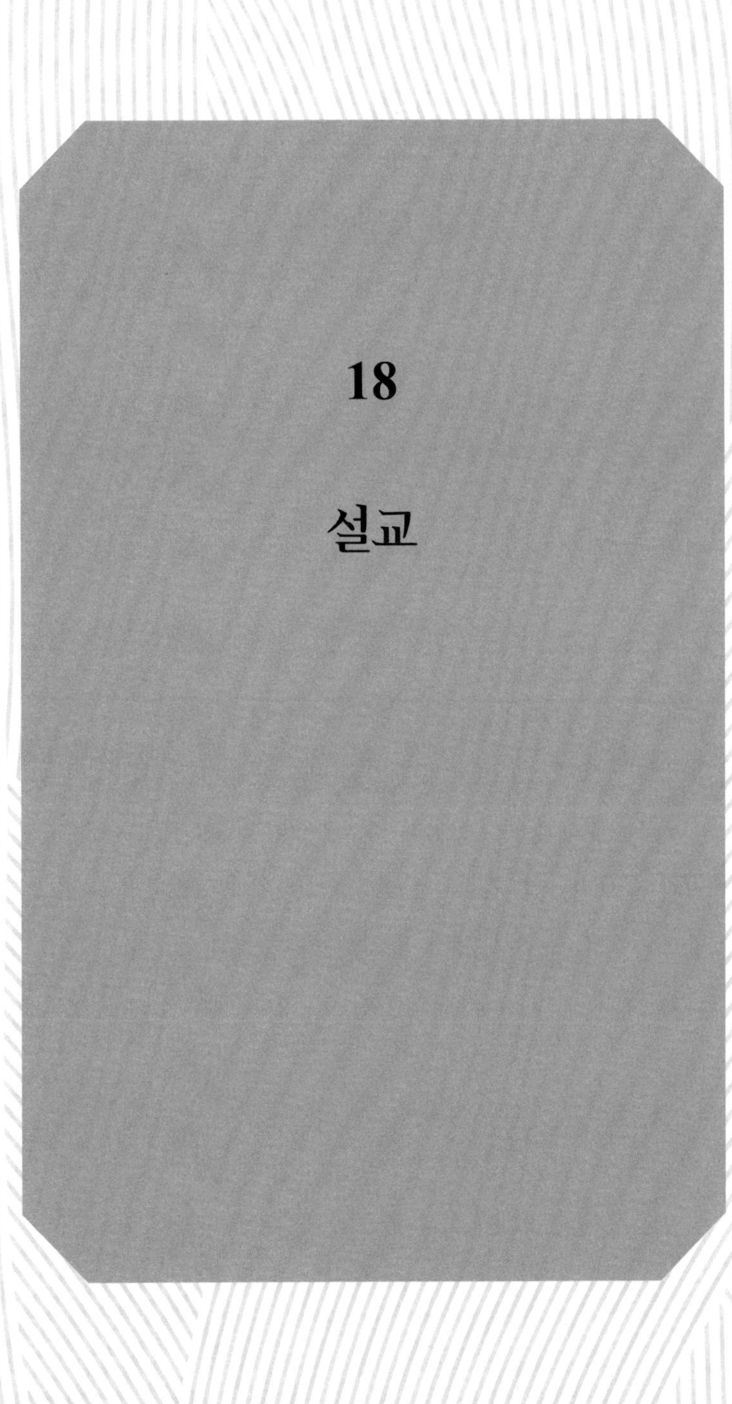

18

설교

<h1 style="text-align:center">18.1.</h1>

<h1 style="text-align:center">성철 스님의 유언</h1>

인터넷 등을 통해 접하는 개신교회의 설교에는 천주교와 불교에 대한 비판의 내용이 많다. 그중 성철 스님의 유언에 관한 설교에 대해 내 의견을 소개한다.

[성철 스님의 유언이라고 설교 시간에 소개한 내용]

'내 죄는 산보다 높고 바다보다 깊은데 내 어찌 감당하랴. 내가 80년 동안 포교한 것은 헛것이로다. 우리는 구원이 없다. 죄 값을 해결할 자가 없기 때문이다. 딸 필히와 54년을 단절하고 살았는데 죽을 임종시에 찾게 되었다. '필히야! 내가 잘못했다. 내 인생을 잘못 선택했다. 나는 지옥에 간다…'

참고로 위 내용은 '성철 스님의 유언'이라고 인터넷에서 검색하면 얼마든지 찾을 수 있다. 이 내용뿐만 아니라 성철 스님이 생전에 얘기했던 여러 가지 다른 것들과 그 외 불교에 대해 비방하는 기독교 관련 홈페이지들과 유튜브 영상이 넘쳐나고 있다.

어쨌든 설교의 내용은 불교에서 그토록 존경하던 성철 스님도 죽을 때가 되니 이렇게 양심 고백을 하고 죽었으며 결국 지옥으로 간다는 내용의 설교이다. 아무리 내가 불교에 관심이 없더라도 성철 스님 정도는 알고 있다. 그리고 그분의 불심과 학문의 깊이가 얼마나 심오한지는 잘 알고 있다. 더더군다나 그분이 돌아가실 때에 많은 언론에서 기사를 다루었는데 설교에서 전하는 유언의 내용은 들어 보지도 못했다. 그래서 진실을 알기 위해서 다른 인터넷 내용을 검색하였다. 하지만 더 많은 성철 스님의 유언과 관련된 내용의 기독교 홈페이지가 수없이 나왔고 내용도 대부분 비슷한 내용으로 구성되어 있었다. 결국 불교와 성철 스님을 폄하하는 것으로 결론을 내었다. 설마 그럴 리가 있을까 싶어서 기독교와 관련되지 않은 사이트를 검색하였다. 정확한 유언의 내용은 그렇게 어렵지 않게 찾을 수 있었다. 성철 스님의 유언은 한자로 되어 있었다. 내용은 아래와 같았다.

[성철 스님의 진짜 유언 내용]

'生平欺狂男女群(생평기광남녀군)하니/彌天罪業過須彌(미천죄업과수미)라/活陷阿鼻恨萬端(활함아비한만단)이여/一輪吐紅掛碧山(일륜토홍괘벽산)이로다.'

(일생 동안 미친 남녀의 무리를 속여서/수미산을 덮은 죄업이 하늘을 가득 채웠다/산채로 아비지옥에 떨어져서 한이 만 갈래나 된다/한

송이 꽃이 붉음을 내뿜으며 푸른 산에 걸렸도다.)[5]

　기독교는 비록 아시아의 팔레스타인 지방에서 시작하였지만 서양으로 전파되었고 약 2천 년의 세월 동안 서양인에 의해서 다듬어져 왔다. 기독교 신앙관은 대부분 서양인들에 의해 만들어지고 그들의 사고 방식에 맞게 형성되었다고 봐야 한다. 그에 비해 불교는 시작도 아시아이고 성장도 아시아에서 이루어졌다. 서양 사람들의 사고 방식으로는 절대 이해하지 못하는 신앙관이 불교에 녹아 들어 있다. 금강경 등의 경전을 읽어보면 성경과는 달리 마치 동양 철학 서적을 읽는 느낌이다. 불교의 깊이를 알지 못하는 사람들이 폄훼하는 그런 수준 낮은 종교가 아니다.

　불교의 경전에 비해 성경은 내용이 알기 쉽게 기록되어 있다. 하지만 어떤 불교의 경전은 무슨 소린지 아무리 읽어도 알지 못하겠다. '알기 쉽게 설명하지 못한다면 그 사람은 내용을 제대로 모르는 것이다.' 오랫동안 이 말에 깊이 동의를 해 왔지만 불교의 경전은 서양 사람들의 가르침과는 사뭇 다르다. 가르치는 방식도 그렇다. 무엇이든 본인이 깨닫도록 유도하는 것으로 보인다. 깨달음의 경지에 도달한 성철 스님이나 다른 분들이 전하는 내용을 들으면 우리가 일반적으로 접할 수 있는 훌륭하신 분들이 주는 교훈의 내용과 전달 방식이 다르다. 하

---

5) '불신자' 성철 스님 참회하고 지옥 갔나, 한겨레, 수정 2011-06-17 11:24, 등록 2011. 6. 17. 11:24, https://www.hani.co.kr/arti/well/mind/942931.html, 접속일 2026. 3. 9.

　　　　　평신도가 질문하는 궁금한 성서 이야기

지만 그 근본은 깨달음을 얻도록 하기 위하여 가르치는 방법이 다른 것이지 교훈의 내용과 전달하는 방식 그 자체가 잘못되었다고 할 수는 없을 것 같다. 깨달음을 위해서는 부처도 부인할 수 있는 것이 불교이다. 깨달음이 중요한 것이지 석가모니를 포함해서 이전에 깨달은 이들의 말은 그 다음이라는 것이다.

유언의 내용은 많은 이들을 깨우치려고 했던 노력들이 이제 생각해 보니 오히려 그 깨달음을 방해하는 말들인 것 같아 참으로 자신의 죄가 수미산(불교에서 세계의 중앙에 솟아 있다는 상상의 높은 산)을 덮을 지경이며, 산 채로 지옥에 떨어져도 마땅하다는 안타까움이 깃든 유언으로 생각된다.

이런 나의 해석이 잘못되었을 가능성도 아주 높다. 하지만 '우리는 구원이 없다. 내가 인생을 잘못 선택했다.' 이런 번역은 도대체 누가 했으며 어떻게 이런 터무니없는 번역이 기독교 안에서 그렇게 퍼져서 한국 내의 온 교회에서 제대로 된 검증도 없이 설교 자료로 사용되었을까? 굳이 의역을 하지 않고 직역을 하더라도 도저히 나올 수 없는 번역이다.

나는 불교에 대해서 잘 모른다. 하지만 오래전 불교에 대해 공부해 보려는 생각으로 책을 찾았다. 하지만 불교에서는 기독교의 성경과 같은 하나의 책이 존재하지 않았다. 너무나도 많은 불경이 있었으며 어떤 것이 핵심인지 몰랐다. 그래서 불교 신자이자 불교에 심취해서 열심히 공부하는 조금 알고 지내는 회사 관계자분에게 불교에 대해 공부할 책을 부탁했다. 그분으로부터 관련 책을 선물 받고 나름대로 공부도 했다. 그러던 중 그 분에게 성철 스님의 유언에 관해 문의를 했다. 그런데 그 친구는 기독교에서 비판한 그 내용을 알지 못했다. 그분은 관련 내용을 찾아보겠다고 하더니 관련 설명이 있는 책을 찾아 주었다. 거기서 설명한 내용은 나의 해석보다는 더 자세하고 심오했지만 전체적인 맥락에서는 큰 차이가 없었다. 그런데 그 글을 읽은 후 놀라운 점을 발견했다. 내용의 전개가 '기독교에서 잘못 해석했으니 이렇게 해석하는 것이 맞다'는 어조로 담담하게 전개해 나갔다는 것이다. 만일 불교계에서 기독교인 중 매우 존경받는 목사님에 대해 폄하하는 글을 적거나 어떤 스님이 설법을 했다고 가정해 보자. 어쩌면 그 글을 적거나 설법을 한 그 사람은 많은 기독교인들로부터 고소를 당했을 가능성이 아주 높다. 하지만 불교계에서는 그에 대해 크게 반응하지 않는 것으로 알고 있다.

만일 내가 목회자라고 가정하고 설교를 준비한다고 가정해 보자. 준비하는 도중 이 내용에 대한 자료를 읽었다면 나 같으면 많은 의심이 될 것 같다. 아무리 기독교적 관점에서 불교가 문제가 많다고 하더라도 성철 스님의 학식과 수준은 더 이상 말을 하지 않더라도 모두가 아는 사실이다. 만일 모른다고 한다면 불교에 대해 지독한 편견을 가지고 있거나 관련하여 기독교적인 관점으로만 다루어진 문헌만을 보고 공부했기 때문이다. 그것도 아니라면 아예 공부도 하지 않고 그냥 유명하신 목사님이 그렇게 설교를 하는 것을 보았거나 설교집에 그렇게 되어 있어서 검증도 없이 그 자료를 도입했을 것 같다.

어쨌든 성철 스님과 같은 대단한 분이 내 인생이 잘못되었다고 유언했다면 벌써 불교계뿐만 아니라 언론에서도 대서특필을 했어야 했다. 그런데 지금까지 그런 뉴스는 단 한 번도 들어 본 적이 없었다. 그렇다면 성철 스님의 유언에 대한 원본이 무엇인지 확인해 보아야 마땅하지 않을까? 목회자로서 설교 자료에 대한 검증은 필수이다. 모든 자료를 검증할 수는 없지만 기독교 외의 종교에 대해서 이야기할 때는 특히 중요하고도 민감한 사항이다. 또한 불교는 교회 목회자들의 전문 분야도 아니다. 따라서 최소한의 검증 과정은 거쳐야 한다. 지금은 디지털 세상이다. 조금만 노력하면 대부분은 쉽게 검증이 된다.

불교에 대해서 이야기하려면, 최소 다른 경전에 비해 내용이 적지만 심오하고 널리 알려진 금강경과 반야심경 정도는 공부하고 얘기해야 하지 않을까? 그렇지 않다면 성경도 안 읽은 사람이 성경을 비판하는 것과 같은 격이다.

선 불교에서는 '만일 길에서 부처를 만나면 죽여라'라는 유명한 말이 있다. 그리고 지장보살은 "지옥이 텅 빌 때까지는 성불하지 않겠다(성불유보)"라고 했다. 만일 이 말들을 처음 듣거나 무슨 말인지 이해하지 못한다면 불교에 대해서 이야기하지 말기 바란다. 같은 기독교인으로서 부끄럽다.

18.2.

연옥

가끔 본인이 독실한 기독교인이라고 주장하는 이들과 대화를 하다 보면 성경의 내용은 1점 1획도 틀리지 않다고 주장하는 사람들이 꽤 많다. 나도 거기에 동의한다. 하지만 있는 그대로의 문구가 틀리지 않다고 주장하는 것에는 동의하지 않는다. 내가 이렇게 말하면 대부분은 당신이 그러고도 기독교인이 맞느냐고 얘기한다. 대화와 논쟁을 하려면 논점을 가지고 얘기해야 한다. 글자 그대로 믿어야 한다고 생각한다면 그러한 이유를 설명해야 하는데 대부분 논점은 간데없고 다짜고짜 인신공격부터 한다. 그러면 나는 더 이상 그들과 대화를 안 하려고 노력한다. 만일 성경의 표면적인 내용이 이상하다고 하면 아마 그것이 틀리지 않았다며 온갖 말도 안 되는 주장을 하는 경우를 많이 보았다. 나는 그렇게 하는 것을 성경 끼워 맞추기라고 표현한다.

나와 아주 가까운 분이 있었다. 그분은 목회자는 아니지만 아주 큰 교회를 출석하고 있었으며 구역 모임에서 성경 공부를 주도하는 역할

 평신도가 질문하는 궁금한 성서 이야기

을 하는 분이다. 대화 중에 천주교는 이단이라고 하길래 왜 천주교가 이단이냐고 물었다. 그분의 대답은 정말 황당하기 그지없었다. 천주교는 신약을 부정하고 구약만을 믿는다는 것이다. 신약을 부정한다는 말이 무엇이냐고 물었더니 예수님을 그리스도 즉 구세주로 인정하지 않는다는 것이다. 정말 놀라운 주장이다. 천주교에서 가장 핵심으로 여기는 교리가 삼위일체이다. 삼위일체는 천주교에 있어서 가장 중요한 교리이며 이 교리로 인해서 천주교는 많은 반대파를 숙청한 후 천주교가 탄생했다고 해도 과언이 아니다. 삼위일체는 천주교의 교리 중 가장 기본이 되는 교리이며 이를 부정하는 것은 천주교에서 결코 용납할 수 없는 일이다.

삼위일체는 성부, 성자, 성령이라는 각기 다른 위격이 동시에 하나의 위격이라는 이해하기 어려운 교리이다. 어쨌든 삼위일체의 한 위격인 성자는 예수님을 의미하는 것이다. 그런데 예수님을 인정하지 않아서 이단이라는 논리는 참으로 이해하기 어렵다. 그래서 관련하여 설명을 했더니 더욱 놀라운 반응을 했다. 이 글을 읽는 분들은 어떤 반응을 했는지 잠시 상상을 해보는 것도 재미있겠다. 그 반응은 '어쨌든 천주교는 이단이야 그리고 천주교는 싫어!'이다. 그분이 다니는 교회에서 얼마나 많은 가스라이팅을 당했으면 개신교의 뿌리인 천주교를 말도 안 되는 논리로 사탄 마귀의 앞잡이로 마음속 깊이 악마화했을까? 내가 생각해도 천주교의 교리에서 이해가 안 되는 부분은 많다. 하지만 무엇이 문제인지에 대한 논리도 없이 천주교를 거침없이 이단이라고 단언하고 주장한다면 그분은 도대체 무엇을 믿고 있는 것일까?

　주일 밤에 잠자리에서 아내가 내게 말했다. 오늘 오후 설교에서 담임 목사님이 천주교는 천국과 연옥과 지옥이 있는데 연옥은 7단계로 되어 있다고 설교했다고 했다. 그리고는 내게 좀 더 자세하게 설명해 달라고 요청했다. 아내는 평소 내가 모르는 것이 없을 것 같다고 하면서 무엇이든지 물어보는 경향이 있다. 내가 너무 황당한 표정을 지었더니 아내는 목사님이 7단계라고 얘기했는지 6단계라고 했는지 잘 기억이 안 난다고 했다. 아마 단계가 몇 개인지 헷갈렸던 것 같다. 또한 단계를 잘못 말한 건 자신이지 목사님이 아니라며 목사님을 보호해 주려는 모습도 보였다. 아내는 내가 황당해하는 이유를 모르는 것 같았다.

　그래서 관련 내용을 설명해 주었다. 연옥은 개신교에서는 정경으로 인정하지 않는 **마카베오기 하 12:45**[6]에서 나오는 구절이 있다. 여기서 연옥이라는 단어가 직접적으로 나오지는 않지만 성경의 내용으로 볼 때 그러한 곳이 있다고 믿게 된 것이다. 그리고 연옥의 의미는 지옥에 가까운 곳이 아니라 천국에 들어가기 전에 그곳에서 깨끗하게 정화한다는 의미가 강하다고 천주교에서는 주장한다. 따라서 마카베오기서를 정경으로 인정하는 천주교에서는 연옥을 믿지만 마카베오기서를 정경으로 인정하지 않는 개신교에서는 연옥을 인정하지 않는다고 설

---

6) 공동번역 성서 개정판 참조, 대한성서공회, 1977

　　　　　　　　평신도가 질문하는 궁금한 성서 이야기

명했다. 하지만 연옥이 7단계(단테의 신곡에 의하면 천국과 지옥도 각
각 9단계까지 있다)까지 있다는 얘기는 단테의 '신곡'이라는 유명한 소
설에서나 나오는 이야기이며 천주교 어디에서도 그러한 주장을 하는
것을 들은 적이 없다고도 설명해 주었다.

　하지만 이해할 수가 없었다. 담임 목사는 본인이 정식 신학교를 졸
업했고 나름대로 공부 많이 했다고 설교 시간에 은연중 늘 강조한 분
이다. 즉 평소 자신은 책을 많이 읽는다고 자랑하는 분이다. 혹시 내가
모르는 부분이 있을까? 그래서 다음 날 카톡으로 관련 내용을 문의했
다. '어제 아내로부터 목사님의 설교에 대해 들었습니다. 천주교에서
는 연옥이 7단계가 있다고 하셨는데 출처를 알려 주시면 제가 공부해
보겠습니다.'라는 내용이다. 설교의 내용으로 내가 목회자에게 질문
한 생애 2번째 사례이다. 점심 시간에 카톡을 보냈지만 저녁까지 답이
없어서 질문을 무시하는 것으로 생각되어 잊고 있었다. 밤 9시쯤 자
기 전 샤워를 하고 있는데 아내가 내게 전화가 왔다고 했다. 그래서 내
가 다시 전화를 한다고 전해 달라고 했다. 샤워 후 누구에게 온 전화인
지 물으니 담임 목사님이라고 했다. 그래서 바로 전화를 했다. 통화의
목적은 내가 보낸 카톡 질문에 대한 답변이었다. 그래서 출처가 어떻
게 되는지 문의했다. 하지만 출처를 답하지 못했다. 목사님은 계속 우
물쭈물하고 있었다. 그래서 내가 단테의 신곡이라는 소설에 그와 같은
내용이 있는데 혹시 그 내용이라면 설교 자료에 대한 출처를 좀 더 자

세히 확인해 줄 것을 요청했다.

전화를 끊고 생각해 보니 통화를 시작했던 그 시점까지 출처가 소설이었던 것을 몰랐던 것으로 생각된다. 예전에 담임 목사와 빵집에서 대화했던 내용이 생각난다. 목사님 본인은 설교 자료를 준비할 때 철저히 아날로그만 고집한다는 것이다. 인터넷을 이용하면 너무도 쉽게 출처를 찾을 수 있었는데 아날로그만 고집하니 출처를 찾는 것이 당연히 어려울 수밖에 없었을 것이다.

천주교의 문제점에 대한 설교는 앞에서 설명한 사례 외에 너무 많았다. 앞에서 설명한 사례와 비슷하게 사실을 왜곡하였거나 너무 편협한 시각으로 인해 진실을 오해할 만한 사례들도 많았다. 관련하여 한 가지 사례만 더 소개한다.

어느 날 주일 낮 설교에서 신자가 기도할 때 개신교에서는 예수님의 이름으로 기도하지만 천주교에서는 성모 마리아의 이름으로 기도한다고 설교했다. 천주교의 핵심 교리는 삼위일체다. 물론 성모송이라는 유명한 기도문이 널리 사용되고 있지만 미사(천주교의 예배) 시간에서는 사용하지 않는다. 미사 시간에는 오로지 삼위일체만을 위한 시간이다. 관련하여 다음 날 월요일에 목사님께 관련 내용의 출처가 어딘지 카톡으로 문의했더니 약 2주가 지나서 A4지 1장 반 정도의 글로 회신이 왔다. 회신의 내용은 천주교의 성모 마리아에 대한 신격화, 그리고 우상화에 대한 내용이었다. 성모 마리아의 우상화에 대해서는 다

     평신도가 질문하는 궁금한 성서 이야기

틈의 여지가 있지만 내가 질문한 내용은 그것이 아니다. "성도가 기도를 마치고 예수님의 이름으로 기도하느냐? 아니면 성모 마리아의 이름으로 기도하느냐?" 이것에 대한 질문이었다. 또한 설교에서도 천주교에서는 성모 마리아의 이름으로 기도를 끝낸다고 설명했었다. 그런데 답 글의 내용은 질문에 대한 내용은 없고 엉뚱하게 성모 마리아의 우상화에 대한 문제점에 대해 어디선가 발췌한 듯한 글들만으로 이루어져 있었다. 동문서답이었다. 그래서 더 이상 묻지 않고 끝냈다. 아마 관련 자료를 찾는 데 어려움이 있었던 같다.

천주교에서는 기도를 마치면서 '우리 주 그리스도를 통하여 비나이다'라고 한다. 만일 상대의 교리가 문제가 있어서 그 문제를 지적하려고 한다고 하자. 하지만 사실을 왜곡하여 상대방을 지적하는 것은 오히려 지적한 쪽이 훨씬 더 나쁘다. 나의 가치관으로 볼 때 용납할 수 없는 일이다.

'뱀 같이 지혜롭고 비둘기 같이 순결하라'(마 10:16)는 말이 있다. 지도자는 지혜로워야 한다. 그리고 중심을 잘 잡아야 한다. 중심을 잘 잡는다는 것은 편협해서도 한쪽으로 치우쳐서도 안 된다. 그러기 위해서는 신앙도 좋아야 하겠지만 지식과 지혜가 풍부해야 한다. 담임 목사님 본인이 설교시간에 하신 말씀대로 좋은 신앙만으론 목사가 될 수 있는 것이 아니다. 관련 지식을 공부해야 하고 교인들에게 잘 전달할 수 있는 스피치 능력과 교회를 관리할 수 있는 능력 등도 충분히 준비

되어 있어야 한다. 그런데 이런 지도자는 많지 않다. 그래서 장로들이 그것을 보완해 줄 수 있어야 한다. 그렇다면 그런 역할을 할 수 있는 장로는 얼마나 있을까?

이런 생각을 해 본다. 한국의 기독교는 군사 독재 정권 시기까지는 대체로 진보적인 성향을 가지고 있었다. 물론 독재에 찬양하고 추종하는 기독교 재단도 많이 있었지만 전체적으로 보았을 경우 한국의 기독교는 그래도 군사 독재 정권에 반대하는 쪽이었다. 군사 독재 정권이 무너지고 첫 문민 정권의 대통령이 기독교인이자 장로의 신분을 가진 분이었다. 이제 한국 기독교는 정치에 관심을 가지기보다는 종교 자체에 중점을 두는 것처럼 보였다. 물론 정치에 여전히 관심을 가지는 일부 종교 지도자가 있었지만 아주 일부분이었다. 재미있게도 한국 기독교가 독재에 항거할 때까지는 기독교인의 수가 놀랍도록 증가했다. 그런데 기독교가 종교 자체에 집중할 때 오히려 교회의 성장은 더디어 갔고 급기야 2010년 경부터는 역성장을 시작했다. 역성장을 시작하면서 한국 기독교는 체질 개선을 진행한다. 완전히 보수주의가 되었다. 보수와 진보의 차이가 무엇인가? 보수는 현재 상태를 유지시키려는 쪽이고 진보는 무언가 변화를 일으키자는 쪽이다. 기독교가 성장할 때는 교회는 끊임없이 변화하며 성장했지만 이제는 현재의 교회를 지키는 쪽으로 급선회한 것으로 보인다. 현재 수준으로 유지만 되어도 만족한다는 것이다. 교회의 성향이 이렇게 바뀌어 가니 정치, 사회적인

     평신도가 질문하는 궁금한 성서 이야기

모든 것들에 대해 교회는 보수적으로 변해가게 되었다. 보수와 진보 중에 어느 것이 좋은지 나쁜지 혹은 옳은지 틀린지에 대한 정답은 없다. 균형과 협동 그리고 서로의 견제가 가장 중요하다고 본다. 협력하여 선을 이루어 나아가야 할 동반자이지 적대관계가 결코 아니다. 하지만 현대 교회에서의 성향은 이제 한쪽으로 치우쳐도 너무 치우쳐 있다. 이제 한국 교회는 잃을 것이 많은 기득권층이 되었다는 것이다.

대한민국이라는 전체 파이는 한계가 있다. 아니 그 파이는 이제 갈수록 줄어들고 있다. 교회는 내가 가진 파이를 지키기 위해 상대방을 원색적으로 비난하게 되었다. 이제 한국 교회는 예수님의 사랑에 대해 입으로만 말할 뿐이지 마음속에는 지켜야 할 무엇인가에 대한 조바심으로 가득하다. 따라서 내가 속한 교회 그리고 종파가 아니면 적극적으로 비난하고 이단으로 몰아가야 한다. 만일 내가 믿는 것이 절대 진리라면 나의 것이 진리라는 것을 강조하고 이해시키면 된다. 하지만 이제는 이것으로 부족하다. 가만히 있거나 신사적으로 행동한다면 모든 것을 빼앗길 것 같은 위기감이 감돈다. 어느 한쪽에서 이런 행동을 시작하면 나머지 사람들은 불안하다. 같이 선동하고 나서지 않으면 도태되어 나만 죽을지 모른다는 위기감이 싹튼다. 결국 모든 사람들이 자기의 것을 지키기 위해 한국 교회는 나와 다른 생각을 가지고 있는 이들에게 원색적으로 비난을 하기 시작했고 또 그렇게 길거리로 나서게 되었다.

사랑은 나눌수록 커진다는 말이 새삼 크게 들리는 때이다. 예수님은 당시 유대 사람들을 율법의 사슬에서 해방시키려고 노력하였다. 당연히 예수님은 진보에 서서 사회에 대항하였다. 물론 보수는 율법을 강조하는 바리새인, 사두개인 등이다. 사람이 만든 것 중에서 완벽한 것은 없다. 끊임없이 고치고 개선하여 더 나은 것으로 만들어 가야 한다.

교회는 앞의 '성철 스님의 유언'에서도 언급했듯이 불교를 비난하고 그리고 천주교도 끝없이 비난하고 있다. 원래 유사 업종 간의 경쟁은 더 치열하기 마련이다. 불교보다는 천주교와의 경쟁이 더 중요하다. 개신교에서 천주교로 옮겨 가는 신자들은 갈수록 늘어 가고 있다. 개신교는 위기감이 싹튼다. 본인들은 부정하겠지만 특히 보수적인 개신교단은 하나님의 사랑을 전하기보다는 천주교 및 다른 개신교단과 같은 유사 업종을 공격하는 쪽으로 급선회했다. 지혜롭게 옥석을 가려야 할 때이다.

차별 금지법

최근 한국 교회에서는 차별금지법으로 인한 논쟁이 끊이지 않고 있다. 우선 차별금지법 법안이 무엇인지? 그리고 교회에서 논쟁이 많은 이유를 구글의 AI인 Gemini에게 물어보았다.

AI가 거짓말을 하는 경우가 많다고 하지만 이런 분야에서는 우려할 수준은 아니다.

[이하 AI의 답변]

차별금지법에 대한 종교적 문제점은 크게 종교의 자유 침해 우려와 교리적 가치관 충돌로 나눌 수 있습니다. 종교계에서는 성경적 가치관에 따른 동성애 비판이나 타 종교에 대한 비판이 '혐오 표현'으로 치벌받을 수 있고, 설교나 종교 방송의 자유가 위축될 수 있다고 우려합니다. 반면, 차별금지법은 종교를 이유로 한 차별은 금지하되, 종교의 영역 자체를 규제하는 것이 아니며, '혐오 표현'은 공공질서를 해치는 수준을 넘는 경우에 해당한다고 보는 시각도 있습니다.

1. 종교의 자유 침해 우려

- 표현의 자유 위축: 동성애, 성적 지향, 젠더 정체성 등 차별금지법의 차별 사유에 대해 종교적 신념에 따라 비판하거나 반대하는 의견을 표현하면 혐오 표현으로 간주되어 처벌받을 수 있다는 우려가 있습니다.

- 설교 및 종교 방송의 제약: 혐오 표현 규제가 강화될 경우, 온라인 설교나 종교 방송을 통해 동성애나 타 종교에 대한 비판적 메시지를 전달하기 어렵게 될 수 있다는 지적도 나옵니다.

- 자유로운 신앙 공동체 운영의 어려움: 교회가 직원을 채용할 때, 성소수자를 고용하는 문제에 대해 걱정하며 차별금지법이 교회 내부 운영의 자율성을 침해할 수 있다는 우려가 제기됩니다.

2. 교리적 가치관 충돌

- 성경적 가치관과의 충돌: 기독교 등 일부 종교에서는 성경에 근거하여 동성애를 '죄'로 규정하고 있는데, 차별금지법은 이를 부당한 차별로 볼 수 있다는 점에서 교리와 법이 충돌할 수 있습니다.

- 사회적 가치관의 변화 압력: 차별금지법 통과 시, 국가가 동성애나 젠더 정체성을 지지하는 가치관만을 정당화하고 반대하는 가치관은 용납하지 않는 전체주의적 사고로 이어질 수 있다는 주장도 제기됩니다.

   평신도가 질문하는 궁금한 성서 이야기

3. 반론 및 다른 시각

- 종교 영역과 공적 영역의 구분: 차별금지법이 개인의 사적인 영역이나 종교적 신념까지 규제하는 것이 아니라, 고용, 교육 등 공적인 영역에서의 차별 행위만을 금지하는 법이라는 반론이 있습니다.

- '혐오 표현'의 범위: 단순한 신념 표현과 공공질서를 해치거나 증오를 선동하는 '혐오 표현'을 구분해야 한다는 주장입니다. 종교의 자유도 헌법적 권리이지만, 생존권을 침해하거나 차별을 정당화할 수는 없다는 시각도 존재합니다.

- 차별받는 이들을 우선해야 한다는 의견: 차별금지법 통과로 교회가 겪을 수 있는 우려보다, 현재 차별받고 고통받는 성소수자 등 소수자들을 먼저 생각해야 한다는 주장도 있습니다. [AI 답변 끝]

역시 AI는 참 똑똑하다. 업무에서도 자주 사용하지만 항상 모든 내용을 깔끔하게 잘 요약 정리해 준다.

내용을 보니 교회가 걱정할 문제점이 있어 보인다. 만일 설교자가 신**와 같은 곳이 왜 이단인지 그리고 그런 단체에 빠지지 않기 위해서는 어떻게 해야 하는지에 대해 설교를 한다면 논쟁의 여지가 발생될 것 같다. 물론 설교자가 그런 단체를 이단이고 나쁜 교단이라고 몰아붙이기보다는 전통 교단과 무엇이 다르고 그래서 우리와는 다른 길을 걷는 교단이니 조심하라는 정도의 설교이면 문제는 없어 보인다. 어쨌든 그동안 목사들이 노골적이며 과대 확대해서 다른 교단과 종교를 설교 단상에서 공격한 것을 생각하면 목회자들의 우려는 짐작이 된다. 같은 이념이나 종교적인 색채를 가지고 있는 입장에서 지도자가 상대편을 노골적으로 공격하면 대중은 그것을 더 자극적으로 받아들이고 따라서 더 많은 호응을 하기 마련이다. 개신 교회의 많은 목회자들이 이러한 점을 적극적으로 이용해 왔다는 것은 깨어 있는 성도라면 잘 알고 있는 사실이다.

어쨌든 법의 취지도 이해가 되고 교회 목회자들의 우려도 이해가 된다. 상호 트레이드 오프(Trade-off) 관계이다. 한 가지를 얻기 위해서는 다른 한 가지의 희생이 요구되는 상황이다. 이런 경우 적극적인 대화가 반드시 필요하다. "협력(대화)하여 선을 이룬다"는 말은 이런 상황에서 잘 어울리는 것 같다. 대화는 하지 않고 상대를 악으로 규정하고 비방만 한다면 오히려 자신에게 더 좋지 않은 상황으로 귀결될 가능성이 높다.

이런 상황에서 한국 교회의 목회자들이 단상에서 관련 설교를 하는 것은 흔히 볼 수 있고 자연스러운 현상이라고 하겠다. 그런데 조금 더 차별금지법을 극렬히 반대하는 한국 교회의 소리를 들어보면 도저히 이해할 수 없는 사례로 급 반전되기 시작한다.

설교에서 예를 든 사례이다. 만일 교회에 출석을 하는 성 소수자가 목회자에게 자신들이 결혼할 수 있도록 주례를 서 달라고 부탁했을 경우를 가정해 보자. 대부분의 양심 있는 목회자는 자신의 신앙관과 양

   평신도가 질문하는 궁금한 성서 이야기

심에 따라 결코 그것을 허락할 수 없기 때문에 그 부탁을 거절할 수밖에 없다고 한다. 이 경우 차별금지법에 따라 이들이 목회자를 고발하면 감옥에 가야 한다고 한다. 그러면 많은 뜻있는 한국 교회의 목회자들이 그렇게 거절할 경우 한국 교회는 뜻있는 목사들이 사라지게 되고 그렇게 되면 한국 교회는 무너질 수밖에 없다는 것이다. 이러한 이유로 차별금지법을 찬성할 수 없다고 한다.

교회가 아닌 의료계의 비슷한 예를 들어 비교하기도 한다. 의사의 경우 낙태금지법이 통과되면 임신중절 수술을 거부한 의사도 처벌을 받게 되어 기독교 복음 신앙을 가진 의사들도 차별금지법에 의해 감옥에 가야 한다고 전했다.

자신의 신념과 양심에 따른 거부 행위는 차별금지법이나 낙태법의 내용을 넘어서는 내용이다. 관련하여 구글 AI에게 물어보았고 그에 대한 대답을 소개한다.

[이하 AI의 답변]

낙태금지법이 해제되더라도 의사가 임신중절 수술을 거부하는 행위는 원칙적으로 위법하지 않습니다. 이는 의사에게는 '양심적 거부권(Conscientious Objection)'이 인정되기 때문입니다.

양심적 거부권이란 무엇인가요?

양심적 거부권이란 의료인이 자신의 양심, 종교, 신념 등에 따라 특정 의료 행위를 수행하지 않을 권리를 말합니다. 이는 세계인권선언과 같은 국제 규범에서도 인정되는 기본적인 권리입니다. 임신중절 수술의 경우, 의사가 개인적인 윤리적, 종교적 신념을 이유로 시술을 거부할 수 있습니다.

· 법적 쟁점

대부분의 국가에서는 낙태가 합법화되었더라도 의사의 양심적 거부권을 인정합니다. 그러나 무분별한 거부를 막고 환자의 권리를 보호하기 위해 몇 가지 조건이 따릅니다.

1. 환자의 생명이 위급한 경우: 환자의 생명이 위험에 처한 응급 상황에서는 의사가 임신중절 수술을 거부할 수 없습니다. 이는 환자의 생명권이 의사의 양심적 거부권보다 우선하기 때문입니다.
2. 대체 진료 방안 제공: 의사는 수술을 거부하더라도 환자가 다른 의사나 의료기관에서 진료를 받을 수 있도록 합리적인 정보를 제공하거나 진료를 연계해야 할 의무가 있습니다.

이러한 조건들을 충족하지 않고 단순히 거부만 하는 경우에는 위법 소지가 있을 수 있지만, 원칙적으로는 양심적 거부권이 우선시됩니다. 결론적으로, 낙태금지법이 해제된 상황에서 의사가 임신중절 수술을 거부하는 행위는 의사의 양심적 거부권에 해당하며, 원칙적으로는 위법하지 않습니다. [AI 답변 끝]

 평신도가 질문하는 궁금한 성서 이야기

이단에 빠진 사람들과 접촉할 기회가 많지 않았지만 그래도 접촉했던 내용으로 판단해 보건대 그들은 보편적인 성경 얘기를 하다가 어느 순간 갑자기 그렇기 때문에 이렇게 된다는 갑작스럽고 이상한 논리의 비약을 한다. 앞에서 충분히 신뢰를 주고 난 뒤 아주 애매한 내용을 예로 들어 갑자기 급 반전 및 도약을 하면 대체로 그 논리에 반론을 펼치기 힘들다. 그런데 그 말도 안 되는 논리의 비약에 문제가 있다고 지적을 해도 그들은 내가 그것이 이해가 안 된다는 말을 이해하지 못하겠다고 한다.

확증편향이라는 말이 있다. 한쪽의 이론을 온전히 받아들이게 되면 향후 그 이론으로 모든 이치를 판단한다는 것이다. 어쩌면 내가 확증편향에 빠져 있다고 주장하는 이가 있을 것이다. 하지만 나는 어떤 이론을 바탕으로 한 내용을 주장하는 것이 아니라 논리적인 문제점을 이야기하고 있다. 이론적인 것을 얘기하는 것이 아니라 논리적인 문제점을 가지고 질문했지만 그들은 끝까지 그들의 이론으로 설명하는 것이다.

확증편향에 빠진 사람들과는 도저히 대화가 안된다는 것은 그것에 빠지지 않은 사람들도 느끼지만 본인이 확증편향에 빠진 사람들조차도 자신의 생각과 다른 사람들과 대화할 때 상대방에게도 그렇게 느끼는 것 같다. 한국 교회뿐만 아니라 한국 사회 그리고 미국, 유럽 등 전 세계 사람 등 동서고금을 막론하고 이것에 빠져서 헤어 나오지를 못하는 것 같다. 갈수록 나와 다른 단체와 담을 쌓고 서로를 공격한다. 지금 서로의 담을 헐고 대화를 시도하는 것은 나약하고 무능한 사람으로 취급된다. 전 세계가 자신과 다른 집단을 비판하고 공격하는 양상은 개인뿐만 아니라 국가도 비슷한 성향을 보이고 있다. 앞으로 무슨 큰 일이 생기지 않을까 두려울 뿐이다.

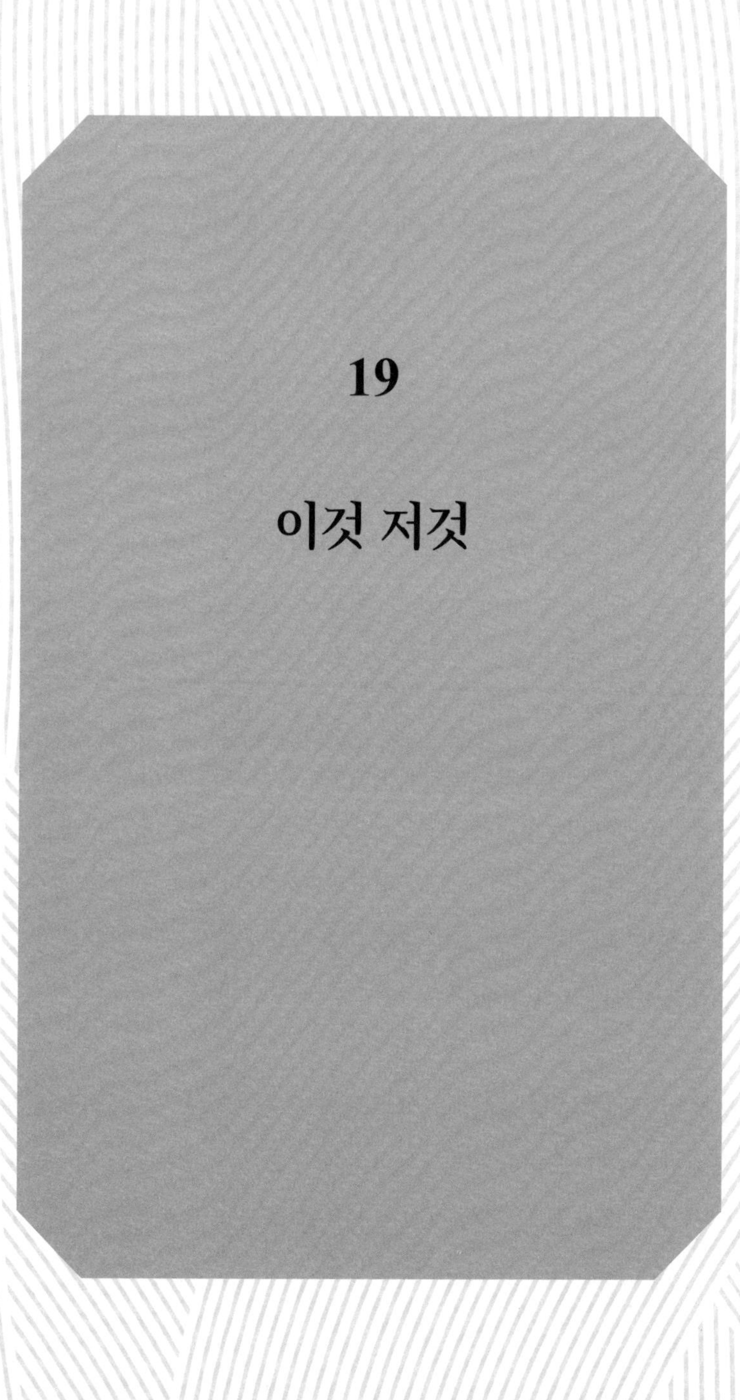

19

이것 저것

19.1.

순종이 제사보다 낫다

'순종이 제사보다 낫다' 한국 교회에서 이 말보다 무서운 말은 없다고 생각한다. 교회가 파시즘으로 가도록 지름길을 마련해 준 말이기도 하다. 이 말 때문에 21세기에는 기독교 파시즘으로 인한 각종 문제가 사회 문제로까지 번지고 있는 수준이다. 나는 한국 교회가 이대로 계속 간다면 한국에서 제2의 히틀러가 나오지 않을까 생각한다.

앞에서 '모리아 산' 사건에 대해 고민을 해 보았다. 여기서는 다른 의미에서 '모리아 산' 사건을 재조명해 보고 싶다. 현대 한국 교회에서 바라보는 '모리아 산' 사건은 어떤 의미일까? 2가지 사례를 들어 얘기하고자 한다. 하지만 읽어 보면 알겠지만 이 2가지 사례는 어떻게 보면 동일한 사례라고 할 수 있다.

첫 번째 사례는 담임 목사님이 은퇴를 앞둔 시점에서의 퇴직금에 관련한 얘기이다. 은퇴하시는 목사님은 자녀 교육 문제 등으로 퇴직금을 모두 앞당겨 지급받은 상황이어서 은퇴를 하는 시점에서 퇴직금을 받

　　　　　　　　평신도가 질문하는 궁금한 성서 이야기

을 수 없게 되었다. 이에 당회(담임 목사, 장로가 참여하고, 공동의회에서 결정된 내용을 중심으로 교회를 운영하는 회의체 - 개인 의견임)에서 임의로 결정하여 퇴직금이라고 해야 할지 어떤 명목이라고 해야 할지 모르겠지만 예산에도 없는 그 내용을 만들어 은퇴하시는 목사님께 먼저 지급을 하였다. 현금 지급은 장로님 중에 한 분이 하셨다. 그리고 나중에 공동의회(세례교인이 참여하여 예결산 등 주요 내용을 결정만 하는 회의체 - 개인 의견임)를 열어서 당회에서 결정한 상황이니 순종하는 마음으로 반대하지 말라고 그 장로님께서 교인들에게 당부하셨다. 그 일에 모든 성도들은 순종하는 마음으로 당회의 결정을 따르기로 하였다. 물론 당회에서 결정했으면 당회비로 지급을 하지 왜 교회 재정을 사용하느냐고 극렬히 반대하는 성도가 있었지만 정작 공동의회에서는 아무런 얘기도 없었고 그대로 통과되었다.

두 번째 사례로는 새로운 목사님이 부임을 하고 3년 정도 흘렀던 것 같다. 내용은 교회 제직회(집사, 권사, 장로 등 직분을 가진 자가 참여하고, 공동의회에서 결의된 내용대로 문제없이 잘 진행되고 있는지 감시, 감독하는 회의체 - 개인 의견임)에서 있었던 일이다. 나는 집사가 아니고 평신도라 참석하지 못하고 아내에게 회의 내용을 들었다. 당회에서 갑자기 예산에도 없는 차량 구입비를 3천만 원 할당하여 2가지 중에 결정하라고 요구했다는 것이다. 용도는 담임 목사님 업무용 차량 구입비이며, 소나타 신차 구입 혹은 그랜저 중고 구입 중에 하나를 선택하라는 것이다. 이를 주도하시는 장로님은 목사님의 연령이나 경력으로 볼 때 아무래도 그랜저 중고가 나을 것 같다고 추천했다. 제직회에서 어떤 식으로 결정이 되었는지는 모르겠다. 어쨌든 결국 그랜저 중고로 결정되었다. 장로님의 설명으로는 담임 목사님 예우 차원에서 차량 구입은 반드시 해야 하고 당회에 순종하는 마음으로 통과시켜달라고 설명하였다고 한다.

2가지 모두 나의 상식으로는 도저히 이해할 수 없는 비민주적인 방식이다. 일반적인 교회에서는 12월 말이 되어야 교회의 1년 결산을 승인하고 예산을 결의한다. 그런데 예산에도 없는 내용을 당회에서 결정하여 일방적으로 밀어붙이고, 반대하는 이들에게는 순종을 강요하는 것이 하나님의 영광을 위한 논리에 맞는지 의구심이 든다. 비민주적인 방식으로 무리하게 예산에도 없는 내용을 편성하여 빚을 내어 은퇴 목사님에게 사례하고, 교회 수리 등 빚이 많은 상황에서 담임 목사님 예우 차원에서 또 차량을 구입하는 것이 하나님의 영광과 무슨 관계가 있는지 모르겠다. 하지만 더욱 심각한 것은 앞에서도 언급했듯이 이러한 일들이 너무 비민주적인 방식으로 처리되었다는 것이다.

그렇다면 민주적이며 정상적인 방식은 무엇일까? 1년 동안 사용한 내역을 기관별로 결산하여 공동의회에서 승인을 받고 다음 해의 예산을 짜서 승인을 받는 절차는 정상적인 교회라면 당연히 이루어지고 있다. 그리고 미리 예산 승인을 받지 않고 사용해야 할 금액에 대해서 예

     평신도가 질문하는 궁금한 성서 이야기

비비라는 항목까지 미리 승인해 준다. 만일 집행과정에서 예비비의 금액을 초과한다면 당연히 공동의회의 예산 의결을 거쳐야 한다. 그렇지 못한 경우 비민주적인 방식이 되고 그러한 공동체를 비민주적인 단체 혹은 독재라고 이야기한다. 공동의회를 열기가 부담스러우니 당회에서 결정하고 집행한 후 연말에 공동의회에서 사용한 내역을 승인받으면 되지 않느냐고 할 수 있다. 만일 정부에서 추가 경정을 할 때 국회의 동의를 받기 어려우니 국회의 승인 없이 대통령이 승인하고 먼저 집행해서 연말에 국회의 동의를 받기로 한다면 어떻게 될까? 그건 엄청난 불법으로 국가의 존망을 흔들 수 있는 위험한 생각이다. 교회도 똑같다.

삼상 15:22의 순종이 제사보다 낫다는 의미는 무엇일까? 나도 정확히 모르겠다. 하지만 앞의 2가지 사례 등 교회에서 이와 유사한 많은 사례들을 볼 때 순종이 제사보다 낫다는 말은 최소 이러한 곳에 쓰일 말은 아닌 것 같다. 이 글을 읽는 분들은 어떻게 생각하는지 모르겠다.

<h1 style="text-align:center">19.2.</h1>

<h1 style="text-align:center">원로</h1>

원로(元老)의 뜻이 무엇일까? 그래서 네이버에게 물어보았다. "한 가지 일에 오래 종사하여 경험과 공로가 많은 사람." 그렇구나! 특정한 일을 오래해서 경험과 실적이 많은 이를 원로라고 하는구나.

한국 교회에는 원로 목사, 원로 장로 제도가 있다. 위의 원로의 뜻대로 목사 혹은 장로로 20년 이상을 재직했거나 뛰어난 공로가 있었던 목사 혹은 장로가 은퇴할 때 원로 목사 혹은 원로 장로로 추대하는 제도이다. 한국 장로 교회에서 사용하는 이러한 제도가 다른 나라에도 있는지는 궁금하지만 중요하지는 않다. 그 제도가 유익한가 아닌가 이 판단이 중요하기 때문이다. 교회에서 언제부터 원로 목사, 원로 장로 제도가 생겼는지는 모르겠다. 원로라는 애기는 약 20년 정도전부터 들었던 것 같다. 물론 20년에 대한 정확성을 보장하지는 못한다. 그렇다면 왜 한국 교회에서는 원로라는 제도를 사용하기 시작했을까?

나의 경험으로 볼 때, 목사 혹은 장로로 20년 이상 재직한 분들이 70세가 되어 은퇴를 할 때 원로로 추대를 하기 위해 공동의회를 연다. 공

    평신도가 질문하는 궁금한 성서 이야기

동의회를 열어서 찬성이 많으면 원로 목사 혹은 원로 장로로 추대를 한다. 오랫동안의 수고하심에 대해 감사하고 예의를 표하는 것 같다. 의도는 나쁘지 않은 것 같다. 그리고 원로 추대를 위한 공동의회에서 반대가 더 많아 추대가 안 되는 경우는 한 번도 보지 못했다. 한국 사람들 인심이 좋긴 하다. 특히 장로의 경우 원로로 추대를 한다고 해서 금전적으로 다른 어떤 것으로도 교회에 대해 손해를 끼치는 것이 없다. 누이 좋고 매부 좋은 일이다. 은퇴 장로보다는 원로 장로라는 말이 더 있어 보이긴 하다.

그렇다면 원로 목사 혹은 원로 장로가 되지 못한 분들은 이런 제도를 어떻게 볼까? 아직 나도 경험하지 못했고 가까운 분도 이러한 경험을 하지 못해서 알 수는 없지만 기분 좋은 일은 아니다. 사실상 20년 재직을 하고 안하고 차이밖에는 없다. 50세 이전에 목사 혹은 장로가 되면 원로가 될 수 있고 그 이후에 되면 은퇴가 되어야 한다. 원로라는 말이 없다면 은퇴 목사, 은퇴 장로라는 말이 기분 나쁜 말은 아니다. 하지만 원로 목사, 원로 장로라는 제도가 있는 경우 나는 왜 원로가 못 되었을까 생각해 볼 수 있다. 20년 이상 재직했다고 공로가 많고 그 이하면 공로가 그보다 못하다는 것을 누가 칼 자르듯이 구분할 수 있을까?

교회는 사랑으로 이루어진 단체이다. 더 정확히 이야기하면 교회는 '예수님의 사랑으로 서로 사랑하며 아껴 주며 예수님의 사랑을 함께 나누는 사람들의 모임'이다. 어느 모임이든지 사람이 모이는 곳은 항상 문제가 발생한다. 교회도 마찬가지다.

예전 3~40년 전 지금과 다른 지방 다른 교회에 출석했을 때의 일이다. 새로 부임하신 담임 목사님이 권사, 집사의 집보다 새로운 신자나 환경이 어려운 신자들을 더 많이 방문하고 대화를 더 많이 하였다. 그런데 권사들 모임에서 새로 부임하신 목사님이 권사들을 무시한다고 담임 목사를 뒤에서 험담하는 사례를 본 적이 있었다. 나중에는 그 담임 목사님이 상당히 곤란해지는 경험까지 했던 것을 보았다. 사랑을 베푸는 것도 어려운 일이다. 하지만 그러한 곤란한 상황이 발생하더라도 진정한 교인이라면 예수님처럼 남들이 만나기 싫어하는 이를 만나고 사랑해야 한다. 그런데 교회가 오히려 원로 제도를 만들어 은퇴 목사, 은퇴 장로와 차별하는 느낌이다.

예전에 나와 아주 가까운 분이 70이 되어 장로를 은퇴하셨다. 장로로 20년이 넘도록 재직하셨기 때문에 원로 장로로 추대하는 공동의회가 예정되어 있었다. 나는 그분이 원로 장로가 되는데 전혀 문제가 없다고 생각했었다. 하지만 그분은 혹시 안 되면 어떡할까 걱정을 하셨다. 왜 걱정을 하셨을까? 원로 장로는 은퇴 장로보다 더 훌륭하거나 무언가 상위의 개념으로 생각하신 것 같다. 은퇴하신 목사, 장로들의 모임에서는 원로라는 이름의 무게감은 훨씬 더 할 것이다. 은퇴할 때 주어지는 은퇴 장로보다 원로 장로가 더 좋은 직책(혹은 직분, 타이틀)이라는 것이다.

 평신도가 질문하는 궁금한 성서 이야기

한국 사람은 직책(타이틀)에 민감하다. 옛날과 달리 요즘 회사에서는 과장과 부장의 개념은 그냥 붙여 주는 이름일 뿐 실질적인 권한은 없다. 실질적인 권한을 가진 직책은 회사마다 다르지만 팀장, 실장 등의 직책이 별도로 있다. 한국 특유의 문화라고 생각한다. 하지만 교회라는 단체는 사랑의 모임이다. 가진 사람보다 가지지 못한 사람을 더 생각하고 보살피고 공감해 주는 것이 사랑이다. 굳이 없던 원로라는 직책을 만들어서 사람을 아래위로 나누어 평가하는 것이 교회의 의미에 맞는지 모르겠다.

교회는 약자를 배려하는 것이 우선이라고 생각한다. 약자는 많은 사람들이 가지고 있지만 본인은 가지고 있지 못한 사람들이 약자라고 생각한다. 교회는 은퇴 목사, 은퇴 장로라는 약자를 억지로 만들었다. 의도는 훌륭한 사람을 더 칭송하자는 것이지만 결국 그러한 제도는 약자를 만드는 제도이다. 전국의 교회가 같이 모여서 이러한 원로 제도를 없애자고 한다면 과연 없어질까? 이 글을 읽는 개인과 교회부터 먼저 적용하고 실천하면 어떨까?

19.3.

집사의 자격

초대 교회에서 사도들의 역할은 너무 많았다. 행 1:1에 사도들이 구제하는 일에도 관여한 것 같다. 그런데 너무 많은 사람들로 인해 구제에 빠지는 사람이 생겨 불만이 생기고 사도들에게 그에 대해 불만을 토로한다. 사도들이 의논하여 자신은 기도하고 말씀 전하는 일에만 집중을 하고 성령과 지혜가 충만한 사람으로 나머지 일들을 맡기기로 하고 일곱명을 뽑은 후 사도들이 안수하여 임명한다. 이것이 집사의 유례이다. 성경에도 언급되었듯이 안수하고 임명하는 것이 정상적이다.

현대 한국 교회는 장로와 안수집사 제도가 있다. 호칭은 다르지만 초대 교회에서의 집사의 역할과 같다고 할 수 있다. 단지 임명하는 방식은 현대에 맞게 성도들의 투표를 통하여 임명된다. 이 외 한국 교회에서는 서리집사라는 직책을 만들었다. 년초에 집사로 임명하고 임기는 보통 1년이다. 그렇지만 서리집사로 한번 임명되면 매년 임명되는 것이 관례이다. 서리집사라는 직책을 왜 만들었는지 그리고 그러한 직책이 꼭 필요한지는 모르겠다. 어쨌든 오랜 세월 동안 한국 교회에서

 평신도가 질문하는 궁금한 성서 이야기

는 관습으로 정착화되었다.

　서리집사를 임명하는 기준은 교회법으로 정해진 사항이 없는 것 같다. 정확하지는 않지만 일반적으로 세례를 받고 30살이 넘고 출석한 지 몇 년이 흐르고 소모임에도 꾸준히 참석을 하면 집사로 임명되는 것으로 보인다.

　새로운 젊은 성도 부부가 왔다. 부인은 어렸을 때 신앙생활을 했었고 남편은 그렇지 않았다. 몇 년이 흘렀다. 그동안 그 부부를 처제 부부가 잘 챙겨 주었다. 그래서 그런지 젊은 부부의 부인은 처제를 잘 따랐다. 하루는 두 사람이 저녁을 같이 먹는데 처제에게 불만을 얘기했다. 본인이 아직 서리집사로 임명되지 않은 이유를 모르겠는 것이다. 자신보다 늦게 교회에 출석하기 시작했고 나이도 어리고 교회 내 소모임 활동도 비슷하게 하는 부부는 모두 벌써 집사가 되었다는 것이다.

　평소 처제는 작은 일에도 언니와 상의를 했고 언니는 나와 상의를 했다. 그래서 처제와 관련된 대부분의 내용은 내가 상담사가 되었다. 마찬가지로 언니를 통해 관련 내용을 듣고는 담임 목사에게 문의하라고 했다. 목사님이 착각했을 수도 있으니 새로운 성도가 상처를 입지 않도록 전화하라고 했다. 성격 급한 처제는 바로 목사님께 전화했고 그 결과를 알려 줬다. 목사님은 젊은 새댁을 집사로 임명하지 않은 이유를 장황하게 설명했지만 결론은 십일조 문제였다. 십일조를 하지 않으면 집사로 임명하지 못한다는 것이다. 그러자 젊은 새댁이 대답하기를 본인은 전업 주부이고 수입이 없으며 관리도 남편이 모든 것을 한다는 것이다. 그리고 먼저 집사가 된 그 새댁도 전업 주부이며 십일조는 믿는 남편이 하는 것이므로 입장은 똑같다는 것이다. 그럴듯한 설명이다. 이러한 설명을 들은 아내는 '그럼 남편도 모를 정도의 작은 금액이라도 십일조를 하라고 해라'라고 몇 마디 더 위로의 말을 전해 주고 전화를 끊었다.

어떤 친교 등의 모임에서 규칙을 만들고 실행해 본 이들은 알 것이다. 규칙을 만들기도 어렵지만 그것을 가지고 모임의 문제를 해결하는 것은 거의 불가능하다. 그래서 법이 그렇게 복잡한지도 모른다. 교회의 조직은 목사와 안수집사만 있으면 된다고 생각한다. 이슬람교처럼 목회자가 없는 것도 좋다고 생각한다. 교인들 중 덕망과 지혜를 갖춘 분들이 돌아가며 리더를 하는 것이 더 효과적일 수도 있다. 불행히도 한국 교회는 서리집사라는 제도를 만들었다. 문제가 많을 법한 제도이다. 하지만 한국 교회는 놀랍도록 이 문제로 인한 어려움이 없었던 것 같다. 왜냐하면 세례를 받고 어느 정도 나이가 되고 꾸준히 출석하면 누구나 서리집사가 되었기 때문이다. 서리집사가 없는 것이 더 좋다고 생각되지만 현재의 서리집사 제도가 나쁘다고도 할 수 없는 상황이다. 나이가 되면 모두가 성인이 되듯 교회에서도 아주 작은 조건만 갖추면 누구나 가질 수 있는 직책이기 때문이다. 그런데 이것을 장로와 안수집사와 같이 투표를 거치지도 않고 아무도 그 규칙을 모르는 상태에서

 평신도가 질문하는 궁금한 성서 이야기

누군가의 잣대로 행정이 이루어진다면 문제가 생길 수밖에 없다.

　민주적인 것과 독재의 차이는 여러가지가 있겠지만 '정보를 독점하느냐 혹은 공유하느냐' 라고 생각한다. 북한의 주민들은 철저하게 정보가 차단되어 자신들의 상태를 알지 못한다. 그래서 독재 국가이다. 교회도 무언가 규칙이 있으면 그것을 성도에게 공유하지 않으면 독재가 된다. 모두 잘 알겠지만 독재는 나쁘다. 나쁜 것은 빨리 수정되어야 한다.

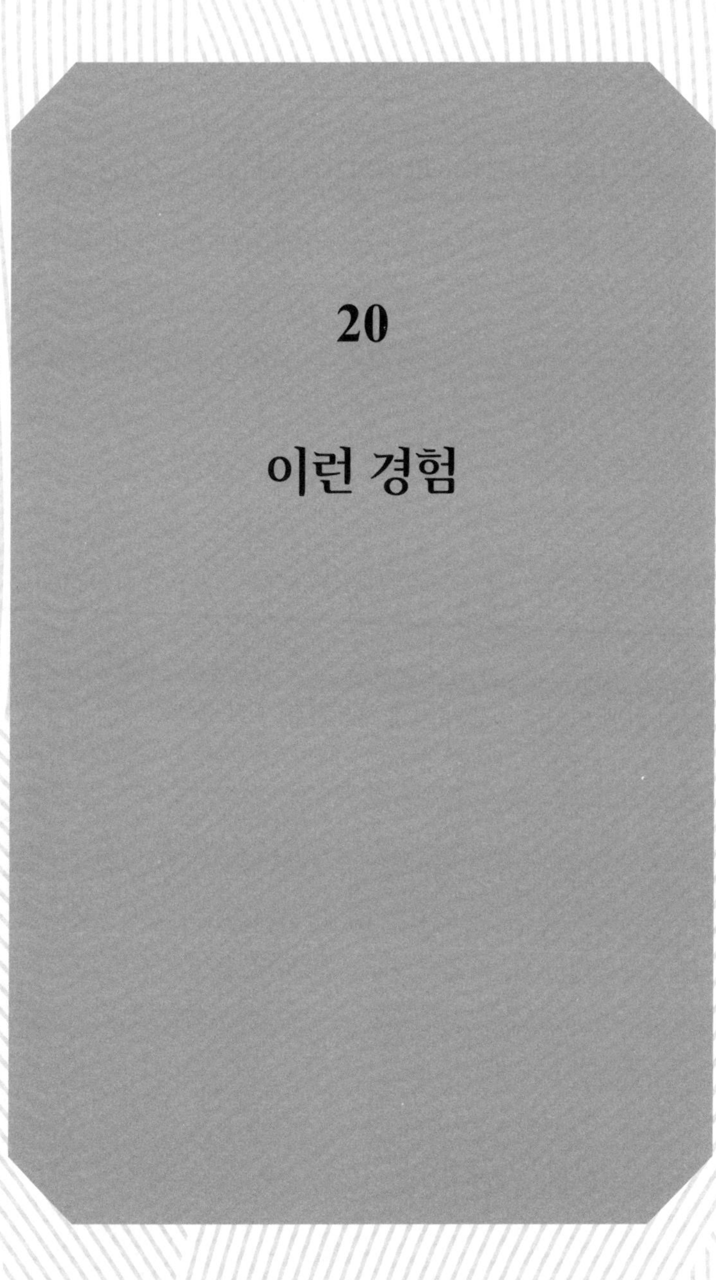

20

이런 경험

20.1.

사이드 미러(Side mirror)와 교사 강습회

사이드 미러 - 택시 기사와 버스 기사

나의 첫 차는 6년쯤 된 소형 중고차였다. 직장을 다니고 약1년 뒤에 장만한 차였다. 지금 6년된 차량들을 보면 참 깨끗하고 좋아 보이는데 그때 그 차는 폐차가 얼마 남지 않은 차량처럼 볼품이 없었다. 실내도 천정이 담배 연기로 인해 검정색 점들이 많았고 바닥과 실내의 플라스틱 등에도 담뱃불에 그을린 자국들이 많았다. 그야말로 관리가 전혀 안 된 차량이었다. 하지만 지금의 아내와 결혼할 수 있도록 많은 역할을 한 고마운 차량이었다. 연애 시절 아내를 만나기 전에 항상 실내 청소와 바깥 먼지를 털어서 아내에게 깨끗한 모습을 보이려고 노력했었다.

결혼한 지 얼마 지나지 않은 때이다. 그때는 도로 상황이 지금처럼 차량의 홍수 상태는 아니었다. 토요일에는 시내에도 차량들이 제법 한산했던 것으로 기억한다. 운행하는 차량도 대부분 소형차였다. 무슨 일인지 기억이 나지는 않지만 개인적인 일로 아내와 함께 주말에 시내에서 볼일을 본 후 외곽에 위치한 집으로 가고 있었다.

왕복 8차선 도로이지만 직진을 하려면 가장 왼쪽의 좌회전 도로와 오른쪽의 우회전 도로를 제외하면 2, 3차선만 이용 가능하였다. 그런 데 버스와 택시가 교차로 신호등 바로 앞에서 2, 3차선을 가로막고 있 었고 몇 명의 사람들이 서 있었다. 그래서 2차선에서 택시 뒤에서 기 다리고 있었는데 확인해 보니 접촉 사고가 있었던 것이다. 지금은 그 런 모습을 보기 힘들지만 버스 기사와 택시 기사는 서로 따지듯이 고 함을 지르고 있었다. 그러다가 그중 한 명이 고함을 지르면서 다른 이 를 밀었다. 밀린 사람이 택시 기사인지 버스 기사인지는 모르겠다. 그 런데 하필이면 밀린 사람이 내 차의 사이드 미러(Side mirror) 쪽으로 밀리더니 완전히 중심을 잃고 사이드 미러를 중심으로 내 차량에 기대 어 넘어지지 않으려고 버티었다. 그리고 그는 똑바로 서기 위해 손으 로 차량을 밀면서 바로 일어섰다. 그러자 그 사람을 지탱해 주었던 그 사이드 미러가 땅으로 툭 떨어졌다. 택시/버스 두 기사는 엄청 놀란 표 정이었고 근처의 모든 사람들도 일제히 내 차를 보았다. 버스에 타고 바깥을 구경하던 사람들도 이 광경을 보고 있었던 것 같다.

내 얼굴은 빨갛게 달아올랐다. 지금은 나이가 들어서 얼굴 피부가 검지만 그땐 아주 하얀 피부를 가지고 있었다. 그래서 얼굴이 빨갛게 달아오른 것은 누가 보아도 너무 확연하게 알 수 있었다. 나는 조용히 차 문을 열고 나갔다. 나중에 들은 얘기지만 조수석에 앉아 있던 아내 는 나의 그런 모습을 보고 많이 놀랐다고 한다. '매사에 순한 남편이 화

가 단단히 났는가 보다. 남편이 나가서 같이 싸우면 어쩌지' 하는 불안
으로 너무 긴장하고 있었다고 한다.

얼굴이 빨갛게 상기된 상태로 나는 조용히 밖으로 나갔다. 싸움으로
그렇게 시끄럽던 곳이 일순간 적막함이 느껴졌다. 그리고 두 기사를
포함해서 모든 사람들이 나의 행동만 주시하는 느낌을 받을 수 있었
다. 나의 얼굴은 더 빨개졌다. 하지만 나는 다른 사람들은 거들떠보지
도 않고 떨어진 사이드 미러를 주워서 끼웠다. 끼우는 데 힘이 필요해
서 몇 번 툭툭 치면서 정성스럽게 끼웠다. 아직까지 내 얼굴은 여전히
빨갛게 상기된 상태이다. 그리고는 아무 말없이 조용히 운전석 문을
다시 열고 차에 올라탔다. 우연인지 다행인지 신호등이 곧바로 초록색
으로 바뀌었다. 나는 두 차량을 피해 차선을 바꾼 후 교차로를 지나 집
으로 운전했다.

교차로를 지난 후 운전을 하고 있는데 아내가 내게 왜 얼굴이 그렇
게 빨갛게 되었느냐고 물었다. 그래서 나는 '쪽팔려서'라고 말했다. 아
내는 엄청 웃었다. 아내의 상상을 초월하는 대답이었다. 아내는 나와
는 달리 너무 너무 외향적인 성격의 소유자다. 아내는 내가 싸우지 않
아서 다행이라고 생각도 했지만 나의 말이 너무 우스웠다고 했다.

아내는 한동안 이 사건을 만나는 사람마다 얘기했고 아직도 가끔 얘
기한다. 얘기를 들은 사람들은 라디오에 이 사연을 보내라고 하는 사
람도 있었다. 하지만 라디오 대신 여기서 이 글을 읽는 사람들에게 즐
거움을 주고 싶다. 아내는 이 내용을 너무 재미있게 얘기했고 듣는 모

     평신도가 질문하는 궁금한 성서 이야기

든 사람들도 즐거워했다. 그런데 지금 쓴 내용을 읽어 보니 내가 보아도 너무 진지하고 재미가 없다. 아내의 말처럼 나는 매사에 너무 진지해서 재미가 없는 사람이다. 다행이다. 아내는 그렇지 않아서….

사이드 미러 - 행인의 욕설

앞의 시기보다는 몇 년 지난 얘기이다. 여전히 같은 차량을 소유하고 있었고 출장이나 본가/처가 갈 때도 유용하게 잘 사용하고 있었다. 그러던 중 어느 좁은 골목길을 운전하고 있었다. 골목이 좁아서 차가 지나가려면 2명이 나란히 통행하는 사람은 1명이 길을 비켜 줘야 갈 수 있는 상황이었다. 그런데 5~6명 정도의 나와는 비슷한 30대 정도의 사람들이 차량과 같은 방향으로 앞에서 걸어가고 있었다. 차가 뒤따라오는 걸 아는지 모르는지 아니면 길을 비켜 줄 생각이 없는지 계속 걸아가고 있었다. 경적을 울리면 비켜 줄 수도 있겠지만 좁은 골목에서 차량의 경적 소리에 놀랄 것 같아 그냥 따라갔다. 그런데 그들 일행이 멈추어서는 자기들끼리 장난을 치기 시작하더니 한 명이 떠밀려 내 차의 조수석 사이드 미러를 떨어뜨렸다. 갑자기 일행의 모든 장난은 멈추었고 순간적인 적막함이 있었다.

나는 조용히 운전석에서 나와 조수석 쪽으로 걸어 갔다. 내 얼굴이 화끈거렸으니 틀림없이 얼굴이 빨개졌을 것이다. 걸어가고 있는데 사이드 미러를 떨어뜨린 사람이 나에게 막 욕을 하기 시작했다. 내가 얼굴이 빨개져서 조수석 쪽으로 걸어갔고 사이드 미러를 떨어뜨린 사람도 같은 곳에 있었으므로 결국 나는 그 사람을 향해 걸어가고 있었던 셈이었다. 상대방은 내가 흥분해서 싸우러 오는 것을 예상하고 선제공격을 한 것인지도 모르겠다. 나는 아무 말도 하지 않고 떨어진 사이드 미러를 주워서 서둘러 끼웠다. 서두른 까닭은 그 사람의 욕하는 소리를 듣고 싶지 않아 서둘러 그 자리를 떠나고 싶어서 그랬다. 사이드 미러를 끼우고 나니 욕하던 사람이 욕을 멈추고 아무 말도 하지 않았다. 그리고 다시 조용히 차에 타니 앞을 가로 막고 있던 사람들이 길을 열어 주었다. 그래서 무사히 갈 길을 갈 수 있었다. 천천히 지나가면서 일행을 보니 모두 아무 소리도 없이 내 차만 바라고 있었다.

이 외 많은 사이드 미러 관련 에피소드가 있고 아내는 이런 에피소드를 너무 재밌게 얘기하지만 여기서는 이 정도로 마무리한다.

여름 성경학교 교사 강습회

드디어 새 차를 샀다. 새 차이지만 여전히 소형차다. 일요일에 새 차를 가지고 본가로 갔다. 본가는 교회와 약 1Km 정도의 걸어서 갈 수 있는 거리다. 하지만 할머니의 걸음이 불편하여 할머니와 함께 차를 타고 갔다. 예배를 마치고 교회에서 식사를 하고 있는데 한 분이 급

     평신도가 질문하는 궁금한 성서 이야기

한 일이라고 잠시 나와보라고 했다. 그래서 나갔더니 다른 차가 주차된 내 새 차의 운전석 문에 기스를 내었다. 모르면 그냥 지나칠 수 있는 수준이지만 기스가 있는 것을 알고 나면 너무 잘 보이는 흠집이었다. 나는 괜찮다고 했다. 물론 상대 운전자 분은 잘 알지 못한다. 고향을 떠난 지 꽤 많은 시간이 흘렀고 그동안 많은 사람들이 바뀌었기 때문이다. 그래도 뽑은 지 얼마 안 된 새 차인데 어떻게 그럴 수 있느냐고 하길래 거듭 괜찮다고 하고 마무리했다.

이후 나의 새 차는 동네 사람, 그냥 아는 사람 등 대부분 알고 지내는 많은 사람들의 실수로 만신창이가 되었지만 모두 그냥 그렇게 지나갔다.

또 세월이 흘러 가족이 6명이 되었다. 5인용의 작은 차로는 감당이 안되어 카니발을 구매했다. 지금도 이 차를 타고 다니지만 카니발은 구매할 때부터 기분이 참 좋았고 그래서 많이 아끼는 차이다.

카니발을 구매한지 몇 주가 지난 때이다. 여름성경학교 교사 강습회가 있어서 아내와 함께 강습회가 열리는 다른 교회로 갔다. 마지막 날 강습회를 잘 마치고 밤 10시가 넘은 늦은 시간에 주차된 차량들을 안내하기 위해 안내 봉사하시는 분이 내게도 안내를 해 주었다. 오른쪽에는 차가 빠져나갔는지 차가 없었다. 차를 빼려고 시도했지만 다른 차로 인해 다시 원 위치해야 할 상황이라 안내자의 지시에 따라 원래의 위치로 가려던 순간 비어 있던 오른쪽에 어느새 차가 있었고 그 차량에 기스를 내었다. 내려서 보니 그 차량은 나의 첫 차의 상태처럼 비슷한 많은 흠집들이 있는 차량이었고 내가 기스를 낸 것 같기는 하지만 그게 어떤 기스인지 구분이 잘 가지 않을 정도였다.

주차 안내를 하던 분이 나에게 미안하다고 했다. 자기도 거기에 차가 없을 거라 생각하고 안내를 했는데 어두워서 못 봤다는 것이다. 그러면서 내 차 범퍼에 생긴 기스를 보더니 내 편을 들어주며 새 차에 생긴 기스가 훨씬 더 피해가 크다는 식으로 얘기했다. 그랬더니 어느새 피해 차량의 아내가 끼어들어 사고에 대해 보상하라고 따지듯 얘기했고 아내도 어느 기스가 이번 사고의 피해인지 모르겠다는 식으로 감정이 들어간 상태로 얘기했다. 이제 현장 합의는 물 건너갔다. 나는 보험처리해 주겠다고 하고 헤어졌다.

주일학교 아이들에게 하나님의 사랑을 전하기 위해 조금 전까지 몇 시간동안 그렇게 열심으로 학습했던 사람들이다. 그런데 아무것도 아닌 일에 너무 쉽게 서로를 비난하는구나 생각하니 마음이 좋지 않았다. 그것이 나의 첫번째이며 동시에 마지막 가해 사고였고 다행히 카니발은 그 기스 외에는 십여 년이 지난 아직도 멀쩡하다.

오디오와 안수 집사

시 낭송

중학교 1학년 때의 일이다. 중고 카세트가 있었다. 그걸로 라디오를 많이 들었다. 어느 날 누나가 베토벤의 운명 교향곡 테이프를 사 왔었다. 호기심에 나는 그걸 들었다. 그걸 듣고 있는 순간 온몸에 소름이 돋았고 4악장까지 음악을 멈출 수가 없었다. 이 때부터 나의 음악적 취향은 교향곡과 협주곡이었다. 베토벤과 같은 작곡가가 되고 싶었다. 80년 중반부터 한국 사회가 소득이 조금 오르자 좋은 오디오가 널리 보급되었고 TV에는 오디오 광고가 가득했다. 오디오 광고에서 사용하는 대부분의 음악은 내가 그토록 듣고 또 들었던 베토벤의 교향곡 5번(운명 교향곡)에서 주로 발췌되어 사용되었다. 1악장은 널리 잘 알고 있지만 2, 3, 4악장은 대부분 모르는 것 같다. 그런데 오디오 광고에서는 1악장이 아닌 2, 3, 4악장의 파트에서 주로 발췌되었다. 특히 가장 기억에 남는 부분은 3악장이 조용하게 끝나는 듯 바로 이어지는 4

악장의 도입 부분이다. 지금 글을 쓰는 순간에도 그 파트를 생각하면 온몸에 전율이 흐르는 것 같다.

비슷한 시기에 누나가 통기타를 샀다. 지금 생각해 보면 저가의 기타였다. 나는 베토벤이 되고 싶었고 그러기 위해서는 악기를 하나 정도는 잘 해야 된다고 생각했는데 마침 기타를 손에 쥐게 되었다. 누나가 배우는 악보를 보고 연습을 했는데 배운 누나보다 배우지 않은 내가 훨씬 빨랐다. 그런데 도저히 재미가 없었다. 이런 식으로는 운명 교향곡 같은 곡을 연주할 수가 없다. 그렇다고 피아노를 살수 있는 형편은 아니었다. 나는 서점에서 기타를 배우기 위한 책을 샀다. 그 때는 그것이 무엇인지 몰랐는데 지금 생각해 보니 책을 아주 잘 골랐다. 클래식 기타였다. 그때부터 클래식 기타를 독학하게 되었다.

한국에서는 기타라고 하면 노래의 반주를 위해서 코드를 퉁겨 주는 정도로만 생각하고 있고 클래식 기타는 무언지 잘 모르는 것 같다. 클래식 기타는 피아노나 바이올린처럼 연주하는 것이다. 때로 기타도 피아노처럼 노래의 반주로 사용할 때가 있지만 코드만으로 반주하지는 않는다. 피아노가 반주할 때 내는 소리와 비슷하다고 보면 된다.

대학을 입학해서 클래식 동아리에 가입을 했고 당연히 내 실력은 다른 동기들 심지어는 선배들보다 좋았다. 그래서 많은 행사에 초청을 받고 연주를 했다. 대부분 두 곡을 연주하는데 흥겨웠던 분위기를 말할 수 없이 침묵시키는 것이 나의 연주 특징이었다. 내가 연주를 하면 아무리 사람이 많아도 급격히 조용해지면서 모두가 숨죽이고 연주를 들고 있었다. 아니 연주를 보고 있었다. 대부분 기타로 그런 소리를 내는 것을 들은 적도 본 적도 없기 때문인지 오히려 나의 연주를 신기하게 보는 것 같았다. 나는 음악을 연주하는 연주자가 아니라 마치 서커스를 하는 사람이 된 것 같은 기분이 들 때도 있었다.

하루는 시 낭송회를 하는 행사에 초청을 받았다. 내가 연주할 시간을 기다린 후 내 차례가 되었다. 연주할 곡 소개를 하고 연주를 시작했다. 그런데 시간이 얼마 지나지 않아서 갑자기 시 낭송을 할 때 자주 사용되는 경음악이 스피커를 통해서 흘러나왔다. 내가 연주하는 곡과는 전혀 관련이 없는 곡이었다. 당연히 내 연주는 스피커에 묻혀서 소리가 제대로 나오지도 않았고, 나도 순간적으로 연주를 계속 이어 나갈지 아니면 예의도 없는 모임이라고 한마디 해야 할지 하는 고민으로 연주도 하는 둥 마는 둥 하고 있었다. 나는 아직 곡이 끝나지 않았지만 프레이징 부분에서 연주를 끝내고 자리에서 일어났다. 그리고 아무 말 없이 그 자리를 나왔다.

내가 연주를 하는 중간에 누군가가 음악을 틀었지만 그 자리에 있던 어느 누구도 그것을 만류하는 사람이 없었다. 오히려 내가 연주하는 것을 아주 수준 낮은 사람 취급하는 느낌이었고 그 사람들은 아주 고귀한 듯한 자세로 앉아 있었다. 자신들은 수준 높은 시를 향유하는 모임인데 웬 딴따라를 불러서 수준을 떨어뜨리느냐는 듯한 도도한 태도였다. 나는 지금도 시를 참 좋아한다. 하지만 그 이후 나는 시 모임을 하는 사람들은 좋게 보이지 않았다.

바이올린

대학교 때 친구가 가지고 있는 바이올린을 장식용으로 사용할 것이라는 얘기를 우연히 내게 했다. 평소 바이올린을 연주하고 싶은 나는 그걸 나에게 달라고 했다. 나중에 바이올린을 케이스와 함께 받았는데 활이 없었다. 그래서 누나에게 부탁해서 시내에서 활을 샀다. 모든 가족들이 있는 앞에서 그 활로 바이올린의 줄을 그었다. 이상하다. 소리가 나지 않는다. 그래서 조금 더 세게 그었다. 그래도 소리가 없다. 누나가 조금 생각하더니 친구가 바이올린 줄에 송진을 바른다는 얘기를 들었다고 했다. 그래서 다시 송진을 사서 활에 발랐더니 소리가 나오기 시작했다.

초보용 바이올린 교본(시노자키)을 사서 혼자서 독학을 시작했다. 기타도 독학했는데 바이올린도 충분히 할 수 있다고 생각했다. 그런데 예상하지 못한 문제들이 많았다. 특히 바이올린은 기타보다 소리가 컸다. 내가 연습을 하면 TV나 오디오에서 듣던 소리가 아닌 귀신의 집에서 녹슨 문이 움직이면서 나오는 삐이~~~익 하는 소리가 나는 것이다. 내가 들어도 귀를 막고 싶은 정도이다. 가족들은 내가 방문을 꼭 닫고 연습해 주기를 요청했다. 다행히 그만하라는 소리는 아무도 하지 않았다.

나중에 결혼해서 아내와 함께 본가에 갔을 때 아내가 가족들에게 이런 얘기를 했다. 남편이 바이올린을 연주할 때 너무 듣기 좋고 참 행복하다고 했다. 가족들은 모두 웃었다. 모두 자기들 덕에 그런 좋은 음악을 들을 수 있었다고….

기타와 달리 내가 바이올린을 독학했다는 말을 하면 대부분 믿지 않았고 다들 내가 어렸을 때부터 그것을 배운 것처럼 생각했다. 기타는 회사에서 초대한 오케스트라와 기타 협주곡까지 연주했던 경험이 있지만 바이올린은 아직도 단음도 정확한 소리를 내지 못하는 수준인데….

음악을 좋아하는 전도사님

내가 대학생때의 일이다. 새로 교육 전도사님이 부임했다. 부임하시고 첫날 저녁 설교를 하셨다. 설교 중에 본인은 음악을 전혀 몰랐는데 하나님의 은혜로 교회에서 성가대 지휘까지 했다고 했다. 그래서 나는 그분이 음악적인 재능을 조금 늦게 발견했구나 생각했다. 본인이 원했는지 알 수는 없지만 그분은 곧 성가대원으로 임명되었다. 성가 연습이 있었고 그분은 내 옆에 앉았다. 나의 예상과는 달리 그분은 시종일관 음을 제대로 잡지 못했다. 목소리는 얼마나 큰지 소프라노의 멜로디도 덮을 기세다. 그래도 그분 나름대로 열심히 연습하고 있었다.

연습이 한참 진행되고 있는데 갑자기 그분이 자신의 얼굴을 나에게 돌려 내 얼굴을 향해 노래를 부르기 시작했다. 귀가 너무 아팠다. 그래서 그분과 조금 더 떨어지기 위해 내가 자리를 옮겼다. 그랬더니 그분도 내 쪽으로 자리를 옮기더니 내 귀에 대고 더 큰 소리로 부르기 시작했다. 성가 연습을 마치기까지 나는 그 전도사님 때문에 머리가 아프고 몹시 힘들었다. 하지만 그 분에게 어떤 얘기도 하지 않았다. 그분은 내가 목소리도 작고 입만 벙긋벙긋 하는 것처럼 보아서 내가 음악을 제대로 이해하지 못한다고 생각했던 것 같다. 책 한 권 읽었을 때 모든 걸 아는 것처럼 생각하게 되는 더닝 크루거 효과(Dunning-Kruger effect)의 전형적인 예이다. 이런 분들과의 대화가 가장 어렵다. 이 글을 쓰고 있는 내가 그런 사람이 아닌지 두렵기는 하다.

오디오와 안수 집사

회사에 신입으로 취직을 할 때 이력서의 특기 란에 음악이라고 했다. 팀 배치 후 부장님이 음악 특기가 무엇인지 물어서 바이올린 연주 가능하다고 했다. 기타를 더 잘 하지만 클래식 기타는 연주를 보기 전까지 무엇인지 이해하기 힘들다. 그래서 다른 사람들에게 기타 연주를 한다는 소리를 잘 하지 않는다.

내가 음악을 좋아한다는 소식은 전 팀원에게 알려졌다. 회사에서 약 1개월의 신입 교육 기간이 지난 후 팀으로 돌아왔을 때 과장님 한 분이 내게 오디오 좋아하느냐고 물었다. 나는 단칼에 오디오에 대한 관심이 없다고 했다. 그분은 음악을 좋아하는 사람이 오디오에 관심이 없다는 것이 말이 되느냐고 되물었다. 그래서 나는 내가 말을 잘못했는가 하

                     평신도가 질문하는 궁금한 성서 이야기

고 생각을 하면서 오디오에 대해 잘 모른다고 다시 대답했다.

그분은 오랫동안 자신의 오디오에 대한 지식을 설명하기 시작했다. 나중에는 듣는 내가 지칠 지경이었다. 그래서 나는 음악을 들을 때 소리보다는 소나타, 론도, 푸가, 변주곡, 무곡 등 음악의 형식을 작곡가가 어떻게 전개해 나가고 또 연주자는 그것을 어떻게 표현하는지 등에 대해 주로 관심을 가진다고 했다. 오디오에 대한 장황한 설명은 그것으로 그쳤지만 그 이후로 그 과장의 폭풍 잔소리는 그 과장이 명예 퇴직으로 나갈 때까지 계속되었다. 그 분은 책상에 앉아서 꾸벅꾸벅 졸다가 심심하면 나를 불러서 2~3시간 동안 아무 의미도 없는 잔소리를 늘어 놓았다. 별 내용도 없고 아무 의미 없는 얘기를 그렇게 오랫동안 떠벌릴 수 있는 그분의 능력에 찬사를 보낸다. 역시 그런 능력이 있어야 30대에 안수 집사가 될 수 있나 보다.

20.3.

공감

자동차 부품에는 많은 제어기가 들어간다. 대표적인 제어기는 엔진을 제어하는 ECM(Engine Control Module)이다. 고급 차량에는 이러한 제어기가 100개가 넘는다. 예전에는 하드웨어만으로 제어기를 만드는 경우가 있었지만 지금은 거의 대부분 소프트웨어로 작동된다. 그 소프트웨어를 개발하는 일을 30년 넘도록 했다. 소프트웨어를 하는 사람들은 겸손해질 수밖에 없다. 수만 라인의 Code가 들어가며, 서로 복잡하게 연동될 뿐 아니라 기계와 제어기의 궁합 문제로 인한 오류 등이 많이 발생하기 때문이다. 오죽하면 믿지 않는 동료들도 신차가 나올 때 소프트웨어가 문제가 없기를 기도한다고 할까?

어떤 회사 동료가 내게 물었다. 자기가 컴퓨터를 하나 조립하려고 하는데 CPU는 어떻고 그래픽 카드는 어떻고 내가 알지도 못하는 얘기를 막 한다. 나는 그런 내용 모른다고 했더니 그가 했던 말이 지금도 기억에 남는다. 알지만 귀찮아서 대답을 안 해 준다는 것이다. 내가 하는 소프트웨어의 분야는 임베디드 시스템(Embedded System)이라고 한다. 일반 컴퓨터용이 아니라 특정 시스템에 맞는 하드웨어와 소프트웨어를 개발해서 적용하는 것이다. 따라서 소프트웨어를 전공으로 하는 전산팀이나 컴퓨터공학과 출신을 뽑지 않는다. 반도체, 전기 전자 부품들을 잘 이해하는 전기, 전자공학과 혹은 제어할 기계의 메커니즘을 잘 이해하는 기계공학과 출신을 뽑는다. 당연히 컴퓨터와 업무와는 관련이 없고 아직도 그 분야를 알지 못한다.

공감의 반대말은 무엇일까? 내가 생각하는 공감의 반대말은 편견이다. 편견이란 특정 사람이나 집단에 대해 충분한 근거가 없는 부정적인 판단이다.

내가 소프트웨어 업무를 한다고 하면 대부분 코딩(Program)을 생각한다. 하지만 코딩보다 훨씬 많은 업무가 코딩 전과 후의 문서 작업이다. 너무나 많은 문서들이 있지만 계획(Planning)이 가장 어렵다. 계획 중에서 해보지 않은 일을 추정해야 하는 경우가 있다. 예를 들면 어떤 기능을 소프트웨어로 구현 개발해야 하는데 얼마의 비용, 기간, 인원, 소프트웨어 품질을 높이기 위한 테스트 방법 등을 예측하거나 추정해야 한다. 이것을 위한 방법론 중에 델파이(Delphi) 기법이라는 재밌는 방법이 있어서 소개한다.

가장 먼저 관련 전문가들이 모여서 회의를 한다. 무엇을 개발할지에 대해 충분히 숙지한 후 필요한 사항들을 개별적으로 예측한다. 예측한 내용은 익명으로 제시한다. 그러면 평균값, 중앙값 등의 통계적 방법으로 합의점을 도출한다. 만일 여기서 끝나면 델파이 기법의 가장 큰 장점을 놓치게 된다. 만일 10명의 전문가가 있었다고 하자. 그중 어느 전문가 1명이 다른 사람의 예측치보다 훨씬 더 많은 시간을 쓴 경우 반드시 그 전문가에게 물어보아야 한다. 그 전문가는 다른 전문가들이 놓친 업무를 반영한 것일 수도 있다. 반대로 작은 시간이 필요하다고 한 경우 그 전문가는 무언가 효율적인 방법을 알고 있을지도 모르는 일이다. 전문가들이라고 할지라도 서로의 의견이 다른 내용에 대해서는 충분한 대화가 필수이다.

내가 알고 있는 지식과 경험이 항상 옳지는 않다. 나의 경험으로도 나의 생각보다 다른 사람의 생각이 맞는 경우가 아주 많았다. 심한 경우로는 처음엔 상대방의 의견이 형편없다고 생각했지만 충분한 대화 후에는 상대의 의견이 더 훌륭하다고 생각되는 경우도 많았다. 여기에 기록된 얘기들은 나의 전공이 아니다. 따라서 내가 잘못 생각하거나 오해했을 확률도 꽤 높다. 그렇다고 하더라도 이 글의 내용을 바꾸거나 지우고 싶지는 않다. 이렇게 생각하는 성도도 있을 수 있다는 것을 보여 주고 싶은 마음 때문이다.

회사에서 대형 사고는 열심히 일하는 사람들이 일으킨다. 아무것도 하지 않는 사람은 사고 칠 일이 없다. 모든 일에는 리스크(Risk, 미래의 일에 대한 불확실성의 위험)가 있다. 리스크는 완화해야 하는 것이지 피한다면 아무것도 못한다. 소프트웨어는 눈에 보이지 않기 때문에 다른 눈에 보이는 하드웨어나 기계 제품들에 비해 수준 높은 리스크 등의 관리 방법들이 많다. 그중 CMMI라는 프로세스가 있는데 거기에는 톨스토이의 소설 '안나 카레니나'의 표지 글을 소개하고 있다.

"Happy families are all alike; every unhappy family is unhappy in its own way."[7]

조금 더 설명하면 행복한 가정은 비슷한 이유로 행복하고 불행한 가정은 각기 다른 이유로 불행하다는 것이다. 좋은 프로세스를 갖춘 기업이 좋은 품질을 가질 수 있다는 설명을 위한 것이다. 따라서 기업은 문제를 해결하는데 초점을 맞추기보다 좋은 개발 프로세스를 따라 설계를 한다면 문제점은 저절로 해결된다는 것이다.

회사에서 동료들에게 사랑의 반대말이 무엇이냐고 물어보면 대개 미움, 증오와 같은 말로 대답한다. 예전에 성가대 지휘자로 있을 때 성가 대원들에게 같은 질문을 하면 거의 대부분 무관심이라고 잘 대답한다. 그러면서 대원들은 뭘 그런 쉬운 질문을 하느냐는 눈치다. 무관심의 반대말은 관심이며 예수님이 강조하신 사랑과 유사한 말은 관심이다. 사랑 혹은 관심을 갖는다는 말을 하기는 쉽다. 하지만 그 실천은 너무 어렵다.

---

7) CMMI for Development(Version 1.3), Third Edition, Mary Beth Chrissis/Mike Konrad/Sandy Shrum, SEI(Software Engineering Institute)

행복한 가정을 위해 필요한 것은 사랑, 관심, 배려, 이해, 공감 등이다. 이러한 요소만 잘 갖춘다면 불행한 가정의 모든 불행 이유들이 저절로 해결되지 않을까? 교회도 마찬가지다. 그래서 예수님은 2천 년 전에도 서로 사랑하라고 하셨는가 보다.

정말 감명 깊게 읽은 책이 있다. 『상처와 용서』[8]이다. 나의 인생책을 꼽으라면 성경과 함께 이 책을 꼽고 싶다. 아마 100권 정도는 사서 믿지 않는 회사동료들을 포함해서 지인들에게 나누었던 것 같다. 그리고 이 책 외 이 분의 저서를 20권 정도 읽고 소장하고 있다. 글을 정말 잘 쓰시는 분이다. 책의 내용을 간략히 요약하여 소개한다.

"상처에는 큰 상처와 작은 상처가 있지만 일상 생활에서의 상처는 대부분 작은 상처이다. 작은 상처는 대부분 오해에서 비롯되며 그 오해로 인해 서로 상처가 되는 일은 빈번하다. 여러가지 사례를 책에서 소개하므로 책을 꼭 읽기를 권장한다. 가장 빈번한 사례는 상대와의 관계 설정에 대한 오해이다. 한쪽은 절친으로 생각하고 다른 한쪽은 조금 더 잘 아는 관계로 생각할 때 관심과 태도의 불균형이 발생하고 그로 인해 오해와 상처가 생긴다. 이러한 작은 상처는 대부분 잘못된 관계 설정 등 나의 잘못으로 생긴다."

사랑하고 관심을 가지는 것도 조심스럽다.

---

8) 『상처와 용서』- 미니북 송봉모(지은이) 바오로딸 1999. 5. 25.

 평신도가 질문하는 궁금한 성서 이야기